„Mitgenoßin des selbständigen Wesens Christi“

Edition Pietismustexte (EPT)

Die „Edition Pietismustexte“ wird im Auftrag der Historischen Kommission zur Erforschung des Pietismus herausgegeben von Markus Matthias, Ruth Albrecht, Wolfgang Breul, Thomas Hahn-Bruckart, Joachim Jacob, Hans-Jürgen Schrader und Xenia von Tippelskirch.

Band 17

Anna Catharina Scharschmidt

„Mitgenoßin des selbständigen Wesens Christi“

Texte und Briefe aus Quedlinburg

Herausgegeben von Ruth Albrecht und Katja Lißmann

EVANGELISCHE VERLAGSANSTALT
Leipzig

Redaktor des Bandes:
Wolfgang Breul

Bibliographische Information der Deutschen Nationalbibliothek
Die Deutsche Nationalbibliothek verzeichnet diese Publikation in der Deutschen Nationalbibliographie; detaillierte bibliographische Daten sind im Internet über http://dnb.de abrufbar.

Das Buch wurde auf alterungsbeständigem Papier gedruckt.

Cover: Friedrich Lux, Halle/Saale
Coverbild: Quedlinburg, Abbildung aus: Friedrich Ernst Kettner: Kirchen= und Reformations=Historie / Des Käyserl. Freyen Weltlichen Stiffts Qvedlinburg, Quedlinburg 1710
Satz: Steffi Glauche, Leipzig
Druck und Binden: BELTZ Grafische Betriebe GmbH, Bad Langensalza

ISBN 978-3-374-07454-9 // eISBN (PDF) 978-3-374-07455-6
www.eva-leipzig.de

Inhalt

Anna Catharina Scharschmidt, Einfältiges Zeugniß, 1703

Einfältiges Zeugniß / Von dem Wahren Dienste des Geistes im Neuen Bunde / Wie Derselbe von einem rechtschaffenenen Christen geführet werden soll; Wobey zugleich auch gewiesen wird / woher Der Alte Dienst des Buchstabens entsprungen / Wie er sich unter dem Schein des Evangelii eingedrungen / und wie weit er reiche und nicht reiche; Aus reiner Liebe zu GOTT und dem Nechsten abgeleget Von A. C. S. G. H.[1] Und nebst einem nothwendigen Vorbericht eines bißhero getreuen Zeugens der Wahrheit[2] heraus gegeben. Im Jahr 1703.[3]

Lutherus Tom.[4] *1. Alt.*[5] *fol.*[6] *788. seqq.*[7] und *Tom. 1. Jen.*[8] *f.*[9] *497. 2.*[10] Niemand dienet GOtt / als wer Ihn lässet seinen Gott seyn / und Ihn seine Wercke in sich wircken. Wiewohl man jetzt leider! das Wörtlein Gottesdienst

---

1 Anna Catharina Scharschmidt geborene Heidfeld, zu ihrer Person s. Nachwort, S. 191–195.

2 Vgl. Hebr. 12,1: die Wolke der Zeugen. Der Begriff der Wahrheitszeugen spielt auch in den historiografischen Entwürfen Gottfried Arnolds, der sich dabei vor allem auf Friedrich Breckling bezog, eine Schlüsselrolle. Vgl. *Gottfried Arnold*: Erklärung vom gemeinen Secten=wesen, S. 53; Ferner Erläuterung, S. 6, 12.

3 Bei allen Werken Scharschmidts sind weder Druckort noch Verlag bekannt, s. hierzu Nachwort, S. 209.

4 Tomus: Band.

5 Von 1661 bis 1664 erschien in Altenburg eine zehnbändige deutschsprachige Sammlung mit Werken Martin Luthers, s. WA 60, 1980, 427–637.

6 Folio: historisches Papierformat, in etwa DIN A 4 entsprechend.

7 Sequentes: folgende; hier wegen doppeltem q: fortfolgende.

8 In Jena erschien seit 1555 eine Ausgabe von deutschen und lateinischen Schriften Luthers mit insgesamt 12 Bänden.

9 Folio: Seite.

10 *Martin Luther*: Das Magnificat verdeutscht und ausgelegt (1521), WA 7, [538] 544–604.893, hier: 595:34–595:5, Altenburg 1, 1661, S. 778Bf. = Jena 1, 1575, S. 497.

in so einen frembden Verstand hat gebracht[11] / daß wer es höret / gar nichts an solche Wercke dencket / sondern an den Glocken=Klang / an Stein und Holtz der Kirchen / an das Geplerr[12] in der Kirchen etc.

Kirchen=Postill[13] über das Evang. in der Christ=Nacht=Meß.[14] Wo Luth[er] den Text Pauli Tit 2. erkläret; Daß man sich die heilsame Gnade GOttes solle lassen züchtigen / zu verläugnen das ungöttliche Wesen / und die weltliche Lüste / und züchtig / gerecht und gottselig leben in dieser Welt etc. und also schreibet: Siehe! daß ist der rechte Gottesdienst / dazu man keiner Glocken / noch Kirchen / keiner Gefäß / noch Zierrath / weder Lichter noch Kertzen / keiner Orgeln noch Gesang / keines Gemähldes noch Bildes / keiner Taffeln noch Altar etc. bedarff. Denn das sind alles Menschen=Fündlein und Auffsätze[15] / die GOtt nicht achtet / und die den rechten Gottesdienst mit ihren Gleissen[16] verdunckeln. etc. Und auff der vorigen Seite daselbst. Siehe / also fodert GOtt von dir nicht Kirchen=Bauen / Stifften / dis oder das; sondern ein solch Hertz und Leben / das in seiner Gnade gehet / und sich fürchtet für[17] andern Wegen / die außer der Gnade gehen. etc.[18] Darum darffst du nicht fragen / was du thun solt äußerlich? Siehe auff deinen Nechsten / da wirst du zu thun finden / wenn deiner tausend wären. Verführe

11 Zu einem falschen Verständnis geführt hat.

12 Am 5,23.

13 Der Quedlinburger Superintendent *Friedrich Ernst Kettner*: Christliche Vermahnung, S. 31, bemängelt 1709, dass die Separatisten, und speziell die Pietisten, sich vor allem auf dieses frühe Werk Luthers bezögen, die lutherische Lehre damit aber verfälschten. Zu Kettner s. auch Nachwort, S. 177–181.

14 *Martin Luther*: Kirchenpostille (Weihnachtspostille), WA 10 I 1, S. 39:10–16, über Tit 2,11f.

15 Erfindungen.

16 Gleißen mit einem falschen Schein.

17 Vor.

18 *Martin Luther*: Kirchenpostille (Weihnachtspostille), WA 10 I 1, S. 38:15–18.

dich nur selbst nicht / dencke nur nicht / daß du mit Kirchen=gehen oder Stifften und Gedächtnissen[19] wilt gen Himmel kommen / so du für deinem Nechsten übergehest[20] / Gehest du hier für ihm über / so wird er dort im Wege liegen / daß du must wieder vor der Himmels=Pforten übergehen;[21] wie der reiche Mann den Lazarum liegen ließ vor seiner Thür.[22] O weh uns Pfaffen / (Predigern) Bischöffen! was predigen wir / was lehren wir? wie führen wir das arme Volck von der Strassen? Ein Blinder führet den andern / fallen beyde in die Grube.[23] Solch Ding solte man lehren! etc.[24]

Vorbericht.[25]

In dem HErrn JEsu geliebter Leser /

1. GOTT ist ein Geist / und die ihn anbeten / die müssen ihn im Geist und in der Warheit anbeten. Also redet unser Heyland Joh. 4. v. 24. wenn er die Menschen kürtzlich und gründlich lehren will / wie GOtt bedienet

19 Gemeint ist das Stiften von Messen zum Gedenken an Verstorbene, das in der vorreformatorischen Frömmigkeit zu den guten Werken zählte.

20 Vorübergehst.

21 Wieder an ihm vorbeigehen.

22 Lk 16,19–31.

23 Mt 15,14.

24 *Martin Luther*: Kirchenpostille (Weihnachtspostille), WA 10 I 1, S. 36:8–37:3. Wenn in einer pietistischen Stellungnahme Lutherzitate an den Anfang gestellt werden, weist das darauf hin, dass die Autorin sich trotz aller Abgrenzungen als Mitglied der lutherischen Kirche verstand bzw. Luther gegen die sich selbst als Hüter von Luthers Theologie verstehenden Theologen ins Feld führt. Eine auffallende Parallelität besteht zu einem Traktat von 1703, der *Bernhard Peter Karl* zugeschrieben wird: Lutherus ante Lutheranismum Oder Die Uhrälteste Evangelische Wahrheit [...], Cölln o. J., S. 68f., in dem ebenfalls diese beiden Lutherstellen zitiert werden. Zum Kontakt der Quedlinburger Pietisten zu Karl s. Nachwort, S. 210f. Auch *Gottfried Arnold* verweist in seiner Vorrede, in der er die Quedlinburger eigens anspricht, auf Luther, Fernere Erläuterung, Anrede an die Leser,)(4r; vgl. S. 36–44.

25 Die Verfasserschaft ist unklar, s. dazu Nachwort S. 197.

und angebetet seyn wolle. Daß ein GOtt sey / und derselbige von seinen Creaturen / insonderheit aber von denen Menschen / verehret und angebetet werden müsse / dieses ist bey allen Völckern in der gantzen Welt / Christen / Juden / Türcken und Heyden / eine ausgemachte und unstreitige warheit.[26] Daran aber mangelts / daß / leyder! noch biß auf diese Stunde die allermeisten Menschen den wahren GOtt nicht kennen / und dahero auch denselbigen nicht also verehren und anbeten / wie er verehret und angebetet seyn will.[27]

2. Weil die allermeisten Menschen / wie die tägliche Erfahrung lehret / ohne wahre Furcht GOttes dahin leben / und sich in allerley Sünden und Lastern ungescheut herum wältzen; so ist hieraus ohnfehlbahr zu schlüssen[28] / daß sie keinen rechten Begriff von dem Wesen der Gottheit / sondern gantz fleischliche und unanständige Gedancken davon haben müssen. Wenn ein Mensch noch so gottloß ist / so hält ihn doch noch wohl die Gegenwart einer ehrbaren oder vornehmen Person von der Ausübung einiger allzugroben Boßheit ab. Da aber gleichwohl die meisten Menschen / welche nicht leugnen können / daß ein GOtt sey / und selbigen vor den HErrn aller Geschöpffe bekennen müssen / nichtsdestoweniger ohne alle scheu böses thun / welches doch / wie sie wissen / GOtt zu straffen dräuet;[29] so kan man hieraus billich schliessen / daß sie die GOttheit in ihrem Gemüte vor ein solch Wesen halten müssen / welches von ihrem Thun nichts wisse / oder an einem gewissen Ort / als etwa droben über dem Stern=Him-

26 Hier wird der Grundsatz der natürlichen Gotteserkenntnis angesprochen.

27 Dieser Passus weist Anklänge an die Areopagrede des Paulus auf, vgl. Apg 17,22–31.

28 Schließen.

29 Droht.

mel / eingeschlossen sey / so daß es ausser demselbigen nicht komme; oder aber / sie müssen gar gläuben / daß GOtt so gesinnet sey wie sie. Nehmlich / wie sie das Böse nicht vor Böse achten / sondern daran / als an etwas Guten / Lust und Wolgefallen haben / hingegen das Gute vor Böse ausgeben; so müssen sie sich ja von GOtt einen eben dergleichen Sinn einbilden / und also glauben / derselbige sey / wie sie / ; gleich wie der allwissende GOtt selbst / welcher Hertzen und Nieren forschet[30] / von solchen Leuten zeuget Ps. 50. v. 21. folglich halten dann dergleichen Menschen GOtt vor Fleisch / das ist / vor ein solch Wesen / das einer vergänglichen Creatur oder einem sündlichen Menschen gleich sey; Woferne sie anders ihn nicht gar vor nichts achten / und auch wol in ihrem Hertzen sprechen: Es sey kein GOTT. Ps. 10. v. 4. Ps. 14. v. 1. Wenn aber gleichwol solcherley Art Leute insgemein bey aller ihrer Boßheit nichts destoweniger das ansehen haben wollen / ob[31] dieneten sie GOtt und beteten denselbigen eben so wol an / als andere; so kan ihnen / damit sie nicht gar zu zornig werden / ein Verständiger solches endlich wol zugeben / iedoch mit dieser Beygefügten Erklärung / daß sie GOtt / wie sie ihn vor Fleisch halten (welches aus ihren Wercken erhellet) also auch im Fleisch und in der Lügen anbeten.[32]

3. Sprichstu / was soll das heissen: GOtt im Fleisch und in der Lügen anbeten? Antw. GOtt im Fleisch anbeten nenne ich dieses / wenn man den GOttesdienst in solche äuserliche Ubungen setzet und einschleust / welche durch die natürlichen Kräffte der äuserlichen

30 Ps 7,10.
31 Als ob.
32 Der Redeweise von Geist und Wahrheit aus Joh 4,23 ordnet der unbekannte Autor die Begriffe Fleisch und Lüge zu.

oder fleischlichen Sinnen eines Menschen / die selbiger meistens mit denen Thieren gemein hat / verrichtet werden können / als z. e.[33] wenn der Mensch meynet / das sey der Gottesdienst / und das rechte Anbeten GOttes / wenn er auswendig gelernete Gebets=Formuln herspricht / oder dergleichen aus denen Büchern herlieset / it.[34] wenn er äuserlich mit dem Munde singet und gewisse Worte herschreyet und andere solche Ubungen mehr treibet / als da sind zur Kirchen gehen / Predigt hören / Beichten / das Nachtmahl[35] gebrauchen u. d. g.[36] Ferner verstehe ich auch durch das Anbeten GOttes im Fleisch insonderheit dieses / wenn man bey allem seinen vermeinten[37] Gottesdienst das Fleisch oder seine sündliche Natur ungetödtet lässet / und ohne Scheu in Augen=Lust / Fleisches=Lust / Hoffart / Neid / Zorn / Haß / Feindschafft und andern dergleichen herrschenden Sünden mehr lebet / ja die vermeinten äuserlichen Gottesdienste eben zur übertünchung[38] und Stärckung solcher fleischlichen Unart und Boßheit gebrauchet. Wer nun also GOTT im Fleisch anbetet / der muß selbigen auch nothwendig in der Lügen und Unwarheit anbeten. Denn die Worte / die ein solcher Mensch herbetet oder singet / *harmoni*ren mit der innerlichen Begierde eines dergleichen fleischlichen Menschen gar nicht / sondern sind bey ihm lauter Lügen / damit er GOTT nur spottet und dessen heiligen Nahmen verlästert / weil er die ausgesprochene Dinge entweder gar nicht / oder doch nicht in der rechten Ordnung begehret / sondern gerade das Gegentheil ver-

33 Zum Exempel: z. B.
34 Iterum: ferner, wiederum.
35 Abendmahl.
36 Und dergleichen mehr.
37 Vermeintlichen.
38 Mt 23,27.

langet. Es erwäge nur einer die sieben Bitten im Vater Unser / die alle Heuchler und fleischliche Maul=Christen[39] täglich aussprechen / so wird jeder verständiger Mensch gar bald erkennen / daß sie GOtt damit nicht in der Warheit / sondern in der Lügen anbeten. Eine Lügen ist es alsofort / wenn sie sagen: Unser Vater in dem Himmel. Denn wie sie noch nicht durch den Glauben an CHristum / der in keinem unbußfertigen Menschen seyn kan / GOttes gehorsame Kinder worden sind; also können sie auch nicht mit Recht GOtt ihren Vater nennen. Eine Lügen ists / wenn sie sprechen: geheiliget werde dein Nahme. Denn sie verlangen entweder die reine und lautere Lehre des göttlichen Worts gar nicht / oder begehren sie doch nicht zu Ubung eines heiligen Lebens anzuwenden / da doch gleichwohl allein hiedurch / und sonst durch nichts anders / der Nahme GOttes von uns geheiliget / oder heilig gehalten wird. Eine Lügen ists / wenn sie sagen: Dein Reich komme. Denn sie wollen dem Heiligen Geiste / welcher das Reich GOttes in uns durch Glauben und Liebe auffrichten will / in ihrem Hertzen keinen Raum machen / sondern treiben ihn vielmehr durch ihre Boßheit immer weiter von sich. Eine Lügen ists / wenn ihr Mund ferner spricht: Dein Wille geschehe wie im Himmel also auch auff Erden. Denn sie begehren nicht weniger / als den Willen GOttes / zu thun / sondern vielmehr den Willen des Teuffels / der Welt und ihres Fleisches. Und so ist es auch mit allen übrigen Bitten bewandt; wie auch mit allen denen Dingen / welche dergleichen fleischliche

39 Mit solchen und ähnlichen Termini prangerten Pietisten in der Tradition prophetischer Scheltrede ihre Mitchristen an, vgl. Jes 29,13; Mt 15,7–9. 18; *Jakob Böhme*: Mysterium Magnum, S. 196. *Arnold*: Fernere Erläuterung, Anrede an den Leser,)( )(1r, beklagt, dass der „selbst=gemachte wahn= und heuchel=glaube" sich verbreitet habe. Ähnlich *Sprögel*: Consilia und Responsa, S. 560, 564.

Leute in denen gewöhnlichen geistlichen Gesängen herschreyen. Wer dieses gründlich einsiehet / der wird sich nicht wundern über die harten Aussprüche / die GOtt von solchem lügenhafften GOttesdienste in seinem Worte hin und wieder thut / als da es z. e. Jes. 1. v. 15 heisset: Wenn ihr schon eure Hände ausbreitet / verberge ich doch meine Augen von euch / und ob ihr schon viel betet / höre ich euch doch nicht / denn eure Hände sind voll Bluts. item. Sprichw. Sal. 28. v. 9.[40] Wer sein Ohr abwendet zu hören das Gesetz / deß Gebet ist ein Greuel. it. *Amos*. 5. v. 23. Thue nur weg von mir das geplerr deiner Lieder / denn ich mag deines Psalter=Spiels nicht hören. u. d. g.

4. Weil nun / leyder! von Anfang der Welt her immerdar die allermeisten Menschen in einem dergleichen falschen Gottesdienst gestanden haben und noch stehen / und sich dadurch selbst elendiglich betrügen / so verwirfft eben der liebe Heyland durch obgesetzten Ausspruch denselbigen / als ein unnützes und schädliches Wesen / und zeiget hingegen / welches der wahre Gottesdienst und das rechte Anbeten GOttes sey. Nehmlich / wie GOtt ein Geist ist / so will er auch im Geist und in der Warheit angebetet seyn[41] / das ist / was der Mensch entweder durch ausgesprochene Worte oder innerlich in denen Gedancken von GOtt bittet / sonderlich was geistliche Dinge betrifft / eben dasselbige muß er auch inwendig mit dem innersten Verlangen seines Geistes von GOtt warhafftig begehren und ihn also in der Warheit anbeten; welcherley Beschaffenheit es auch mit allen andern Wercken haben muß / womit der Mensch GOtt dienen will / so / daß allezeit das äuserliche mit dem innerlichen gantz genau übereinstim-

40 Buch der Sprüche Salomonis (Spr).
41 Joh 4,24.

men und ein Warhafftiger Ausfluß aus der innersten Geistes=Qvelle / worinne Glaube / Liebe / Hoffnung / Gedult / Sanfftmuth / Keuschheit und andere dergleichen göttliche Tugenden[42] ihren sitz haben sollen / seyn muß.

5. Eben dahin zielet auch der Inhalt gegenwärtigen Tractätleins / welches ein einfältiges u. aufrichtiges Kind Gottes[43] durch die ihm dazu von oben verliehene Gnade aufzusetzen angetrieben worden.[44] Es stehet darinne beydes der falsche u. wahre Dienst Gottes gar deutlich abgemahlet. Es ist darinne gewiesen worden / woraus der äuserliche gesetzliche Dienst deß Buchstabens[45] entsprungen / wieweit derselbige den Menschen führen könne / und wohin er auch im Gegentheil nicht zulange / so / daß / wenn man ihn über das Ziel erhebet / er nothwendig zu einem falschen und verführischen Gottesdienst werden müsse. Deßgleichen wird man auch darinne eine gar feine und wohlverständliche Beschreibung antreffen von dem wahren Dienste GOttes im Geist und in der Warheit / wozu und worinne der Mensch anfänglich erschaffen worden / welchen er aber durch den Sünden=Fall verlohren[46] (da er sich mit seinem Gemüte von dem inwendigen auffs auswendige / von dem Geiste auff das Fleisch / von dem Unsichtbaren auff das Sichtbare und von dem unvergänglichen und ewigen auf das Vergängliche und zeitliche gekehret) und wozu er durch Christum in dem von ihm eröffneten und in seinem Blute gestiffteten neuen Bunde wiederum tüchtig ge-

42 1Kor 13,13; Gal 5,22.
43 Vermutlich kannte der Autor des Vorworts die Verfasserin, gibt jedoch keine näheren Hinweise zu ihrer Identität.
44 Röm 8,14.
45 Röm 7,6.
46 Gen 3,1–24.

macht und zubereitet werden soll;[47] „welches nehmlich in dieser Ordnung geschicht / wenn der Mensch durch die in CHristo ihm geoffenbahrte unaussprechlich=große Barmhertzigkeit und Liebe GOttes sich dazu bewegen lässet / seinen Leib / Seel und Geist zum Opffer hinzu geben / das da lebendig / heilig und GOtt=wohlgefällig sey / welches dann eben sein vernünfftiger GOttesdienst wird (das ist / ein solcher / der vernünfftigen und verständigen Creaturen / als der Mensch ist / anstehet und von ihnen in GOttes Wort erfordert wird) worauff notwendig dieses an ihm immer mehr und mehr zu spühren seyn wird / daß er sich dieser Welt (weder in ihrer Boßheit / noch falschen Heiligkeit) gleich stellet / sondern sich von Tage zu Tage immer mehr verändert durch Verneurung[48] seines Sinnes / auf daß er prüfen möge / welches da sey der gute / der wohlgefällige und der vollkommene GOttes Wille / um nehmlich selbigen durch die Krafft Christi / der seine Gläubigen zu allem guten Werck tüchtig und mächtig machet / immer nach und nach wirklich zu vollbringen. Siehe Rom. 12. v. 1, 2. sqq. Jac. 1. v. 26, 27. 2. Pet. 1. v. 3. biß 11. usw.“

6. Gleichwie nun dieses einfältige[49] Zeugniß der Wahrheit zu dem Ende[50] abgeleget worden / auf daß

47 Der folgende Passus wird als Zitat ausgewiesen, allerdings ohne weitere Angaben. Von wem die zitierten Aussagen stammen, ließ sich nicht ermitteln.

48 Erneuerung.

49 Der Einfalt kommt als Tugend im NT eine wichtige Bedeutung zu: 2Kor 1,12; 11,3; Eph 6,5. Vgl. *Joachim Jacob*: Einfalt. Zu einigen ästhetischen und rhetorischen Implikationen eines pietistischen Leitbegriffs, in: Interdisziplinäre Pietismusforschungen. Beiträge zum Ersten Internationalen Kongress für Pietismusforschung 2001, hg. von Udo Sträter u. a., Tübingen 2005 (HaFo 17,1–2), S. 341–351. Zu Gottfried Arnolds Verständnis von Einfalt s. *Arnold*: Verklärung, Vorbericht, *2vf., *3r; vgl. *Sprögel*: Consilia und Responsa, S. 562, 565, 601. Eine detaillierte Studie zu diesem im Pietismus weit verbreiteten Begriff fehlt.

50 Zu dem Zweck.

die schändliche Betrügerey des Fürstens dieser Welt[51] / der sonderlich auch in denen äuseren Schattenwercken / die man Gottesdienste nennet / sich ein sehr festes Nest für sein Reich der Finsternis erbauet hat / immer mehr und mehr offenbar / und hingegen dem Reich des HErrn JEsu / welchem doch noch einmal alles zu Theil werden muß / in vielen Seelen die Bahn bereitet werden möge; so ist wohl ohne Zweiffel zu vermuthen / daß der Feind der Wahrheit in seinen Werckzeugen auch dieses Büchlein mit seinem Gifft nicht unbesprützt lassen werde. Und es wäre auch kein gut Zeichen wenn er solches unterliesse. Da werden einige dieses / andere jenes darinne zu tadeln wissen. Manche werden schreyen / es wären solche Aussprüche darinne enthalten / die zur Verkleinerung und Verachtung alles äuserlichen Gottesdienstes gereicheten. Andere werden vorwenden / es würde darinne mit der Beschreibung des innerlichen Gottesdienstes im Geist auff eine solche Vollkommenheit getrieben / die zu erlangen gantz unmöglich wäre. u. s. f.

7. Allein der gut=gesinnte Leser wird sich an alles dergleichen Vorgeben nichts kehren / gesetzt / daß auch solche / die da wollen Freunde der Warheit und sonderbahre[52] Beförderer des rechten Gottesdienstes seyn / ihre Zungen von dem Fürsten der Finsternis zur Aussprechung liebloser und falscher Urtheile gebrauchen liessen / wie leyder! solches noch immerdar Mode ist; Da man doch den einfältigen Geist der unmündigen Kinder GOttes nicht viel hoffmeistern[53] solte / auff daß

51 Kol 2,17.
52 Besondere.
53 Erziehen, rügen, s. *Grimm*: Deutsches Wörterbuch, Bd. IV,II, Sp. 1694. Lehrer und Erzieher an adligen Höfen wurden in der Frühen Neuzeit als Hofmeister bezeichnet, s. *Ludwig Fertig*: Der Hofmeister. Ein Beitrag

man das Creutz Christi nicht zu schanden mache. Der geliebte Leser bitte nur GOtt zuförderst um den Geist der Weißheit / ehe er dieses Büchlein durchlieset / und prüfe sich / ob es ihm auch ein rechter Ernst sey / GOtt im Geist und in der Wahrheit[54] dienen zu lernen. Wird er es in dieser Ordnung und mit einem die Wahrheit zu erkennen / und derselbigen gehorsam zu werden / begierigem Gemüthe durchlesen / so wird er eben so wenig / als ich / etwas anstößiges darinne finden / sondern vielmehr in der Warheit dadurch gestärcket werden / und GOtt darüber zu preisen Ursach haben / welchem es gefället und ohne Zweiffel immer mehr gefallen wird / durch thörichte / oder der Vernunfft thörlich[55] scheinende / nicht aber durch ausgekünstelte und mit dem Huren=Schmuck der Babylonischen Wort=Pralerey[56] ausgeputzte[57] Predigten[58] und Zeugnisse / die Menschen selig zu machen / und aus dem Munde der jungen Kinder und Säuglingen sich eine Macht zu zurichten um seiner Feinde willen / damit er vertilge den Feind und den Rachgierigen[59] / welcher sich mit seinen ausgeheckten vielen falschen Propheten an CHristi statt in den Tempel GOttes gesetzt / denselbigen verunreiniget und aus dem geistlichen Jerusalem einen Stein=Hauffen[60] gemacht hat. Den äuserlichen GOttesdienst / wenn er in der rechten Ordnung stehet und

---

zur Geschichte des Lehrerstandes und der bürgerlichen Intelligenz. Mit 14 Quellenschriften, Stuttgart 1979.

54 Joh 4,24.

55 Töricht.

56 Apk 17,1–6.

57 Herausgeputzt, ausgeschmückt, s. *Grimm*: Deutsches Wörterbuch, Bd. I, Sp. 926.

58 Zur Kritik an der zeitgenössischen Predigtweise und zum pietistischen Predigtverständnis s. *Andres Straßberger*: Predigt, in: Pietismus Handbuch, S. 387–393.

59 Ps 8,3.

60 Jer 9,10; Mi 3,12.

Gottgefällig gebraucht wird / als das zu CHRisto führende Zuchtmeister=Ampt[61] / verwirfft die Autorin[62] so gar nicht / daß sie ihn vielmehr hin und wieder in diesem Tractätlein sein gebührendes Lob beyleget / aber dabey nur zeiget / daß man selbigen dergleichen Personen / die sich Tag und Nacht in wahrem Dienste des Geistes üben und GOtt immerdar in dem Tempel ihres Hertzens[63] zu dienen vor ihr einig nothwendiges[64] halten / nicht zwang=weise aufferlegen / sondern selbige dißfalls ihrer Freyheit / worein sie der Sohn GOttes gesetzt / sich bedienen lassen solle. Und das ist recht. Denn eben so hat auch ehemals der unvergleichliche Diener des neuen Bundes / Paulus / gelehret.[65] Siehe Gal. 5. v. 1=6. c. 6. v. 15.[66] Col. 2. v. 16. *seqq.* Die Vollkommenheit des inwendigen Gottesdienstes im Geiste treibet sie auch nicht höher / als die Schrifft selbst / welche unwidersprechlich einen solchen Wachsthum des inwendigen Menschen durch den darinne wohnenden CHristum von uns fordert / der so weit fortgehen soll / bis daß wir endlich erfüllet werden *NB.*[67] mit aller GOttes Fülle / (S. Eph. 3. v. 13=19.) und die Möglichkeit dessen an eben itzt angezogenem Orte v. 20 / 21.[68] mit denen allerkläresten Worten behauptet und denen / die im Glauben darum bitten / verspricht. Dieses wissen

61 In Gal 3,24 wird diese Aufgabe der Vorbereitung auf den wahren Gottesdienst dem Gesetz zugeschrieben.

62 Nur hier sowie wenige Zeilen weiter unten wird die geschlechtliche Identität der Verfasser kenntlich gemacht.

63 1Kor 3,17.

64 Lk 10,42. Dieses Motto greift auch z. B. *Johann Amos Comenius* in seinem berühmten Werk auf: Unum necessarium […], Amsterdam 1668.

65 Paulus warnt in den im Folgenden genannten Texten vor Irrlehren und dem Bestehen auf der Beschneidung als Vorbedingung für den Glauben an Christus.

66 Gal 6,15.

67 Nota Bene: merke wohl!

68 Eph 3,20f.

aber alle erleuchtete Kinder GOttes mit unserer Autorin mehr als zu wol / daß solches alles nicht alsofort auff einem Tag da seyn könne / sondern die Seele hiezu so wol ihre Zeit haben müsse / als der Leib zu seinem Wachsthum in Erlangung der vollkommenen Statur. Selig sind demnach alle diejenigen / die sich an alles unnütze und verführische Geschwätz der thörichten Vernunfft=Menschen und *Super*=klugen Welt=Geister / womit der Feind nur den geistlichen Wachsthum derer Gläubigen aus bitteren Neid hemmen will / nichts kehren / sondern in aller Einfalt auff denen Wegen des HErrn immer weiter fortgehen und in GOtt eindringen.[69] Je weiter sie darinne kommen / ie besser werden sie es haben in Zeit und Ewigkeit. Denn das ist ja einmahl gewiß / daß wir dem HErrn so anhängen müssen / daß wir endlich gantz ein Geist mit ihm werden. 1. Corinth. 6. v. 17. Gewiß gnug ists / daß der HERR keine andere / als allein eine solche Braut haben will / die da herrlich sey / die nicht habe einen Flecken oder Runtzel oder deß etwas / sondern die da gantz heilig und unsträfflich sey Eph. 5. v. 27. Gewiß ists / daß ohne solche Heiligung[70] niemand den HERRN schauen kan noch wird in seiner Herrlichkeit Heb. 12. v. 14. Darum muß ja die Seele notwendig in der Krafft GOttes selbige erst vollenden / ehe sie in die vollkommene Herrlichkeit auffgenommen werden kan / es geschehe nun solche Vollendung / wenn und wo sie immer wolle / hier oder dort. Seelig aber sind diejenigen klugen Jungfrauen[71] / die solch hochwichtiges Werck nicht erst verspahren biß dorthin / sondern den beqvemen Tag dieses Lebens allein dazu anwenden / den reinen und schönen seidenen Rock

69 Hier wird die Unio mystica, die Vollendung der Vereinigung von Gott und Mensch, mit einem voluntaristischen Verständnis verbunden.
70 Vgl. *Matthias*: Rechtfertigung und Heiligung.
71 Mt 25,1–13.

der vollkommenen Gerechtigkeit[72] / als ihren Himmlischen Braut=Schmuck / anzulegen / damit sie fertig seyn / wenn der Bräutigam kömmt und sodan unverhindert mit ihm in das Himmlische Hochzeit=Hauß eingehen können. Wer Ohren hat zu hören der höre / was der Geist denen Gemeinen sagt![73]

8. Ach! so treibe denn du selbst / o lieber himmlischer Abba[74] / alle deine Kinder zu diesem einigen Notwendigen unendlich an! Mache sie doch zu deinen rechten Anbetern / so daß sie dir nicht mehr dienen im alten Wesen des Buchstabens[75] / sondern im neuen Wesen des Geistes. Seegne dieses einfältige Zeugniß dazu / daß viele Seelen hiezu angetrieben und aufgemuntert werden mögen! Ich preise dich auch / O Vater und HERR Himmels und der Erden daß du solch Geheimniß deines Willens denen Hochmüthigen / Weisen und Klugen dieser Welt verborgen hast / und hast es hingegen denen Unmündigen offenbahret. Ja / Vater / denn es ist also wolgefällig gewesen für dir.[76]

Dein Nahme sey hochgelobet / in alle Ewigkeiten / Amen!

NB. Nachgesetztes / nebst wenig andern geringen Druckfehlern / wolle der geneigte Leser *corrigir*en.[77]

---

72 Jes 61,10.
73 Apk 3,6.
74 Röm 8,15; Gal 4,6.
75 Röm 7,6.
76 Mt 11,25f.
77 Die hier aufgeführten Korrigenda beziehen sich auf den im Folgenden abgedruckten Text und wurden – bis auf wenige Ausnahmen – ohne nähere Kennzeichnung im fortlaufenden Text aufgenommen. Interessant sind die Erläuterungen, die die Verfasserin für den ersten Abschnitt einfügt. Diese werden in den Fussnoten kenntlich gemacht, da sich eine interessante Tendenz zur Vereinfachung der Lektüre verfolgen lässt.

Pag.[78] 5. lin.[79] 4. *temperatur* und süssen Einigkeit. l. 11. *Tinctur*en oder Eigenschafften. l. 17. vor: seine Eva erkennen / setze: die Creatur gebrauchen. p. 7. l. 8. *tinctur* oder Eigenschafft. l. 9. vor: seine himmlische Jungfrau / setze: sein Fräulein l. 13. del. oder *Sophiae*. p. 8. l. 13. auf. l. 23. *principium* oder Wesen. l. 26. solchen Baum / (verstehe der eigenen bösen lust) p. 20. l. 1. Reich. p. 34. l. 20. am Ende des §. setze hinzu *NB. Hesek*. 13. sonderlich v. 18, 19. pag. 39. l. 14. gebrauchen. p. 44. l. 22. Worden. p. 48. l. 19. Ergebung. p. 67. l. 13. geheiliget. p. 74. l. 3. Schmuck. p. 89. l. 25. seelig. p. 106. l. 5. wissen oder finden. p. 112. l. 25. erwartet.

A. † Ω.[80]
Einfältiges Zeugniß Von dem Wahren Dienste des Geistes im Neuen Bunde[81] / etc.

§. 1.[82]
IM Anfang schuf Gott den Menschen nach seinem Bilde;[83] Und diese Schöpffung oder Göttliches Bild bestunde in Heiligkeit und Gleichheit des Liebe=und

78 Pagina: Seite.
79 Linea: Zeile.
80 Alpha und Omega, der erste und der letzte Buchstabe des griechischen Alphabets, metonymisch für Christus verwendet, vgl. Apk 1,8.
81 2Kor 3,6; Jer 31,31. Die im Titel des Traktats vorkommende Wendung vom Dienst des Buchstabens greift diese Bibelstellen auf.
82 Die hier beginnende Paragraphenzählung strukturiert den gesamten Text und reicht bis § 109. Die Paragraphen 1 bis 23 zeigen, dass die Autorin sich auf die von Jakob Böhme entwickelten Ideen bezieht, ohne diesen direkt zu nennen oder auch zu zitieren. Sie greift einzelne Termini aus dessen Denksystem auf, rezipiert aber nicht das gesamte Lehrgebäude, vgl. *Salvadori*: Pietismus und Jakob Böhme, in: Pietismus Handbuch, S. 70–72. Insbesondere im Blick auf Böhmes Werk Mysterium Magnum von 1623, in dem er die Genesis auslegt, zeigen sich die Unterschiede im Denken. Zur Beschäftigung mit Böhme in Quedlinburg s. Nachwort, S. 198, 201f., 221–223.
83 Gen 1,27. *Rohls*: Gnadenwahl, S. 54f., charakterisiert diesen Vers als

Licht=Wesens[84] GOttes; daß also der Mensch ein Gefäß war / darinne GOtt sein Werck und seinen Willen[85] hatte und ausübete[86] / weil er eines Willens mit Ihm war / und die Göttliche Krafft oder Wesenheit der Weißheit GOTTes[87] in sich hatte / alle Dinge im Lichte GOttes zu unterscheiden / wie sie in GOTT waren / und wie solche durch die reine Eigenschafften der Weißheit in ihm gewürcket wurden. Dieses alles hatte der Mensch / der also das Göttliche Ebenbild war. Er bedurffte keiner Unterrichtung von dem sinnlichen oder Wörtlichen Schall;[88] denn er hatte das lebendige Wort GOttes[89] / CHRistum / in sich / und lebete also nach dem Hertzen GOttes. Durch die *Essenz*[90] und Wesenheit der *Sophia*,[91] die sein Licht und Crone[92] war / vermochte

---

Ausgangspunkt der Anthropologie Böhmes. Scharschmidt skizziert ebenfalls anhand der Interpretation von Gen 1–3 die Grundlagen ihrer Anthropologie und Soteriologie. Die weiteren Berichte, die in den biblischen Büchern Genesis und Exodus dargestellt werden, streift sie nur ganz kurz. Für ihren Denkansatz ist die enge in der Schöpfung angelegte Zusammengehörigkeit von Gott und Mensch in dem eingeschlechtlichen Wesen das Wichtigste. Allerdings konzentriert sie sich im Gegensatz zu Böhme nur auf die Erschaffung des Menschen, während Böhme im Mysterium Magnum eine theologische Naturphilosophie entfaltet.

84 Zum Licht als einer zentralen Kategorie im Denken Böhmes s. *Cecilia Muratori*: Licht, in: Alles in allem, S. 71–75.

85 In den allerersten Absätzen seiner Genesis-Interpretation geht *Böhme* auf den Willen Gottes ein: Mysterium Magnum, S. 7f., 35. Vgl. hierzu *Hannak*: Licht, S. 192.

86 Röm 9,19–23.

87 Zur Bedeutung der göttlichen Weisheit bzw. Sophia im Denken Scharschmidts s. Nachwort, S. 221–223.

88 Vgl. *Böhme*: Mysterium Magnum, S. 27, 31. Zur Bedeutung dieses Begriffs s. *Tünde Beatrix Karnitscher*: Die Suche nach der „Stille“ im „grob und thierisch[en]“ Schall. Klang bei Jacob Böhme, in: Grund und Ungrund, S. 130–141; *Schmidt-Biggemann*: Ewiges Werden, S. 157.

89 Vgl. *Böhme*: Mysterium Magnum, S. 9–12.

90 Allen Kräften und Wirkmächten wohnt eine Essenz inne, die *Böhme* unterschiedlich bestimmt: Mysterium Magnum, S. 65f., 69f.

91 Nach *Böhme*: Mysterium Magnum, S. 8, ist die Weisheit „der ewige Urstand aller Kräffte / Farben und Tugenden“. Vgl. *Arnold*: Sophia, S. 29–34; *Martin*: Schöpfung, S. 95–98; *Weeks*: Böhmes Welt, S. 31.

92 Apk 2,10.

er alles auszurichten / wenn sein Wille in Ihr ruhete und Ihr ergeben bliebe. Denn die Weißheit ist der heimliche Rath GOttes[93] / sie thut alles / und bleibet / wer sie ist / ohne Veränderung. Buch der Weißh. Cap. 7. und 8.[94]

§. 2. O Welch ein herrlich Bild oder Creatur war der Mensch nach dem Bilde und Gleichnis GOttes! Er diente seinem HErrn und Schöpffer / durch seinen Liebe=Geist getrieben / ohne Gesetze / Zeit / Ziel / Maaß und Ort. Er stunde in GOTT / und GOtt war in ihm. Der Geist war rein und spiegelte sich in der reinen Jungfrauschafft *Sophiae*, die seine wahre Gehülffin[95] war in allen Göttlichen Dingen. Durch sie hätte Adam seines Gleichen gezeuget / die da in Unschuld und Reinigkeit / als er war / (wie beschrieben ist[96]) bestanden wären; denn er war der wahrhafftige Abdruck und die Gleichnis GOTTes. Wie GOtt durch seine Weißheit alles schaffet / und durch sein Wort ausspricht / daß es werde; Also vermochte Adam durch seine Gehülffin / die ihm der HErr beygefüget hatte / auch zu gebähren:[97] Er durffte nur in seinem Schöpffer ruhen / und sich der Weißheit Regierung überlassen. Also lebte Er GOTT in seinem Geiste allezeit / und übte den wahren Dienst des Geistes gegen GOtt / durch den / der da ist der Erste und der Letzte;[98] deme

93 Spr 8,12.14. Zum Begriff Rat bei *Böhme* s. Mysterium Magnum, S. 8, 170; *Martin*: Schöpfung, S. 90.

94 Auf diese beiden Kapitel des apokryphen Buchs der Weisheit Salomonis (SapSal) bezieht sich *Arnold* ebenfalls als wichtigen Referenzrahmen für seine Sophiologie: Sophia, S. 23–34.

95 Nach Gen 2,18 wurde Eva als Gehilfin Adams erschaffen.

96 Vermutlich sind die Entwürfe von Jakob Böhme, Gottfried Arnold, Johann Georg Gichtel sowie die der englischen Philadelphier gemeint.

97 Der androgyne Mensch besaß die Fähigkeit zur Fortpflanzung ohne sexuellen Akt. Vgl. *Rohls*: Gnadenwahl, S. 55; *Zuber*: Theosophische Spekulation.

98 Apk 1,17.

wir alle auch gefolget wären / wäre Adam nicht gefallen.[99]

§. 3. Weil aber nun das Ende wieder in den Anfang kommen und wieder dahin gebracht werden soll:[100] und zwar durch CHristum und in Ihm: So muß nothwendig der Mensch wieder in ein solch Göttlich Bild verwandelt / oder zu einer Neuen Creatur (Gal. 6 / 15.) erneuert werden / wenn er GOTT / im Dienste des Geistes / ohne Form / Bild / Zeit / Maaß und Ziel / ohne Ende / in die Ewigkeiten dienen und leben soll.[101]

§. 4. Man wird mir vergönnen / daß ich[102] erst zeige durch den Geist der Wahrheit (wiewohl mit Wenigen / weil es bereits von andern gründlich und ausführlich gezeiget worden) wie der Mensch gefallen und von diesem Dienst abgegangen ist;[103] ehe ich von der Wieder=Erneuerung des Ebenbildes GOttes und Wieder=Auffrichtung des Dienstes im Geist handele.[104]

§. 5. Es erweckte Adam[105] in sich eine Lust oder Begierde / in das *Principium*,[106] oder Anfang / einzuge-

99 Ganz ähnlich entfaltete *Böhme* seine Ideen auch in seiner Schrift Menschwerdung Jesu Christi, S. 47–53.

100 Hier scheint es sich nicht um einen Hinweis auf die Apokatastasis zu handeln, sondern um eine androgyne Christologie und Anthropologie als Element der Wiederherstellung des Urzustandes, vgl. *Böhme*: Mysterium Magnum, S. 105; *Sprögel*: Consilia und Responsa, S. 574.

101 *Böhme*: Mysterium Magnum, S. 168, zur Rückkehr an den Beginn der Schöpfung: „So die Tinctur des Feuers ganz rein ist / so wird ihr Sophia eingegeben / so bekomt Adam seine alleredelste Braut / die ihme in seinem ersten Schlaffe genommen ward / wieder in seine Arme / und ist fürbaß kein Mann noch Weib".

102 An mehreren Stellen dieses Traktats bringt Scharschmidt sich als Autorin und schreibendes Ich deutlich ins Gespräch, insbesondere im letzten Teil.

103 Vgl. *Böhme*: Menschwerdung Jesu Christi, S. 55–66.

104 Dieser Paragraph bietet eine kurze Gliederung des gesamten Werkes.

105 Gemeint ist der androgyne Adam, in dem beide Geschlechter in einem vereint sind.

106 Zur grundlegenden Bedeutung des Begriffs bei Böhme, den er u. a. auf Gottes trinitarisches Wesen bezieht, s. *Weeks*: Böhmes Welt; *Rohls*: Gnadenwahl, S. 52f.

hen / daraus GOTT seinen Leib gebildet hatte / und durch seinen Natur=Geist in demselben zu herrschen; welches er nicht thun solte / weil solches nicht unmittelbahr aus dem Wesen und Hertzen GOTTes war. Vielmehr solte er von dem Geiste der Weißheit sich regieren lassen / und ohne eigenen Willen in Einfalt folgen. Es war zwar das *Principium*, daraus sein Leib genommen / durch die Weißheit geschaffen / nemlich aus dem alleredelsten Wesen der Paradiesischen Erde / die vor dem Fall in lauter reiner / heiterer Lufft und Süßigkeit im Geruch bestunde / und war sein Leib heilig und gut wegen des Geistes und Odems GOttes / der ihm eingeblasen war;[107] Aber durch den Fall Lucifers[108] war solch *Principium inficir*et und angehaucht / daß ein herbes und widriges Wesen / welches wider GOTT stunde / erwecket war. Solches nun war in Adam in einer rechten *Temperatur*[109] und süssen Einigkeit / daß / so lange er in GOtt stunde und sich von der Weißheit regieren liesse / er davon nichts fühlete oder erkannte. Als er aber aus seiner Einfalt ausgienge in ein Eigen=Begehren / und nach seinen Willen mit der Creatur umgehen wolte / wie er in seiner Lust dieselbe erwecket hatte / da fieng er an zu zweiffeln / daß er aus beyden Tincturen[110] oder Eigenschafften / die er in sich hatte / könte

107 Gen 2,7.

108 Vgl. Jes 14,12.15. Der Name Luzifer kommt im hebräischen Text nicht vor, sondern wird erst ergänzt in der Vulgata. Zur Bedeutung Luzifers in Böhmes Ansatz s. *Rohls*: Gnadenwahl, S. 53f.; *Friedrich Vollhardt*: Jacob Böhme – Ein Repräsentant der „third force" im 17. Jahrhundert?, in: Grund und Ungrund, S. 21.

109 Nach Jakob Böhme bezeichnet diese die harmonische Einheit von Licht und Finsternis, s. *Rohls*: Gnadenwahl, S. 54.

110 *Langen*: Wortschatz, S. 74, rechnet die Termini tingieren und Tinktur zum Bedeutungsumfeld des Reinigens und Läuterns. *Böhme*: Mysterium Magnum, S. 106, beschreibt den androgynen Adam als „zweyerley Wesen", in dem sich „die hochheilige Tinctur vom Göttlichen Feuer und Liechte" befand. Vgl. auch *Sprögel*: Consilia und Responsa, S. 574; *Zuber*: Theosophische Spekulation, S. 126.

auff *magi*sche Art[111] / durch Wirckung der Weißheit GOttes seines Gleichen zeugen. (Denn dazumahl bestunde Adam noch in beyden Tincturen / als ein Männlein und Fräulein[112] 1. Buch Mos. 1 / 27.)[113] So wolte er nun[114] die Creatur nach seinen Willen gebrauchen / daraus in ihm eine *Contrarie*tät wider GOttes Willen entstund / daß er nicht mit seinem schönen Bilde zu frieden war. Es überteubete[115] ihn das vermischte *Principium*, daß die Weißheit ihr reines Wohn=Hauß[116] in seiner Seel und Geist nicht behalten konte; und weil sein Geist in ein ander Element eingesuncken war / da ward er matt und müde durch eigenmächtiges Begehren oder Bewegen / daß er einschlieff / und zwar in einen tieffen Schlaff.[117] In welchem Schlaff es geschahe / daß die Göttliche Lichts=Krafft von ihm wiche / nemlich die Weißheit / die zuvor sein Leit=Stern[118] war.[119]

---

111 *Böhme*: Mysterium Magnum, S. 106, erläutert diese Idee folgendermaßen: „So wäre die Magische Gebuhrt also geschehen / nicht durch einen sonderlichen Ausgang von Adams Leibe wie jetzunder / sondern wie die Sonne das Wasser durchscheinet / und nicht zureisset". Durch das Auseinanderfallen des androgynen Adam in zwei geschlechtlich konnotierte Menschen endete diese Art der Fortpflanung „ohne Mühe und Noht".

112 Im Gefolge Jakob Böhmes geht Scharschmidt davon aus, dass der erste Mensch aus einer Vereinigung der beiden Geschlechter bestand. Zu diesem Ideenkonstrukt s. auch *Albrecht*: Männliche Jungfrauen.

113 Im Genesistext geht es jedoch ausdrücklich um die Dualität der Geschlechter in zwei Personen.

114 Hierzu wird in der Korrigenda-Liste angegeben, dass an dieser Stelle die Formulierung „seine Eva erkennen" in die vorliegende Fassung umformuliert werden solle .

115 Übertönen, blind machen.

116 Spr 9,1.

117 Gen 2,21.

118 Auch in ihrem Buch Hochwichtiges Werck, S. 44, verwendet die Autorin diesen Begriff, vgl. *Albrecht* u. *Lißmann*: Mit Freude, S. 635. Vgl. *Leade*: Offenbahrung der Offenbahrungen, S. 240.

119 Vgl. die Ausführungen von *Schmidt-Biggemann*: Ewiges Werden, S. 166f., zum Fall Adams und der dadurch veränderten Rolle der Sophia: „Den Sündenfalls Adams beschreibt Böhme nun nicht als Verführung durch das grimmige erste Prinzip, das unter anderem durch Neid charakteri-

§. 6. Darauff sprach GOTT der HErr: Es ist nicht gut / daß der Mensch alleine sey / Ich will ihm eine Gehülffin machen / die um ihn sey.[120] Im Anfang aber seiner Schöpffung war alles sehr gut. So muß nun nothwendig folgen / daß es Adam mit seinem Abwenden von GOTT / im eigenen Willen / nicht gut gemacht habe.[121]

§. 7. Es stehet zwar in der Schrifft: Da ließ GOTT der HERR einen tieffen Schlaff auff den Menschen fallen[122] / und scheinet dem Buchstaben nach / als wenn es GOtt also gewolt hätte. Es ist aber klar / daß es GOTT nur zugelassen[123] / und nicht sein heiliger guter und vollkommener Wille gewesen ist / weil vorher stehet: Es ist nicht gut / daß der Mensch alleine sey. Und will GOtt gleichsam sagen: Wie ist ihm nun anders zu rathen / weil der Mensch in den Schlaff der Sicherheit und Eigenheit kommen ist / als daß man ihn auch leiblich entschlaffen[124] lasse / damit Wir eine Gehülffin (die zuvor in ihm war) aus ihm machen / die nach seiner Begierde um ihn sey / und seinem Begehren nach Cörperlich vor ihm stehe; wie er an allen Thieren /

---

siert war, sondern ganz philonisch als Fall aus der kosmisch-paradiesischen Geistigkeit in die Materialität. Das ist insofern bemerkenswert, als hier kaum ein Moment von Sünde zu finden ist." Ebd., S. 166.

120 Gen 2,18.

121 Die eigentliche Ursache des Sündenfalls bildet demnach die Abwendung Adams von Gott, nicht das Essen vom Baum der Erkenntnis. Statt sich mit dem geistlichen göttlichen Genuß zu begnügen, strebte Adam nach sinnlich Erfahrbarem.

122 Gen 2,21. Böhme deutet den Schlaf als Verlust des göttlichen Lichts, s. *Rohls*: Gnadenwahl, S. 56.

123 Es handelt sich hierbei um eine geläufige Unterscheidung in der Vorsehungslehre zwischen dem aktiven Wollen Gottes und seinem passiven Zulassen. Zu Böhmes Verständnis der Providentia Dei s. *Rohls*: Gnadenwahl; Schmidt-Biggemann: *Ewiges Werden*, S. 166. Die Differenziertheiten des Böhmeschen Denkens vollzieht Scharschmidt nicht mit, sie reduziert die Ambivalenzen auf einfachere Aussagen.

124 Einschlafen.

nach eines jeden Art / ein gleiches mit dem andern gesehen.[125]

§. 8. So ließ es GOTT nun zu / nach des Menschen eigenen Willen / daß der Mensch gedemüthiget würde / wie hernach folgen wird / und bauete ein Weib aus der *Tinctur* oder Eigenschafft / die Adam in sich hatte / als sein Fräulein[126] / die ohne Weh und Verletzung ihrer Jungfrauschafft auf *magi*sche Art gebähren solte; (wie wir an Maria ein Nachbild der reinen Jungfrauschafft[127] vor uns haben bey der Gebuhrt CHristi.) Solches wird durch die Ribbe[128] verstanden / die der HERR aus Adams Seite genommen. Also bauete GOtt das Weib / weil Adam mit dem himmlischen Leibe und Jungfräulichem Bilde nicht zufrieden war / und gab ihm und ihr einen Fleisch=Leib aus den Elementen[129] / darnach er hungerte. Das heist / Er schloß die Städte[130] zu mit Fleisch / da Adam zuvor ein Göttlich Bild und englischer[131] Cörper war. Da umfieng nun Adam seine Eva / und nannte sie Fleisch von seinem Fleisch;[132] da sie zuvor als ein geistlicher Leib in einem / als in Adams Cörper / eingeschlossen war[133] / in Göttlicher Klarheit.

§. 9. Auff diese Veränderung folgete nun nothwendig eine andere Lebens=Art in ihrem Umgange und Ehe-

---

125 Vgl. *Böhme*: Menschwerdung Jesu Christi, S. 67–75.

126 Die Korrigenda-Liste gibt hierzu vor, dass die Formulierung „seine himmlische Jungfrau“ ersetzt werden soll durch die aktuelle Fassung.

127 Gemäß der Korrigenda-Liste wurde der Hinweis auf die Sophia als Erläuterung zur Jungfrauschaft hier gestrichen.

128 Rippe, vgl. Gen 2,22.

129 Böhmes Verständnis der Elemente beruht auf der antiken Vier-Elemente-Lehre. An manchen Stellen setzt er das nur elementische Leben dem geistigen entgegen, s. *Böhme*: Mysterium Magnum, S. 29, 64.

130 Stätte, Ort.

131 Engelgleich.

132 Gen 2,23.

133 Ähnliches Gedankengut findet sich bei *Arnold*: Sophia, S. 39–46.

licher Vermischung[134] / wie auch eine andere Art in Ausübung des Göttlichen Willens / weil bey allen beyden das Auge des Gemüths auff was Sichtbahres gekehret / und der Wille zertheilet war / daß sie GOtt ihrem Schöpffer / mit stillem Geist / ohne Umlauff[135] ihrer Sinnen / nicht mehr / als zuvor / leben konten; und der Geist der Welt drunge starck auf sie ein / daß eines an dem andern Gefallen haben solte / daß sie also in eigene Lust[136] kamen / davon sie zuvor nicht wusten. Denn der Mensch war in seiner Einfalt so beschlossen von der Göttlichen Weißheit / daß er in GOtt alles Vergnügen hatte; durch die Zertheilung aber wurde er bildlich und creatürlich.

§. 10. Und dis ist der Versuch=Baum[137] / der im Paradiese stunde / oder das widrige *Principium* oder Wesen / das durch den Fall Lucifers war rege worden / darein der Mensch mit seiner Lust nicht gehen solte. Es hatte der HERR solchen Baum / (verstehe der eigenen bösen lust)[138] nicht hinein gesetzet / sondern / weil der Teuffel / der ein Menschen=Mörder von Anfang ist[139] / dis *Principium inficir*et hatte / und dem Menschen seine Herrlichkeit nicht gönnete / so ward in dem Menschen

134 Nach Böhme ist die Existenz von Mann und Frau die Folge des ersten Falls, s. *Rohls*: Gnadenwahl, S. 57. Zu Böhmes Verständnis des Falls s. auch *Muratori*: Fall, S. 85–91.

135 Ablenkung durch Bewegung.

136 Im Gefolge Böhmes wird sexuelle Begierde negativ konnotiert. Im Gegensatz zur geistigen Fortpflanzung vermehren sich die Menschen nach der Erschaffung der zwei Geschlechter durch „viehische Schwängerung und Fortpflantzung“. Nach dem Fall erhielt Adam von Gott „den Madensack mit den thierischen Gliedern zur Fortpflantzung“, *Böhme*: Mysterium Magnum, S. 105. Die bei *Arnold*: Sophia, S. 81f., vorhandene Abwertung einer „fleischlichen verbindung“ zugunsten einer keuschen geistigen Vereinigung mit der göttlichen Weisheit findet sich bei Scharschmidt nicht.

137 Vgl. Gen 2,17; gemeint ist der Baum der Erkenntnis des Guten und des Bösen.

138 Diese Erläuterung findet sich in den Angaben der Korrigenda-Liste.

139 Joh 8,44.

eine Lust erwecket / daß er lüstern wurde / zu erkennen was gut oder böß wäre. Dis solte er nun nicht thun / sondern er solte in dem Willen GOttes beruhen / und sich die Weißheit regieren lassen / und durch dieselbe herrschen über alles / was ihm der Schöpffer unterthan gemachet hatte.[140]

§. 11. Weil nun GOtt der HERR das sahe / so gab Er ihnen das Verbot / nemlich daß der Mensch nicht essen solte von dem Versuch=Baum usw. Allein / es ward in Eva die Lust und Begierde immer grösser / *pro*biren zu wollen / was gut und böß wäre / und dann über dasselbe eigenmächtig zu herrschen: Darzu denn kam die listige Beredung des Teuffels in der Schlangen / daß sie endlich aus ihrer Einfalt gieng / des HErren Verbot fahren ließ und vergaß / und Adam mit ihr / und also beyderseits betrogen wurden.[141]

§. 12. Daß die böse Lust in Adam und Eva allbereit vor dem äuserlichem Ausbruch des Falls durch das Essen vom verbotenen Baum gewesen / ist (1) daraus klar zu sehen / daß GOTT ihnen ein Gebot gegeben / wovon sie essen solten; und wovon sie nicht essen solten. Zum

140 Gen 1,28.

141 Vgl. *Böhme*: Mysterium Magnum, S. 133. An dieser Interpretation Scharschmidts ist interessant, dass die Schuld am Sündenfall nicht einseitig Eva, sondern beiden Geschlechtern angelastet wird. Zur traditionellen Interpretation des Sündenfalls, wonach die Schuld dafür bei Eva liegt, s. *Mercedes Navarro Puerto*: Abbild und Ebenbild Gottes: Frau und Mann in Gen 1–3 als offenes System im Kontext von Gen 1–11, in: Hebräische Bibel – Altes Testament. Tora, hg. von Irmtraud Fischer und Mercedes Navarro Puerto, Stuttgart 2010 (Die Bibel und die Frauen. Eine exegetisch-kulturgeschichtliche Enzyklopädie, 1.1), S. 186–237; *Helen Schüngel-Straumann*: Von androzentrischer zu feministischer Exegese: Genesis 1–3, in: Feministische Bibelwissenschaft im 20. Jahrhundert, hg. von Elisabeth Schüssler Fiorenza und Renate Jost, Stuttgart 2015 (Die Bibel und die Frauen. Eine exegetisch-kulturgeschichtliche Enzyklopädie, 9.1), S. 133–152. Zu Luthers Verständnis s. *Markus Matthias*: Das Verhältnis von Ehe und Sexualität bei Luther und in der Reformation, in: Liebe, Ehe und Sexualität, S. 19–50.

(2) ist auch zu mercken / daß der HErr den Menschen kein Gebot gegeben hat / so lange sie in dem Bilde bestunden / darinne er sie geschaffen hatte.[142] Denn er gab ihnen Freyheit zu herrschen über Fische / über alle Thiere / und allerley fruchtbahre Bäume / daß sie davon essen möchten / und war also keines ausgenommen / denn es war alles sehr gut.[143] Als aber die Lust auffgegangen war / und in dem Menschen sich regete / zu versuchen / was ihm nicht zukahm / sondern schädlich war / da gab GOTT ein Verbot.

§. 13. Ob nun wohl nach dem Verbot die Lust und Begierde nach gut und böß immer grösser ward und das Böse rege wurde / das in Evens Lust lag / so folget nicht / daß das Gebot die Ursach dessen sey gewesen: Denn das Gebot war ja heilig und gut:[144] sondern / weil sie GOtt nicht mehr in Einfalt traueten / und nicht mehr nach seinem Willen Ihm in ihrem Geiste dienen und leben wolten; so erhub sich das widrige Wesen immer noch mehr / und daher ward auch die Lust in das irrdische / vom Lucifer *inficirt*e *Principium*, stärcker / daß sie einen solchen Schluß machten: Warum thut das der HErr / und nimmt was aus / da wir doch zuvor über alles freye Macht gehabt? (Sie betrachteten aber nicht / daß solche Macht ihnen gegeben war / so lange sie im Göttlichen Bilde / nach beyden Tincturen / in Männlein und Fräulein / beharren würden.) Und dieser Schluß oder vernünfftige Überlegung machte sie vom HErren immer mehr abkehrend / welches daher kam / daß sie in sich die falsche Bewegung und böse Lust / die durch die Schlange[145] im widrigen *Principio* erre-

142 Scharschmidt thematisiert erneut die Ebenbildlichkeit des Menschen.
143 Gen 1,28–31.
144 Röm 7,12.
145 Bei *Sprögel*: Consilia und Responsa, S. 560, 576, 586, 588f., spielt die

get worden / noch nicht kenneten / indem ihr Verstand und Gemüth bereits verfinstert war.

§. 14. GOTT aber sahe es durch seine Weißheit zuvor / und wolte durchs Verbot zu Hülffe kommen / daß sie dadurch abgehalten würden. Allein / es halff nicht; die starcke *imagination*[146] in die äuseren Geschöpffe drunge vor / daß sie dieselben nach ihren Willen geniessen wolten. Ihr Hertz war durch die Ansteckung der Schlangen so erreget zu kosten / und die Begierde gieng immer stärcker in das Verbotene / aus eigener Liebe und Willen / darüber sie aus der freyen Liebe in GOTT kamen / und vom einfältigen Gehorsam der Weißheit abwichen / wie schon gedacht worden.

§. 15. Wenn sie nicht ausgekehret wären / mit ihrem Verstand / Sinnen und Willen / und hätten GOTT nicht etwas anders zu lieben an die Seite gesetzt / wären sie wohl erhalten worden. Aber / so war ihr Wille zertheilet / und konte nicht anders seyn / als daß sie überwunden wurden und die verbotene Frucht genossen[147] / die ihnen hernach / da die Lust gebohren und vollbracht war / den Todt brachte.

§. 16. Also ist der Mensch an seinem heiligen und Göttlichen Bilde erstorben / und hat seine Jungfräuliche Reinigkeit verlohren / darinnen er GOTT dem HErren in freyer Liebe des Geistes der Weißheit / ohne Gesetz / hätte leben und dienen können.[148] Durch das Abweichen

---

Schlange als Inbegriff der fortdauernden Versuchung des Menschen durch den Satan eine ungleich größere Rolle als bei Scharschmidt; ähnlich *Arnold*: Erklärung vom gemeinen Secten=wesen, S. 5.

146 *Böhme*: Mysterium Magnum, S. 103: „Adams Imagination war Schuld“, weil sie ihn „in die Erde einführte“. Vgl. hierzu *Lucinda Martin*: Imagination, in: Light in Darkness, S. 105–112.

147 Gen 3,3.

148 Scharschmidts Verständnis des Urzustandes weist Parallelen zu Arnolds anthropologischer Auffassung von Ur- und Gnadenstand auf. Er setzt in seinem Werk über die göttliche Weisheit nach dem Fall an und zeigt den

von der Liebe GOttes sind sie nackend und der Schaam ihrer Blösse gewahr worden.[149] Denn die Weißheit / die sie zuvor bekleidete / war weg; die Einfalt / die in GOttes Willen stunde / war verlohren; Sie hatten nun vielmehr eine Abkehr von GOtt / (welches die Furcht anzeiget /) als daß sie sich in der Liebe GOTTes hätten erfreuen sollen. Denn so bald der Fall geschehen war / versteckten sie sich und furchten sich / weil sie wusten / daß sie die Liebe in GOTT nicht mehr hatten / in welcher sie sich zu ihm nahen dürfften.[150]

§. 17. Der HErr aber rieff sie durch seine grosse Erbarmung wieder zu sich / indem er sprach: Adam wo bist du?[151] Und wolte ihnen anzeigen / daß sie sich doch besinnen möchten / worinne sie stünden / in was vor ein Element sie eingegangen wären; Daß sie ihr Elend erkennen / und denjenigen / der ihr Leben und Krafft war / wieder finden solten. Wenn sie nemlich erst durch das Gericht gegangen / und die Todes=Pein auff ihre Lust geschmecket hätten; daß sie also ihrer Begierde abgestorben wären / und durch den Schlangen=Treter alle falsche Liebe und Lust ausgetilget wäre; wie *Genes. 3.* zu erkennen.[152] Damit sie nun das Gerichte und Urtheil des Todes an sich gewahr würden / ließ sie GOTT aus dem Paradieß / und verwahrete den Baum des Lebens mit dem Cherub / daß Adam nicht darzu käme / seine Hand ausstreckte / davon essen und leben möchte ewiglich; wie im Text stehet.[153]

Weg zur Wiedervereinigung mit der Sophia auf, *Arnold*: Sophia. Vgl. ferner *Markus Matthias*: Geistliche Liebestöne.

149 Gen 3,25.

150 Vgl. *Böhme*: Mysterium Magnum, S. 165–174.

151 Gen 3,9.

152 Vgl. Gen 3,15; diese Aussagen werden auf Christus bezogen. Zum Motiv des Schlangentreters s. *Böhme*: Mysterium Magnum, S. 146–157, 165; *Böhme*: Menschwerdung Jesu Christi, S. 77–83.

153 Vgl. Gen 3,22–24.

§. 18. Es wolle aber niemand gedencken / als ob dieses so gemeynet sey / es sey der Wille des HErrn / daß der Mensch in alle die Ewigkeiten nicht wieder darzu kommen solte. Ach nein! sondern er will nur sein Urtheil und Gesetz erfüllet haben: der Mensch muß erst erkennen / wie er sich von GOtt abgebrochen / und daß er sich nicht wieder zu ihm nahen könne / es sey denn die alte Schlangen=Haut abgezogen durch die Reinigung der Feuer=Proben[154] und durch mancherley Läuterungen. Denn es erbarmete sich ja GOTT der HErr wiederum ihrer / und gab die Verheissung / daß durch den Weibes=Saamen[155] der Schlangen der Kopff solte zertreten werden. Wenn nemlich der Mensch mit wahrem Glauben auff die Krafft acht hätte / und das Böse / so in ihm wäre / durch den Weibes=Saamen glaubete zu überwinden: so würde der Göttliche Saame / das verheissene Wort GOTTes / sie wieder lebendig machen / und sie würden sich wieder an GOTtes Willen halten können; und so lange / als Adam / und seine Nachkommen / sich daran halten würden / vermöchte die Sünde nicht / sie zu überwinden. Das zeiget GOTT selber an in diesen Worten / da er zu Cain sprach: Ists nicht also / wenn du fromm bist / so bist du angenehm / bist du aber nicht fromm / so ruhet die Sünde vor der Thür / aber laß du ihr nicht ihren Willen / sondern herrsche über sie![156]

---

154 Zum Motiv der Läuterung durch das Feuer s. Ps 17,3; 26,2; 66,10; Jes 48,10; 1Petr 1,7. Vgl. *Langen*: Wortschatz, S. 337f. Er weist darauf hin, dass die Feuermetaphern des Pietismus sich zum größten Teil aus der mystischen Tradition speisen, ebd., S. 333. Vgl. Apk 3,18 und *Francke*: Predigten 1, S. 25f.

155 Vgl. Gen 3,15. Entsprechend der durch die altkirchliche Allegorese ausgebildeten christlichen Deutung der Genesis wird Christus als derjenige gesehen, von dem hier in einem Protoevangelium bereits die Rede ist.

156 Gen 4,7; *Böhme*: Mysterium Magnum, S. 177–188.

§. 19. In dieser Krafft des Glaubens an den verheissenen Meßiam brachte Habel[157] dem HErren Opffer / und der HERR sahe gnädiglich an Habel und sein Opffer. Darauff folget Seth / der dem HErrn angenehm gewesen ist: Denn zu seiner Zeit ist angefangen worden von des HErrn Nahmen zu predigen.[158] Henoch führete durch das Wort der Verheissung und Regierung GOTTes / ein Göttlich Leben 300. Jahr.[159] Auch Noah / Abraham / Isaak / Jacob usw. hatten alle Krafft durch CHRIstum / weil sie im Glauben auff ihn sahen / und hielten ihr Gemüth durch den Geist JEsu rein; daher konten und vermochten sie GOttes Stimme in sich hören und den Göttlichen Willen erkennnen. GOTT der HERR bekräfftigte auch seine Verheissung Abraham und seinem Saamen durch das Siegel der Beschneidung.[160] Und so lange dieses in dem Hertzen der Menschen feste blieb / waren sie dem HERRen angenehm. Als aber die Ertz=Väter entschlieffen / und das ungläubige Israel in Egypten auffwuchs / und allmählig von GOttes Stimme abgienge / und der verderbten Egypter ihre Wercke und Sünden annahme; verließ es den HErren / und gehorchte des HErren Stimme nicht / biß es der HErr durch die Last Pharao[161] wieder demüthigte / und durch die harte Dienste zu ihm schreyen machte / darauff Er sie errettete / und mit grossen Wundern ausführete / dennoch war ihr Hertz halsstarrig in der Wüsten / wie im 2. Buch Mose zu sehen ist.[162] GOTT der HERR aber erbarmete sich dennoch über sie / und erfüllete Mosen mit Krafft / daß er durch seinen Geist mit denen Kindern Israel

157 Abel; vgl. Gen 4,3.
158 Gen 4,25; *Böhme*: Mysterium Magnum, S. 222.
159 Vgl. Gen 5,22–24; *Böhme*: Mysterium Magnum, S. 244–255.
160 Gen 12,1–3; 17,10f.
161 Die vom Pharao auferlegten Lasten bzw. Frondienste, s. Ex 2,11; 6,6.
162 Ex 12–19.

redete / weil ihr Hertz nicht mehr fähig war / die Stimme des HErren zu hören / und ihm im Liebe zu folgen / ohne äuserlich Gebot und Verbot. usw.

§. 20. Dieses wäre also ein kurtzer Entwurff und Auffschluß von dem Fall Adams. Daraus wir zu sehen haben / wie der Mensch dadurch von der Kindlichen einfältigen Liebe gegen GOTT / und von dem wahren Dienst des Geistes abgegangen sey. Er lebete zuvor ohne Zeit / Gesetz und Gebot / aus freyen Willen; durch den Fall aber ist der widerwärtige Wille[163] in den Menschen kommen / daß er also nicht kan Gehorsam leisten in Freyheit[164] / weil er mehr in seinem Eigenen stehet / als in GOTT und in dem / was GOTTes ist. Und ob gleich in seinem Inwendigen noch ein Funcke[165] ist / der sich nach GOTT sehnet; so ist er doch in dem unbekehrten Stande zu schwach / sich in den Lichts=Grund[166] einzusencken / weil die thierische Fleischliche Natur überhand genommen hat[167] / die den Menschen so bethöret und einnimmt / daß er mehr auff irrdische / grobe / tastbare Dinge siehet / als auff unsichtbare geistliche Wirckungen GOttes.

---

163 Der Gott widerstrebende Wille. Scharschmidt benutzt zwar die Termini der dogmatisch-theologischen Tradition, die sich mit der Willensfreiheit des Menschen gegenüber Gott (vgl. Röm 9,14–23) befassen; es geht ihr aber nicht um eine Auseinandersetzung mit der Prädestinationslehre, sondern im Gefolge der Rezeption Böhmes um die Hervorhebung der verlorenen Einheit mit Gott. Vgl. hierzu *Rusterholz*: Finsternis. Luthers berühmtes Werk De servo arbitrio scheint für sie keine Rolle zu spielen.

164 Zu Böhmes Verständnis von Freiheit s. *Lucinda Martin*: Freiheit, in: Alles in allem, S. 77–83.

165 Zur Funkenmetaphorik bei Böhme s. *Rusterholz*: Finsternis, S. 175f. In Meister Eckharts Mystik bildet die in der stoischen und neuplatonischen Philosophie ausgebildete Idee des Seelenfunkens als ontologische Verbindung zwischen Gott und Mensch einen Grundpfeiler des Denkens. Scharschmidt greift dieses Motiv auf, ohne es weiter zu verfolgen.

166 Das Bild des Lichtgrundes hängt mit der Vorstellung des Seelenfunkens zusammen. Zu Böhmes Lichtmetaphorik s. *Hannak*: Licht.

167 Vgl. *Böhme*: Mysterium Magnum, S. 127–129, zur negativen Bewertung des Körpers.

§. 21. Auff diesen Abfall und grosse Veränderung nun konte GOtt nicht anders / als daß Er dem Menschen / nach seiner Faßlichkeit[168] so wohl innerlich (wie Röm. 2. zu sehen)[169] als äuserlich Gebote und Verbote gab / damit er durch solche Gesetze sich seines HErren zu erinnern bewegt würde; indem er nun so verderbt / grob und elementarisch worden war / daß er GOTT im Geiste nicht mehr erkannte / auch der Zucht der Weißheit in Liebe unterthan zu seyn nicht vermochte. Er hatte sein Wort nicht mehr in sich wohnend / und merckte nicht mehr auff die Stimme des Geistes. Der geistliche Verstand war nun verdunckelt und erloschen / und der Wille verkehrt durch die Sünde / daß er nicht mehr vernehmen konte / was des Geistes Sinn war; vielweniger hatte er Krafft dem Willen GOttes zu leben und gehorsam zu seyn.

§. 22. So sahe und erkannte GOTT auch in seiner Weißheit / daß es nöthig wäre dem Menschen Gesetze zu geben / wegen seines äuserlichen Thier=Leibes[170] / damit er doch GOtt / als seinen Ober=HErrn und Schöpffer fürchten möchte / das Böse zu unterlassen / und als ein Knecht im Gehorsam seines Herrn dasjenige auszuüben / was befohlen ist. Und dieses ist gewiß eine grosse Gnade von GOTT für den armen Menschen / daß er also den thierischen Leib im Zaum halten mag / da er sonst in ein solch viehisch / ja teufflisch Leben verfallen würde / das nicht zu beschreiben ist.

168 Auffassungsvermögen.
169 Röm 2,11–29.
170 Zu Böhmes negativem Verständnis von Leiblichkeit und Sexualität s. *Maurice Gandillac*: Erbsünde und Sexualität bei Jakob Böhme, in: Gott, Natur und Mensch in der Sicht Jakob Böhmes und seiner Rezeption, hg. von Jan Garewicz und Alois Maria Haas, Wiesbaden 1994, S. 165–174; *Aira Võsa*: Die Ehe bei Jakob Böhme und Johann Georg Gichtel, in: Liebe, Ehe und Sexualität, S. 81–88.

§. 23. Daher hat nun GOTT den Menschen lassen in einen andern Dienst / nemlich des Buchstabens und Gesetzes eingehen / als einen solchen / dadurch er von der Sünde abgeschrecket würde / wegen des Verbots und der darauff folgenden Straffe; hergegen aber sich zum Guten bewegen liesse durchs Gebot und die dabey verheissene Belohnung.[171]

§. 24. Es finden sich aber dreierley Arten der Menschen[172] / die da meynen nach GOttes Gesetzen zu leben und Ihm den rechten GOttesdienst zu leisten. Denn

I.

SInd einige / die da / ehe sie zur rechten Bekehrung kommen / allezeit durch den Dienst / den sie GOTT zu thun vermeynen / sich selber suchen / daß sie eine Vergeltung empfangen / entweder am zeitlichen Seegen / oder / daß sie ewig seelig werden. Solches aber übersiehet der HErr an dem armen Menschen aus lauter Erbarmen / und ist / so zu reden / zu frieden / wenn er nur noch in solchem seinen Zustande nach seinem darin habenden Vermögen getreu und der Zucht des Gesetzes unterthänig ist; wenn er nur die Macht GOttes / die im Gesetze liegt / wahrnimmt / und sich durch dieselbe / das Böse zu lassen / und dem Guten zu folgen und es zu thun / bewegen lässet.

§. 25. Hierbey ist wohl zu mercken / daß dennoch dieser Dienst / ob er gleich auff die beste Weise geschähe / nicht anders anzusehen ist / als unvollkommen / und

171 Hier endet in diesem Traktat der starke Bezug auf Böhme mit den Ideen zur ursprünglichen und endzeitlichen Androgynie der Menschen.

172 Der Quedlinburger Superintendent *Kettner*: Christliche Vermahnung, S. 76, spricht von „3. Classen" von Gemeindegliedern: „Fromme / offenbahr böse und Heuchler".

gar nicht zulänglich / daß GOtte ein völlig Genügen dadurch geschehe / weil er nur im knechtischen Geist geschicht / ohne wahre Liebe und lebendige Erkänntnis GOttes. Und weil der Mensch in solchem seinen natürlichen Zustande nicht Krafft hat / ins Reich GOttes / da Liebe und Friede ist / einzugehen: Auch die Weißheit GOTTes ihm nicht offenbahr ist[173] / dadurch er das ihm von GOtt eingepflantzte oder eingegebene Licht erkennen könte: Ja auch die Liebe des Sohnes GOTTes in der Seele noch nicht empfindlich ist / in welcher er eine Neigung zu GOtt / als ein Kind zu seinem Vater / haben solte; so ist er auch mit oder in sich selbst nicht zu frieden oder vergnügt / sondern bleibet immer unter dem Fluch / in Furcht / Angst und Unvergnügen. Und wenn er gleich nach seinem besten Erkänntnis in diesem Zustande thut / was er vermag / so ist doch der Geist inwendig in Unruh: Denn in allen seinen Gesetzes=Wegen und Wercken hat er doch immer eine Bestraffung in sich / daß er GOtt den vollkommenen Gehorsam nach dem Gesetz nicht leistet / weil das Gesetz geistlich ist / und der Mensch fleischlich.

§. 26. Diese Art Menschen / die doch nach ihrem besten Vermögen getreu ist / daß sie GOTT fürchtet um der Drohung willen / und Ihn liebet wegen der Belohnung: Die da sich von den groben Wercken des Fleisches enthält / so lange die Macht des Verbots im Hertzen gefühlet wird / und in einem natürlich=mäßigen und bescheidenen Leben wandelt / ist der wahren Bekehrung / Furcht und Weißheit GOttes ziemlich nahe; als der sich gerne aus ewiger erbarmender Liebe des Menschen annimmt / und ihn immer näher zu sich bringen und wieder mit sich vereinigen will.

173 Im ersten Kapitel seiner Sophienschrift beklagt Arnold ein solches Nichtwissen über die göttliche Sophia, s. *Arnold*: Sophia, S. 1–10.

Ob wohl solches natürlich=erbare Leben vor GOTT nichts gilt / und der Mensch fleischlich und ein solcher ist / der das Reich GOttes nicht sehen noch empfinden kan / bey alle seinem vermeynten[174] GOttesdienst und Leben nach dem Gesetz / dabey er auch immer in der Verdammung bleibet; weil es nicht aus dem Glauben gehet / der sich in CHRIsti Verdienst und Aufferstehung zur Gerechtigkeit gründet. Solches bezeuget der Apostel Paulus klar mit seinem eigenen Exempel / und sagt / daß er nach dem Gesetz unsträfflich gelebt hätte: Dabey er doch ohne wahren Glauben und Seeligkeit war / biß er erst CHRIstum ins Hertz fassete / von Sünden und todten Wercken durch den lebendigen Glauben gereiniget und durch seinen Geist lebendig gemacht wurde.[175] Doch ist solche Gattung der Menschen nicht ferne vom Reich GOTTes: wie etwa der HERR jenen Schrifftgelehrten für einen solchen erkannte Marc. 12 / 34.

II.

§. 27. Es ist aber noch eine andere Art Menschen / die sich in allerley thierischen und viehischen / ja teufflischen Eigenschafften befinden / als da ist Zorn / Wollust / Geitz usw. wie sie in dem 3. Capitel der Epistel an die Römer beschrieben werden[176] / und ist keine Furcht GOTTes für ihren Augen / und gedencken doch bey ihrem fleischlichen Sinn / sie dienen GOTT / wenn sie in die äuserlichen Wercke mit eingehen / die für Gottesdienst von den thörichten Menschen sind erdacht und ausgegeben worden.

174 Vermeintlichen
175 Phil 3,3–6.
176 Röm 3,11–18.

§. 28. Aber GOTT siehet nicht wie ein Mensch siehet / er siehet das Hertz an[177] / ob es in seiner wahren Furcht stehet / und läst sich durch kein Blend=Werck betriegen / noch durch äuserlichen Schein / ob gleich der Menschen Hertz (nach ihrer Art) in heisser Andacht / wie ein Back=Ofen / wäre / nach des Propheten Hoseä Zeugnis Cap. 7 / 6 / 7. und in heisser Brunst nach dem / woraus sie einen Gottesdienst machen / (das doch nichts ist /) hin und her lieffen; wie mans am Feyertagen wohl siehet / Jerem. 2 / 24. So sehr ist der Mensch verblendet und von GOTT abgegangen / daß er nicht einmahl das Gefühl vom Gesetze und dem Zorne GOTTes mehr in sich hat / wenn er in den fleischlichen Eigenschafften der Natur stehtet / wie allbereit[178] aus dem 3. Capitel an die Römer angeführet ist.

§. 29. In solchem Zustande oder falschen GOttesdienst befinden sich ja wohl jetzo die meisten Menschen[179] / und leben dabey so sicher hin; Niemand kan den Grund seines Verderbens einsehen / indem sie alle sind abgewichen[180] von dem wahren Lichte / dadurch sie solten oder könten erleuchtet werden. Und ob gleich einer unter ihnen zum Leiter sich auffwirfft[181] / so ist er doch nicht besser / und kan sie nicht einen andern Weg führen / weil er noch in eben denen natürlichen Eigenschafften stehet / und eben denselben Sinn hat / als wenn GOTT auff eine so grobe tastbare und äuser-

177 1Sam 16,7.

178 Bereits.

179 Diese negative Beurteilung der eigenen Gegenwart entspricht der pietistischen Grundhaltung; bei Scharschmidt allerdings kommt eine elitäre Auffassung hinzu, nach der nur wenige Auserwählte sich auf dem richtigen Weg befinden. Mit einer solchen Betrachtung ist in pietistischen Denkansätzen in der Regel die explizite Hoffnung auf das nahende Endgericht verbunden, s. *Breul*: Zukunftserwartung.

180 Röm 3,12.

181 Mt 23,16; Röm 2,19.

liche Weise müste verehret werden. Denn was vom Fleisch gebohren ist / das ist Fleisch / Johann 3.[182] und kan GOTT und sein geistlich Wesen nicht verstehen / auch Ihm keinen Dienst leisten. Aus einem fleischlichen Sinn können keine andere / als fleischliche Wercke kommen / wie man aus der Erfahrung wohl weiß; ja aus der Blinden Leiter[183] eigenen Reden und Predigten ehemahls angemercket hat / wenn sie den Ort I. Corinth. 2 / v. 14. Der natürliche Mensch vernimmt nichts vom Geiste GOTTes usw. auff ihre eigene Person gedeutet haben; und daher gestanden / daß sie natürliche / irrdisch=gesinnte und fleischliche Menschen sind / die nicht vernehmen können / was der Sinn des Geistes ist.[184] Und mag wohl von solchen wahr seyn / was der Heyland sagt Johan. 3. Wer von der Erden ist / der redet von der Erden.[185]

§. 30. Wie können nun solcher Menschen Worte und Wercke / die aus ihrem fleischlichen und irrdischen Sinne herkommen / GOtte gefallen; oder wie kan Ihm dadurch ein Dienst geschehen? Vielmehr ist solch ihr Wesen wider GOTT. Denn fleischlich gesinnet seyn ist eine Feindschafft wider GOTT / und solche können dem Gesetze nicht unterthan seyn Rom. 8.[186] GOTT hat einen Greuel an allen denen vermeynten GOttesdiensten / die so wohl fleischliche Lehrer / als Zuhörer / verrichten: Zumahl / wenn noch darzu klar und deutlich dem Sinn und Willen GOTTes entgegen gesprochen wird / und die Zeugnisse der Schrifft so unrecht *applicir*et werden; als z. e. daß die Menschen nicht anders

182 Joh 3,6.
183 Vgl. *Sprögel*: Consilia und Responsa, S. 645.
184 Röm 8,5–8.
185 Joh 3,31.
186 Röm 8,5.

seyn könten / als sie wären: Man könne nicht gerecht seyn; wir wären ja allzumahl Sünder[187] / und söffen das Unrecht in uns / wie Wasser usw. Zwar reden solche Menschen wohl wahr / wenn sie dieses auff ihren fleischlichen natürlichen Zustand *applicir*en / darinnen sie es reden: Weil ja freylich unrein ist beydes ihr Sinn und Gewissen / Tit. 1 / 15. Aber insgemein so hin zu reden / und immer darinne zu bleiben / und die Menschen noch darzu in ihrer Boßheit zu stärcken / ist ja wohl eine schreckliche Blindheit und grosser Jammer. Wenn nun so viele Seelen durch so einen Blinden Leiter in ihrem fleischlichen Sinn noch gestärcket werden / wie kan daraus ein wahrer Gottesdienst herkommen / der GOTT gefallen soll? Sind nicht vielmehr solche Menschen GOttes Feinde / weil sie nicht allein selbst nicht thun was GOTT will / sondern reden auch noch darzu wider die Wahrheit und sind denen zu wider / die ihr gehorchen wollen? Sie machen die Unwissenden sündigen durch ihr Predigen / Jes 29 / 21. und sagen ihnen / daß es nicht anders seyn könte; der Mensch müste sündigen und könte nicht heilig seyn / usw. Ach! wie klar treffen die Worte des HERREN JESU bey solchen ein / Matth. 12 / 35 / 34. Ein böser Mensch bringet böses herfür aus dem bösen Schatz seines Hertzens; und / wes das Hertz voll ist / des gehet der Mund über.[188]

§. 31. O Ihr arme / elende und blinde Menschen! Bedencket doch (nebst vielen andern Oertern in der Schrifft) sonderlich den Ort im Propheten Jesaia cap. I. v. 10. biß 19. wie der HERR eyfert wider die falschen Gottesdienste der Juden / die aus einem falschen unreinen Hertzen kamen: Wie Er alle ihre Opffer / Gebete

187 Röm 2,23.
188 Lk 6,45.

und andere Wercke ihres Gottesdiensts weggeworffen hat; Weil sie unrein und noch nicht gewaschen waren von ihren Sünden. Und ob gleich GOTT der HERR selbst ihnen das Gesetz gegeben / und fürgeschrieben / wie sie ihre Opffer und Dienste dem HERRN leisten solten; so sind sie dennoch verworffen worden / weil sie die Beschneidung des Hertzens nicht hatten / und GOTT im Geist lebeten und dieneten. Denn der ist kein Jude / der auswendig ein Jude ist: Auch ist diese nicht die rechte Beschneidung / die auswendig am Fleisch geschicht; sondern der ist ein Jude / der im Verborgen[en] ist: Und die Beschneidung des Hertzens ist die rechte Beschneidung / die im Geist geschicht und nicht im Buchstaben; Welches Lob ist nicht aus dem Menschen / sondern aus GOtt / wie Paulus an die Römer im 2. Capitel v. 28. 29. zeuget. Ist nun dazumahl der Juden ihr vermeynter GOttesdienst / wegen der Unreinigkeit ihrer Hertzen / von GOtt verworffen worden: so ist ja wohl leicht zu erkennen / wenn man nur nicht muthwillig blind seyn will / daß es der jetzigen so=genannten Christenheit nicht besser gehen werde; weil ihr Zustand viel schlimmer ist / als derer Juden. Diese hatten doch noch den Buchstaben für sich und thaten äuserlich darnach; Der heutigen Nahm=Christen Zustand aber ist so beschaffen / daß sie klar dem Buchstaben entgegen leben; sie gehen in öffentliche Kirch=Versammlungen / ohne wahre Bekehrung[189] / dahin / und meynen / man könne nach GOttes Wort und Willen nicht thun noch leben usw. wie bereits angeführet wor-

189 Scharschmidt entwickelt kein ausgeprägtes Verständnis von Bekehrung, sondern scheint den Begriff eher als Bezeichnung für den gesamten Umwandlungsprozess des Menschen zu verwenden. Vgl. hierzu *Strom*: Bekehrung.

den.[190] Ach! so will es ja wohl noth seyn / daß der Mensch erkennen lerne / in was für einem Zustand er stehe / und ihm offenbahr werde / worinnen er GOtt gefalle / oder nicht; damit er nicht bey alle seinem vermeynten GOttesdienst mit seinen Blinden Leitern in die Grube falle.[191]

§. 32. Es lasse sich ja Niemand damit bethören oder betriegen / daß der meiste Hauffe schreyet: Hier ist des HERRN Tempel! Da man schöne Altäre und ausgeschmückte Cantzeln hat / und saget: Hier ist der Ort / da der HERR seines Nahmens Gedächtnis gestifftet hat; da die schönen GOttesdienste geschehen.[192] Die Baals=Pfaffen schrien auch auff solche Art zu Elias Zeiten / und ob ihrer gleich / nebst denen / die dem Baal dienten / noch mehr waren / als derer die ihre Knie für dem Baal nicht gebeuget hatten; so wurden sie doch im Eyfer und in der Krafft des HErrn durch den einigen Eliam umbracht und mit dem Schwerdt erwürget. I. Reg 18.[193] Denn es ist ja aus dem / was in der Kürtze angeführet worden / klar und deutlich zu sehen / daß GOtt des Menschen Hertz haben wolle / damit Er seinen Sinn und Willen darein schreiben könne durch den Finger des Heiligen Geistes[194] / und Ihme also wahrer GOttesdienst / Ehre und Anbetung geleistet werden möge; wie im folgenden weiter nach dem Sinn GOTTes soll gezeiget werden.

---

190 Diese Gedanken führt *Scharschmidt* auch in ihrer Schrift Hochwichtiges Werck, S. 2, 67f., aus.

191 Mt 15,14. Diese beliebte pietistische Polemik findet sich auch bei *August Hermann Francke*: Predigten 1, S. 406.

192 Jer 7,4.

193 1Kön 18,30–40.

194 Nach dem Bericht in Ex 31,18 erhält Mose am Sinai die Gesetzestafeln, die mit dem Finger Gottes geschrieben sind. Vgl. Ez 36,26f.

III.

§. 33. Wir müssen aber auch erst eine Dritte Art der natürlichen Menschen betrachten / die sich gantz klar ausdrücken mit ihrem bösen Leben / wie sie beschaffen sind: Die gleichsam ihre Lust in der Sünde suchen / und mit Recht Gottlose können genennet werden; die kein Gewissen mehr fühlen / (Ephes. 4 / 18 / 19.) und meynen bey allen ihren Sünden / GOTT sehe es nicht / und der Höchste achte es nicht. Und wenn sie nicht noch die äusere Straffe für der Welt fürchten müsten / so wären solche Leute nicht besser als der Teuffel selber / der überall GOTTes Willen entgegen lebet / und denen Creaturen / so wohl Menschen als andern Geschöpffen / Schaden thut / wenn es GOTT zuläst. Denn darin lieget ja der höchste Verfall und Abfall von GOTT / daß der Mensch den Willen GOTtes verlassen und der alten Schlangen[195] / als des Teuffels Willen in sich Raum gegeben; wie im Vorhergehenden angeführet ist. Daher ist nun der Mensch ein monstrosisch[196] Bild und anti=christischer Geist worden / weil sein Hertz / Seel und Geist mehr den Willen des Teuffels / als GOTTes / in sich wohnen hat.

§. 34. Diese grobe und abscheuliche Art hält sich nun auch für Christen / ob ihre Augen gleich voller Ehebruch sind; und wenn sie einen Dieb sehen / so lauffen sie mit ihm in böse Wercke / wie David im 50. Psalm anzeiget.[197] Sie stehen / der Gewohnheit nach / eben wie die vorigen / in öffentlichen Kirch=Versammlungen und Gebrauch des so genannten Heiligen Abendmahls; theils / daß sie dennoch für so böse nicht wollen gehalten seyn; theils daß sie sich nicht aus ihrer Nahrung / oder aus dem

195 Apk 12,9; 20,2.
196 Monströses.
197 Ps 50,18.

Lande / wie ihnen die Prediger fürsagen[198] / getrieben werden. Also thun sie nach der alten Gewohnheit hin / stellen sich in gleiche Positur mit denen andern / üben aber bey allem ihren falschen GOttesdienst die höchsten Boßheiten aus: Davon ihre eigene Lehrer und Seelen=Väter / wie sie sich nennen / selbst zeugen / öffentlich auff ihren Predigt=Stühlen[199] / daß sie Diebe / Ehebrecher / Trunckenbolde / Hurer und dergleichen in ihren Gemeinen hätten.

§. 35. Nun mache man selber einen Schluß / ob ein solcher / der ein antichristischer Geist ist und öffentlich Sünde thut / und also vom Teuffel ist / mit seinem Thun GOTT dienen kan? Heist es nicht: Welchem ihr euch zu Dienst begebet / dessen Knechte seyd ihr? Und wer Sünde thut / ist der nicht der Sünden Knecht?[200] Wie könte man wohl einen andern Schluß machen / als den / daß sie nicht GOTT / sondern dem Teuffel dienen: Ob sie gleich die äuserlichen Worte denen falschen Aposteln nachsprechen / und mit ihnen GOTTes Nahmen im Munde führen / da doch ihr Hertz ferne von GOTT ist. Und möchte ja wohl die Klage des Geistes GOTTes / durch den Propheten David ausgesprochen / solche Leute angehen / da es heist im 50. Psalm: Du Gottloser / was verkündigest du meine Rechte / und nimmst meinen Bund in deinen Mund / so du doch Zucht hassest / und wirffst meine Wort hinter dich usw.[201]

198 Die bereits in § 30 angeklungene Kritik an der kirchlichen Lehre und Praxis spitzt Scharschmidt hier auf die Geistlichen zu. Bei *Gottfried Arnold*: Fernere Erläuterung, Anrede an den Leser)(4v,)()()(4v, S. 4, 6, 44–51, findet sich eine ähnliche Kritik an den Pastoren.

199 Kanzeln.

200 Joh 8,34.

201 Ps 50,16.

§. 36. So blind aber hat der Fürst dieser Welt[202] die Kinder des Unglaubens[203] gemacht / daß sie den Christen=Stand und Gottesdienst darinne setzen / weil sie in ihrer Jugend getaufft sind / und anfangs / aus Gewohnheit ihrer Eltern / da sie etwas erwachsen / mit zum Nachtmahl genommen worden. Wenn sie auff die gewöhnliche Fragen des Predigers eine auswendig gelernete Antwort hersagen können / wie ein Papagey;[204] Das ist dan der Christ. Weiter wird nicht nachgefragt / so wohl von Predigern als Eltern / was sie von GOTTes Erkänntnis haben; wie sie leben / oder der Welt absterben sollen. Da geht denn so ein armer Mensch in seiner Blindheit fort / und wenn die natürlichen Kräffte und Lüste des Fleisches sich in ihm regen und starck werden / so gehet der Wille auch da mit ein / und vollbringet die Sünde / weil die Natur in ihren Eigenschafften allezeit eher zum Bösen / als zum Guten geneigt ist.[205] Ja es weiß ein solcher Mensch nicht einmahl / was Sünde sey; was ins Reich GOTTes / oder des Teuffels gehöre? Daher fallen sie in ein solch teuflisch Wesen / daß Fluchen / Aberglauben / Abgötterey treiben / Mißbrauch des Nahmens GOttes / huren / stehlen[206] und dergleichen vor keine Sünde gehalten wird. Und kan auch nicht wohl anders seyn / denn sie wissen nichts von GOTT / weil das Licht / das in ihnen ist / wie der HERR JEsus sagt / finster worden ist durch die Sünde[207] / daß sie GOttes Willen nicht fassen oder verstehen mögen.

---

202 Joh 12,31.

203 Eph 2,2; 5,6.

204 Zum reformatorischen Beichtverständnis und zur Beichtpraxis, zu der meist ein Katalog von Fragen gehörte, s. *Albrecht Peters*: Kommentar zu Luthers Katechismen. Bd. 5: Die Beichte. Die Haustafel. Das Traubüchlein. Das Taufbüchlein, hg. von Gottfried Seebaß, Göttingen 1994, S. 15–93.

205 Röm 7,14–20.

206 Damit wird Bezug genommen auf die Zehn Gebote: Ex 20,2–17; Dtn 5,6–21.

207 Mt 6,23.

Zudem werden sie durch ihrer Eltern oder anderer Leute böses Leben darinnen gestärcket / und meynen / es sey nicht nöthig / anders zu leben / weil dieser oder jener / der ihnen wohl / ihrer Meynung nach / fürgienge / es nicht besser machte; sie könten dabey wohl in Himmel kommen. Führen auch wohl ein Exempel an / wenn sie bestrafft werden: Ey / thue es doch wohl der Prediger; Wenns Sünde wäre / würde es ja von dem nicht geschehen! wir sind Menschen / in dieser Welt wirds nicht anders werden: usw.

Das ist denn ein falscher Trost und der breite Weg / der zur Verdammnis abführet / und ihrer sind viel / die darauff wandeln![208]

§. 37. Dennoch hält man solche Menschen in der Kirche für Recht=Gläubige Christen / weil sie getaufft sind / zur Kirche und Abendmahl gehen und dergleichen. Sie wissen aber und haben nichts mehr von ihrer Tauffe[209] und andern Handlungen / als daß sie es etwa von ihren Eltern gehört haben / und von unwissenden Predigern in ihren falschen Wahn sind gestärcket worden / Wenn sie gesagt: Der Tauff=Stein / Beicht= Stuhl[210] und Altar sollen Zeugen seyn / daß sie Christen wären

---

208 Vgl. Lk 7,13f.

209 Im Pietismus wird sehr viel stärker die fortdauernde Hinwendung zu Gott im Prozess der Heiligung betont, als der einmalige Akt der Taufe, s. hierzu *Matthias*: Rechtfertigung und Heiligung.

210 Die Beichte als Voraussetzung für den Abendmahlsempfang fand in den lutherischen Kirchen als Einzelbeichte statt, bevor sie durch eine allgemeine Absolution abgelöst wurde, s. *Martin Ohst*: Beichte. Kirchengeschichtlich, in: RGG[4] 1, 1998, Sp. 1221f. Kritik an der Beichtpraxis wurde von führenden pietistischen Vertretern geäußert, was jedoch bis auf Ausnahmen nicht zu einer generellen Ablehnung von Privatbeichte und Absolution führte. Zu Johann Caspar Schades (1666–1698) Weigerung, als Pastor Beichten abzunehmen, und den sich daran anschließenden Kontroversen s. *Claudia Drese*: Der Berliner Beichtstuhlstreit oder Philipp Jakob Spener zwischen allen Stühlen, in: PuN 31, 2005, S. 60–97; *Helmut Obst*: Der Berliner Beichtstuhlstreit. Die Kritik des Pietismus an der Beichtpraxis der lutherischen Orthodoxie, Witten 1972 (AGP 11).

/ und daß sies ja bey ihrem Nahmen wissen könten / daß sie getaufft wären. Darauff geht denn das tumme Volck mit Freuden und schlaffenden Gewissen fort von einer Zeit zur andern; wird *absolvi*rt und zum Nachtmahl gelassen;[211] weil der Pfarr nicht mehr von ihnen fodert[212] / auch selber nicht weiß / was die wahre Tauffe und Abendmahl des HERRN seyn. Denn wenn die Prediger selbst die wahre Krafft der Tauffe verstünden / und des Bundes eines guten Gewissens mit GOtt in Warheit sich getrösten könten / auch CHRIsti Geistes und Sinnes im Nachtmahl theilhafftig würden / und also rechte Christen wären; würden sie auch andere besser erkennen / und nicht einen Juden[213] / der nur äuserliche Schein=Wercke thut / für einen Christen halten. Ja / wenn solche gottlose Menschen / wie sie beschrieben worden / aus Unachtsamkeit / wegen ihres liederlichen Lebens / nicht allezeit / wie es die Menschen gesetzt / thun / und sich zum Abendmahl einfinden / werden sie noch wohl von denen Predigern und Obrigkeiten gezwungen / es immer mit fort zu nehmen / ob sie gleich nach wie vor in allen ihren Sünden fortfahren. *NB. Hesek.* 13. sonderlich v. 18, 19.[214]

---

211 Am Schluss der Beichte erfolgte die Absolution, die Lossprechung von Sünden.

212 Fordert.

213 Trotz der Beschäftigung mit jüdischen Traditionen und einer gewissen positiven Sicht gegenüber den Juden vertraten auch die meisten Pietisten einen theologischen Antijudaismus, s. *Hans-Martin Kirn*: Judentum und Kabbala, in: Pietismus Handbuch, S. 586–593; *Schrader*: Sulamits verheißene Wiederkehr. Hinweise zu Programm und Praxis der pietistischen Begegnung mit dem Judentum, in: ders.: Literatur und Sprache, S. 169–204. Für die Quedlinburger Pietisten ist keine ausgeprägte Beschäftigung mit Juden belegt; dabei könnte eine Rolle gespielt haben, dass es während der Frühen Neuzeit keine jüdische Gemeinde dort gab, s. *Eberhard Brecht* und *Manfred Kummer*: Die Juden in Quedlinburg. Geschichte, Ende und Spuren einer ausgelöschten Minderheit, Halberstadt 1996.

214 Die Hinzufügung dieser Bibelstelle findet sich in der Korrigenda-Liste, s. o. S. 22.

§. 38. Könte wohl eine grössere Blindheit als diese seyn / da man die armen Seelen auch noch darzu zwinget / und dahin bringet / daß sie sich noch mehr an GOTT versündigen und verschulden müssen / und zum Gerichte dasjenige nehmen / was zum Leben denen Gläubigen gegeben ist. Der Ungläubige aber wirds deswegen zum Gericht empfangen[215] / weil er nicht unterscheidet den Leib des HERren; und meynet / das sey nun der Leib des HERRen / wenn er mit andern in der Kirche Brodt und Wein von dem Prediger nimmt / und glaubt / daß CHRIstus zu Jerusalem gecreutziget ist.

§. 39. Hieraus ist nun wohl zu sehen / daß so wohl die Lehrer / als Zuhörer / in verderbten Wegen gehen / und den Weg des Friedens nicht wissen: Auch keinen Unterscheid machen können / was des HErren Leib sey / und die wahre Geniessung des Heiligen Abendmahls. Ja aus dieser dreyerley Gattung und Art der Menschen / wie sie durch die Gnade GOTTes erkannt und beschrieben worden sind / wird ein bescheidener und aus dem Worte GOTTes überzeugter Mensch wohl erkennen / daß diejenigen / wie angeführet und aus Heiliger Schrifft bewiesen worden / des Christen=Nahmens nicht würdig sind / und daß ihr Dienst mit nichten der wahre GOttesdienst sey.

§. 40. Jedennoch wird ein wahrer Christe aus mitleidender Liebe und Erbarmung sich diesen armen Menschen nicht gar entziehen / sondern die allgemeine Liebe / wenn ihm Gelegenheit gegeben wird / ausüben / und dabey im Glauben und Hoffnung feste bleiben / daß noch alle zur Erkänntnis der Wahrheit kommen mögen;[216] weil GOTTes Wille es ist / daß allen geholffen

215 1Kor 11,29.

216 Scharschmidt formuliert hier einen Missions- bzw. Verkündigungsauftrag

werde.[217] Und ob gleich / aus Liebe zu GOTT / von denen / die der HErr abgesondert hat / ihre äuserliche Wercke und vermeynte GOttesdienste nicht mitgethan und gehalten werden; so tragen sie doch die armen Menschen in Gedult mit allen ihren Wercken und GOttesdiensten: Da der HErr selbst Gedult hat / und nicht alles auff einmahl über einen Hauffen wirfft / weil unter dem rohen Hauffen sich noch unschuldige Hertzen finden / die noch zu gewinnen seyn möchten; Und denen gehören allerdings noch Gesetze / Ermahnungen und Zucht / ehe der Glaube kömmt. Und ist gewiß der wahren Christen ihre Meynung nicht / wie die Widrig=gesinnten ihnen Schuld gegeben / daß alles äuserliche Lehren und Predigen verworffen werde; sondern sie zeigen nur den unrechten Gebrauch desselben an / sammt der großen Verwirrung / und wünschen vielmehr / daß solcher äuserliche Dienst nur noch nach GOTTES Willen verrichtet würde.

§. 41. Ach! daß sie denn einmahl dem Geist GOTTes Gehör geben / und die heilsame Gnade / die erschienen ist sie zu züchtigen / alles ungöttliche Wesen zu verläugnen usw. Tit. 2.[218] erkennen möchten / und ihre Felsen=harte Hertzen durch diese Krafft zerbrechen liessen / ehe die Hinreissung zu denen auff ihre Boßheit und gottlose Wercke bestimmten Straffen und Gerichten geschicht / und kein Retter alsdenn mehr da sey! Wie eben in dem vor angezogenen[219] 50. Psalmen zu lesen.[220] Ach! daß

---

für alle, die ihren christlichen Glauben ernst nehmen, in den sie sich selbst einbezieht.

217 1Tim 2,4. Bei diesem Vers handelt es sich um eine Schlüsselstelle der lutherischen Prädestinationslehre, s. *Markus Matthias*: Theologie und Konfession. Der Beitrag des Ägidius Hunnius (1550–1603) zur Entstehung einer lutherischen Religionskultur, Leipzig 2004, S. 148–153.

218 Tit 2,11–14.

219 Bereits genannten.

220 Ps 50,22f.

demnach solche arme Menschen einmahl möchten umkehren / anderes Sinnes und rechte Kinder werden / so da nicht nach der kleinen kindischen Gestalt und Alter zu urtheilen sind: (Wiewohl ein solch klein unschuldig Kind / da die Sünde noch nicht zur Herrschafft kommen ist / ehe zum Reich GOTTes geschickt ist / als ein vermeynter Heiliger / welcher der Sünde und Boßheit gewohnet ist /) sondern die da aus GOTT Wiedergebohrne seyn müssen; weil die zugerechnete Gerechtigkeit ohne diese Kindschafft nicht helffen wird[221] / so der Mensch nicht wahrhafftig gerecht / und loß worden ist vom bösen Gewissen / und frey von der Sünde / durch den lebendigmachenden Glauben in CHRistum. Und in dem Sinne sagt der HERR JESUS selbst / Marci 10 / 15. Wer das Reich GOTTes nicht empfähet als ein Kindlein / der wird nicht hinein kommen! Wovon auch künfftig mit mehrern wird gehandelt werden.

§. 42. Es will wohl hier nöthig sein / (ehe wir zur Beschreibung des wahren GOTtesdienstes fortschreiten;) zu erörtern und darzu thun / wie oder woher der Mensch auff solche Dinge und Ubungen gekommen / die er GOTTesdienst zu nennen pflegt; oder was ihn bewegt hat / GOTT also zu dienen.[222]

I) Ist wohl dieses eine Ursache / weil er noch einen Funcken vom Geist und Oden GOTTes in sich hat; daher er was erkennet / das über ihn ist und ihn erschaffen hat. Es ist aber solches nur gleichsam wie ein Traum / da der Mensch mannichmahl was siehet und höret / und doch nicht recht weiß / was es ist.

---

221 Mit dieser Kritik an der lutherischen Rechtfertigungslehre, die den forensischen Akt der Gerechtsprechung in den Vordergrund stellt, bewegt sich die Verfasserin im Rahmen der pietistischen Neuaktzentuierungen gegenüber dem Verständnis des traditionellen Lutherthums. Vgl. hierzu *Matthias*: Rechtfertigung und Heiligung.

222 Es handelt sich hierbei um die typische Begründung für eine natürliche Gotteserkenntnis.

II) So ist auch vom Gesetze noch was übrig im Gewissen / das ihn strafft und verdammet; oder wie der Apostel an die Römer im 2. bezeuget:[223] Es ist das Werck des Gesetzes geschrieben in des Menschen Hertz / sintemahl sein Gewissen ihm dessen Zeugnis giebt / darzu auch die Gedancken / die sich unter einander verklagen oder entschuldigen.[224] Und das will er denn mit dem eingenaturten[225] und im Fleisch auszuübenden GOTTesdienste gut machen. Denn das Reitzen der Natur und die List der Schlangen liegt ihm immer an und hauchet ihm ein / es soll also GOTT gedienet werden. Da macht sich nun der Mensch einen solchen Dienst / dabey er nach seinem Fleische leben kan; dabey er seine Freude hat / und der seinem bösen Willen nicht entgegen ist. Und solches / ja alles / läst der Teuffel dem Menschen zu / er mag beten nach seiner Art / zur Kirchen gehen / das Sacrament gebrauchen / predigen / und Predigt hören / wenn er nur im Hertzen seine Wohnung behält. Denn darum ist es ihm eben zu thun / daß der Mensch durch den falschen GOTTesdienst von seinem wahren GOTT abgeführet werde / und hingegen er (nemlich der arge Geist) mit dem Thier und falschen Propheten[226] sich ins Hertz setze und sich von dem Menschen / als GOTT / anbethen lasse / indem er ihn unter den Nahmen GOTtes beredet / es müsse GOTT also gedienet werden.

Darauff wagets nun der arme Mensch hin / weil er nichts bessers weiß / und durch der Schlangen List (die sich im Paradiese mit einschlich)[227] so sehr äuserlich

223 Röm 2,15f.
224 Röm 2,1–16.
225 In der Natur des Menschen verankert; vom natürlichen Menschen ausgeübter Gottesdienst.
226 Apk 19,20.
227 Gen 3,1–5.

und creatürlich worden ist / daß er GOTTes Wesen und Leben nicht mehr kennet.

§. 43. Und aus diesem Grunde macht der Mensch lauter äuserliche Bilder und Formen / welches seine Götter / oder Götzen sind. So ein Spiel und Blendwerck kan der Mensch durch des Feindes Betrug machen / dadurch er vermeynet dem unbekannten GOTT zu dienen; wie an dem Altar zu Athen stunde Act. 17.[228] Und wäre ja wohl nicht unrecht / wenn es an alle die heutigen Altäre / daraus die Menschen so einen Götzen machen / geschrieben würde / daß sie doch beschämet würden / und erkennen müsten / wie ihre Wercke nicht besser wären / als der dummen Heyden ihre; ob sie sich gleich grosser Christlichkeit rühmen / und den wahren Dienst des Geistes aus blinden fleischlichen Eyfer verachten. Sie gedencken / weil sie niemand grober äuserlicher Laster allezeit überführen kan / so lebten sie recht / und hätten den wahren Gottesdienst; wie die Pharisäer auch thaten.

§. 44. Also brüstet sich der natürliche Mensch mit seinen vermeynten guten Wercken: meynet / weil er kein Hurer / Dieb oder Ehebrecher ist für den Menschen / so sey er viel besser als andere Leute. Er giebt Allmosen / mehr / als dieser oder jener thun kan / weil er reich ist: Er giebt zur Erbauung der Kirchen und Schulen / und erwehlt sich auch wohl Fast=Tage; wie der Pharisäer zweymahl in der Wochen fastete.[229] Er läst keine kirchliche Versammlung vorbey gehen; ehret die so genannten Geistlichen / und folget ihnen in ihrer Lehre und heuchlerischen Leben. Er gehet öffters in den heilig=genannten Beichtstuhl / und bekennet seine Sünde / gedencket sie aber nicht zu lassen noch zu has-

228 Apg 17,23.
229 Lk 18,11f.

sen; weil er meynet / er könne doch nicht anders leben / als wie er lebt: Wird dennoch dabey getröstet und absolviret. Drauff geht er zum Sacrament des Altars / kniet vor Stein und Holtz nieder[230] / und meynet / das heilige Fleisch soll die Sünde wegnehmen und alles gut machen / wie im Propheten Jeremia im 11. Cap. v. 15. zu lesen ist. usw.

§. 45. Hierbey ist aber nun wohl zu mercken / was der HERR JEsus sagt Luc. 18. von dem Pharisäer und armen Zöllner: Dieser gieng hinab gerechtfertiget in sein Hauß / nicht aber jener! Nemlich / es demüthigte sich der Zöllner gründlich für GOTT und wurde anderes Sinnes: Es war bey ihm eine wahre Veränderung seines Hertzens; er ward ein geistlicher Mensch / und that GOTTes Willen. Der Pharisäer aber blieb in seiner eigenen Gerechtigkeit / die für GOTT ein Greuel ist.[231] Denn bey solchem pharisäischen Wesen bleiben alle böse Eigenschafften der Natur im Leben: als Hoffarth / Geitz / Zorn / und alle die Wercke des Fleisches / wie sie von dem Apostel Paulo Galat. 5. nach einander erzehlet werden; dabey dieser klare Ausspruch stehet: Die solche Wercke thun / werden das Königreich GOTTes nicht ererben.[232]

§. 46. Auch ist wohl in acht zu nehmen / daß der HErr JESUS so offt über dieses Geschlechte / nemlich der Pharisäer und Schrifftgelehrten / das Wehe ausgeruffen / Matth. 23.[233] welches Er zur Ungebühr würde gethan haben / wenn er nicht auff den bösen Grund ihrer Hertzen gesehen hätte. Denn äuserlich waren sie ja wohl solche / wie der Pharisäer rühmete. Und ist gewiß kein Zweiffel / daß viele von denen damahligen Pharisäern

230 Dtn 4,28; 28,36; Jer 2,27; 3,9 u. ö.
231 Lk 18,10–14.
232 Gal 5,19–23.
233 Mt 23,13–33.

und Schrifftgelehrten diese Art Christen / wie sie hier beschrieben worden / beschämen werden / was das äuserliche Leben betrifft; weil sie doch äuserlich nach dem Gesetz lebeten / welches ja die meisten so genannten Christen noch nicht einmahl thun. Demnach steht es gar gefährlich mit solchen Menschen / die nicht eine bessere oder überflüßigere Gerechtigkeit haben / als die Pharisäer und Schrifftgelehrten; weil der Heyland ausdrücklich sagt Matth. 5. Daß sie nicht kommen werden ins Königreich der Himmel.[234]

Wer nun GOTT lieben und Ihm dienen will / ja wem seine Seeligkeit lieb ist / der bekehre sich durch die heilsame Gnade GOttes von gantzem Hertzen / und verlasse das abgöttische Wesen / und wende sich zu dem lebendigen GOTT / der uns geschaffen hat / und in uns wohnen und wandeln will!

§. 47. HIerauff haben wir nun durch GOTTes Gnade zu entdecken und zu beschreiben / wie der Mensch zubereitet und tüchtig gemacht werde / wenn er GOTT dienen will; was zur wahren Kindschafft gehöre; und wie ein von GOtt gesalbter Christ sein Leben und Wandel führen soll / wenn er will den wahren Dienst des Geistes verrichten.[235]

I) Wird wohl überhaupt erfordert die wahre Busse und der wahre Glaube; nach des HErren und Heylandes Ausspruch / Marc. I / 15. Die Zeit ist erfüllet / und das Königreich GOTTES ist herbey genahet; Thut Busse / (oder nach dem Grund=Text:[236] Werdet anderes

---

234 Mt 5,20.

235 In den folgenden Abschnitten legt die Autorin ihre Vorstellung eines wahren christlichen Lebens vor.

236 Diese und ähnliche Anmerkungen lassen vermuten, dass Scharschmidt über Kenntnisse des Griechischen und Hebräischen verfügte, s. *Scharschmidt*: Hochwichtiges Werck, S. 44; vgl. *Lißmann*: Schreiben im Netz-

Sinnes!) und gläubet dem Evangelio! Was nun diese Veränderung oder Bekehrung des Sinnes eigentlich sey / davon sind bereits genug Zeugnisse am Tage; ist auch schon an einem andern Ort / nemlich in meinem Tractätlein von dem hochwichtigen Werck der Wiedergebuhrt usw. gezeiget worden.[237] Und ist am besten zu verstehen / wenn der Mensch solches selbst erfähret / daß er in sich geht / und bey Betrachtung der heiligen Schrifft und anderer Zeugnisse / darinnen der Fall Adams und der alte Mensch abgemahlt ist; auch nach dem / was bißher gesagt worden / sein eigen Wesen und Natur erforschet / und sich von Hertzen zum HERRN bekehret von seinem bösen Wesen und Leben.

§. 48. II) Wird erfodert / daß der Mensch erkenne / was nun der wahre Glaube / und der Sinn und Wille CHRIsti sey / darzu er muß bekehret werden; und was GOTT durch CHRIstum in ihm wieder auffrichten will. Nemlich / wenn der Mensch seinen elenden Zustand erkennet / und die gründliche Demüthigung von GOTT begehret / daß er allen seinen bösen Eigenschafften möchte absterben; ja / daß der Wille GOttes sein Wille werde: Wenn er von der heilsamen Gnade / die allen Menschen erschienen ist in CHRIsto / die Züchtigung annimmt / daß er daher das ungöttliche Wesen und die weltlichen Lüste verläugnet und verlässet / und begehret züchtig / gerecht und gottselig zu leben in dieser

werk, S. 315. Das in Mk 1,15 verwendete griechische Verb μετανοέω zielt in seiner Grundbedeutung auf die Veränderung des Sinnes bzw. Umkehr ab, nicht auf das Bußetun. Diese bereits bei Luther vorkommende, aber nicht in seine Bibelübersetzung übernommene Beobachtung wird im Pietismus allenthalben wiederholt, auch in der Übersetzung des NT durch *Johann Henrich Reitz*: Das Neue Testament Unsers Herren Christi [...], Offenbach 1703.

237 Scharschmidt weist damit auf ihr eigenes Werk hin, s. Nachwort, S. 195–197.

Welt; usw. Tit. 2. So tritt er auff den schmalen Weg / der zum Leben führet.[238]

§. 49. Ein solcher Mensch aber ist noch nicht alsofort ein völlig ausgebohrnes Kind GOTTes[239] zu nennen / weil dieses nur als ein Anfang zum Gehorsam GOTTes zu rechnen ist / und gleichsam die erste Stuffe[240] auff dem schmalen Wege.[241] So aber der Mensch beständig in seinem Fürsatz[242] ist / CHRIsti Lehre und Lebens in der Krafft theilhafftig zu werden; so beut[243] GOTT ihm seine Gnade immer reichlicher an / und ziehet ihn immer näher zu seines Sohnes Liebe / daß damit das Hertz eingenommen wird / und / was es von eigenen Willen und Leben hat / verlassen will / und nur Liebe zu dem behält / der es erkaufft hat mit seinem Blute[244] / auff daß es durch seine Krafft rein werde.

§. 50. Darauff folget dan eine Erweckung nach der andern / und der Mensch empfähet eine Krafft nach der andern. Der Vater ziehet die Seele immer kräfftiger / auff daß sie recht kommen möge zu seinem Sohne. Und wenn der Mensch in Auffmercksamkeit bleibet / so gehet allgemählig die Liebe=und Lichts=Klarheit CHRisti in den Hertzen auff / daß dadurch der wider-

238 Tit 2,1–10.

239 Zur Bedeutung des Motivs der neuen Geburt im Kontext des Quedlinburger Pietismus s. *Lißmann*: Schreiben im Netzwerk, S. 365–376; *Schmidt*: Wiedergeburt und neuer Mensch.

240 In ihrem Buch Hochwichtiges Werck, S. 2–55, beschreibt *Scharschmidt* den Weg zum Heil als Abfolge von zwölf Stufen, vgl. *Albrecht* u. *Lißmann*: Mit Freude, S. 631. Hier bietet sie eine Kurzform dieses mystischen Aufstiegsweges ohne die genauen Abgrenzungen der einzelnen Stufen wie in ihrem ersten Buch. Johann Georg Gichtel spricht von Staffeln, um den Aufstieg der Seele zu Gott bzw. Christus zu beschreiben, teilt jedoch nicht in deutlich unterscheidbare Stufen ein, *Gichtel*: Theosophia Practica Bd. 2, ep. 128, 14. 01. 1699, S. 1300.

241 Mt 7,14.

242 Vorsatz, Absicht.

243 Bietet.

244 Apk 5,9.

wärtige Wille / der in dem Menschen liegt / und wider die Wahrheit sich erhebt / gehemmet und gehalten wird / damit der neue Fürsatz / zu CHRisto zu kommen / einen beständigen Fortgang behalte. Denn es ist nun mit dem Menschen dahin gekommen / daß die Liebe sein selbst und das Welt=gesinnte Wesen soll von ihm abgefegt werden / und hergegen die Liebe zu GOTT im Hertzen Raum bekommen; daß CHRIstus eingehen könne mit seiner Krafft / die Seele und Geist / die von der Schlange und Irrdigkeit verwundet und todt sind / wieder zu heilen / und durch seine Simme auffzuwecken / daß sie glaube / sie habe in ihm Versöhnung bey dem Vater.

§. 51. Wenn dieser Grad erreichet ist / so ist alsdan die Seele begierig / CHRIsti Lehr=Schüler zu werden und eine beständige Nachfolge dem HErrn zu leisten. Wie klar an den Jüngern des HErren zu sehen ist / daß sie ihre Haabe im äuserlichen / auch ihr Leben / bey Ihm dran zu wagen geneigt waren. Hierauff kan der HERR einer solchen Seelen / die sich also ihm ergiebet / sich nicht länger verbergen / ihr seinen Liebes=Geist mitzutheilen / damit sie in das Hertz des Vaters eindringen möge / und ihm fürhalten könne die Versöhnung / die er beym Vater für sie ausgewircket hat. Darauff dan die Seele im Himmel und Erden kein ander Heil ausser CHristo zu haben begehret. Und weil sie also CHRIstum erkennet und auffgenommen hat / so bekömmt sie das Recht und die Macht / ein Kind GOTTes zu werden / und in seinen Nahmen zu gläuben; Joh. I. Daß sie also gerechtfertiget ist / und ihr die Sünde erlassen sind.[245]

§. 52. Was nun der Mensch in währenden solchem Zustande thut / ist zwar GOtt nicht entgegen oder zu-

245 Joh 1,35–51.

wider / denn er ist allbereit in der Gnade: Aber er ist noch nicht so völlig in dem kindlichen Geiste JEsu / daß er GOtt so lauter im Geist und Warheit anbeten[246] und ihm dienen könne / wie er soll. Denn die Seele und Geist des Menschen stecken noch in vielerley Unreinigkeiten / die alle erst durch das Creutz Christi abgeschmoltzen und verzehret werden müssen.[247] Und indem dieses geschiehet / empfindet der Mensch noch manchen Zweiffel und Ungewißheit in sich wegen der Kindschafft / wenn er sich recht prüfet; biß er endlich den gantzen Leib der Sünden[248] / den er an sich spühret[249] / durch den Todt CHRIsti zu vernichten und zu begraben verlanget: Ja seinem Heylande so getreu wird / daß er / so zu reden / nicht ein Stäublein vom alten Menschen der Sünden in sich zu leyden begehrt; sondern vielmehr von ganzem Hertzen dem Bilde CHristi ähnlich zu werden ringet.[250]

§. 53. Auff solche Ergebung fasset GOTT die Seele / und sencket[251] sie in den Todt CHRIsti[252] ein / daß also

246 Joh 4,24.

247 „Der vielleicht verbreitetste Bildkomplex, der als Gleichnis der Seelenreinigung dient, entstammt der Goldschmiedekunst bzw. der Alchemie. Das Schmelzen, Läutern und Schmieden der Edelmetalle ist altes religiöses Symbol und Gemeingut mystischen Denkens." *Langen*: Wortschatz, S. 71; vgl. 71–75.

248 Röm 6,6.

249 Der Hinweis auf das eigene Gespür entspricht der verbreiteten pietistischen Anthropologie, in der der individuellen Erfahrung eine grundlegende Bedeutung zukommt.

250 Scharschmidt vertritt ein spiritualistisches Sündenverständnis, wonach es darum geht, den Leib, der mit sündigen Trieben behaftet ist, abzulegen und stattdessen den neuen sündlosen inneren Menschen in sich heranzubilden. Mit dem biblischen Stichwort der Neuen Kreatur (2Kor 5,17), das sie an anderen Stellen aufgreift, wird zum Ausdruck gebracht, dass die Erlösten mit Leib und Seele Christus ähnlich werden und nicht mehr in den früheren Zustand zurückfallen können.

251 Zur Metaphorik des Versinkens in und des Verschmelzens der Seele mit Christus s. *Langen*: Wortschatz, S. 214–225, 266, 276.

252 Die Vorstellung einer Todeserfahrung gemeinsam mit Christus entfaltet

die alte verderbte Unart sterbe / und sie in dem Blut und Tode CHristi rein werde: Ja durch tägliche Reinigung und Erneuerung des Bundes mit GOTT der Heiligung immer näher komme / und die Krafft des Geistes JESU durch die Glaubens=Begierde in sich anziehe. Und dieses mag wohl die rechte Tauffe genannt werden / nach des Apostels Zeugnis Röm. 6 / 3. usw.[253] Wisset ihr nicht / daß alle / die wir in JESUM getaufft sind / die sind in seinen Tod getaufft usw. Diejenigen nun / die also den Tod CHRIsti in der Krafft empfunden / und ihrem sündlichen Leben / sammt der Welt / abgestorben sind / die ziehen CHRistum an / und sind GOttes Kinder. Galat. 3 / 26 / 27. Dieser Kindschafft aber und Gerechtigkeit / wird der Mensch nicht theilhafftig durch des Gesetzes Wercke / oder äuserliche Übungen und Ceremonien; sondern aus dem Glauben; wie aus angeführten 26. v. des 3. Capitels an die Galater klar zu sehen / und der Apostel im 5. Capitel v. 4 / 5 / 6. noch deutlicher sich erkläret / wenn er spricht: Ihr habt CHRIstum verlohren / die ihr in dem Gesetz gerecht werden wollet / ihr seyd aus der Gnade gefallen. Wir aber erwarten (oder begehren sehnlich)[254] im Geist aus dem Glauben die Hoffnung der Gerechtigkeit; Denn in CHRIsto JESU gilt weder Beschneidung noch Vorhaut etwas / sondern der Glaube / der durch die Liebe thätig ist; (oder / wie es im 6. Capitel v. 15. ausgesprochen wird / eine neue Creatur.[255])

Scharschmidt auch in ihrem ersten Buch: Hochwichtiges Werck, S. 19f. Der mystische Tod kann sich an der Schwelle vom 3. zum 4. Grad bei dem Weg zur Unio mystica ereignen. Vgl. *Sprögel*: Consilia und Responsa, S. 650.

253 Röm 6,2–6.

254 Diese Erläuterung weist wiederum auf die Griechisch-Kenntnisse Scharschmidts hin.

255 Gal 6,15. Zum Vorkommen dieser Idee im Quedlinburger Pietismus s. *Sprögel*: Consilia und Responsa, S. 644; *Lißmann*: Schreiben im Netzwerk,

§. 54. Wider diesen klaren Grund wird niemand mit Wahrheit was auffbringen / oder jemanden / der in dieser Gnade und Krafft des Geistes JESU stehet / einen andern Weg und Gottesdienst fürmahlen können. Denn ein solcher Gläubiger erkennet gar zu wohl die dürfftigen Satzungen der Menschen; und weil er selbst das Leben hat in CHRIsto JESU / so kan ers nicht mehr in denjenigen Dingen suchen / darin kein Leben ist; und muß gehen / leben und wandeln / und seine Wercke ausüben / wie ihn der Geist GOttes treibet. Er darff nun / als ein Kind GOTTes / nicht ihm selber leben / sondern dem / der für ihn gestorben und aufferstanden ist; er hat seinen Willen unter GOttes Willen gegeben / und wartet nur auff des Heiligen Geistes Anregung und Führung. Röm. 8 / 14.

§. 55. Dieses kan nun wohl für einen guten Anfang / GOTT im Geist zu dienen / gehalten werden / da der Mensch durch wahre Busse und Glauben / in CHRisto also zubereitet ist / daß der neue geistliche Mensch sich reget und Wercke oder Früchte des Geistes ausübet / wie sie in der Epistel an die Galater 5 / v. 22. beschrieben werden / wider welche das Gesetz nicht ist. Und solche / die also leben / und Früchte des Geistes in der Liebe GOTtes und des Nechsten bringen oder ausüben / die sind frey gemacht durch das Gesetz des Geistes des Lebens in CHristo JESU von dem Gesetz der Sünden und des Todes Röm. 8. 2. Also / daß nun keine Verdammung ist über denen / so in CHRisto JESU sind / die nicht nach dem Fleisch / sondern nach dem Geist wandeln / v. I.[256] Und nicht nur dieses / sondern sie sind auch durch den Glauben des Sohnes GOttes frey

S. 365–376; vgl. ferner Alter Adam und Neue Kreatur: Pietismus und Anthroplogie. Beiträge zum II. Internationalen Kongress für Pietismusforschung 2005, hg. von Udo Sträter u. a., Halle 2009 (HaFo 28,1–2).

256 Röm 8,1.

gemacht von allen denjenigen Menschen= Satzungen / die den Glauben an JEsum / und die wahre Liebe hindern: oder / welche die Seele in das knechtische Joch wieder einführen wollen; wie hin und wieder[257] die Schrifft davon zeuget / Gal. 4 / 9. 10. Col. 2.[258] Item: I. Cor. 7 / 23. Ihr seyd theur erkaufft / werdet nicht der Menschen Knechte. Daß also diejenigen / die so beschaffen / wie beschrieben worden; die da wahre Kinder GOTTes sind / ihm im Geist leben und einen verständigen GOttesdienst (Rom. 12 / 1.) leisten; den Dienst des Buchstabens[259] / nach Menschen Weise auszuüben / nicht schuldig sind. Welches nicht die Meynung hat / als wenn alles äuserliche bey einem wahren Christen auffhörete / oder von ihm verworffen würde: Ach nein. Sondern es hat den Verstand / daß ein solcher in der wahren Freyheit muß gelassen werden / ohne menschliche Satzungen und Gesetzes=Zwang / wie ihn GOtt haben will und durch seinen Geist treibet. Und also mag er beten / singen / lesen / in der Kirche / oder zu hause; er thut es allenthalben GOtt im Glauben und kindlichen Gehorsam.[260]

§. 56. Hier möchte wohl eingeworffen werden; Ob denn alle Menschen auff solche Art und Weise / wie angeführet worden / zubereitet werden müsten / ehe sie Christen würden / und GOTT dienen könten? Worauff zur Antwort dienet / daß GOTT in allen innerlichen

257 Mehrfach, des Öfteren.
258 Kol 2,8–23.
259 Röm 7,6.
260 Scharschmidt rechnet sich einer Elite von Erwählten zu, die bereits auf Erden eine besondere Gottesnähe erleben und nicht mehr den Anforderungen an gewöhnliche Christen unterworfen sind. Sie sieht sich und die in ähnlicher Weise Glaubenden als nicht mehr verpflichtet, am öffentlichen Gottesdienst teilzunehmen und den geltenden kirchlichen Bestimmungen Folge zu leisten. Diese apologetische Strategie wiederholt sie an etlichen Stellen ihres Werkes.

und äuserlichen Wegen seine freye Macht hat / und nach solcher einen jeden leiten kan / wie er will. In diesem Ausdruck / und durch dieses Angeführte hat man nur denen Einfältigen die Haupt=Gründe und Stücke / die nothwendig bleiben / und bey einen jeden da seyn müssen / zeigen wollen; als da sind die wahrhafftige Erkänntniß sein selbst und CHristi / wahre Busse / gründliche Verläugnung und Absterbung des alten Menschens / der wahre lebendige Glaube in CHristo / die wahre Kindschafft und neue Creatur usw. Ohne welche Stücke der Mensch tod ist in geistlichen Dingen / und nichts vermag das GOTT gefallen könte.

§. 57. So fragt sichs nun / wormit und wodurch den[n] der gläubige Christ wider die Maul=Christen seinen GOttesdienst beweise / und von denenselbigen sich unterscheide? Denn für GOTT bedarff er nichts äuserlich / weil derselbige das Hertze ansiehet; sondern um derer willen / die da sagen / sie sind Christen und sinds nicht (wie auch die Juden zur Apostel Zeit thaten) will GOtt Früchte und Wercke des Glaubens haben / auff daß er dadurch geehret / und die Krafft CHristi in seinen Gläubigen auch denen Ungläubigen zur Uberzeugung und Besserung offenbahr werde. Und solcher wahrer Christen GOttesdienst wird von dem Apostel Paulo Rom. 12. klärlich beschrieben; da er die Brüder / oder wahren Glieder CHRIsti und Kinder GOTTes ermahnet / daß sie ihre Leiber darstellen solten zum Opffer / das da lebendig / heilig und GOTT wohlgefällig sey / welches denn seyn solte ihr verständiger Gottesdienst[261] / (oder eigentlicher / ein solcher Gottesdienst / der in der Rede und im Worte GOTTes gegründet wäre / welcher Sinn klar wird / so man diesen Ort zusammen hält mit

261 Röm 12,1.

I. Petri 1 / v. 2 / 3.) Was nun durch dieses lebendige / heilige und GOTT wohlgefällige Opffer zu verstehen ist / kan man gar klärlich sehen aus diesem angeführten gantzen Capitel. Da es erstlich heist: Stellet euch nicht dieser Welt gleich[262] / (oder *conformi*rt euch nicht mit dieser Welt und nehmet nicht ihre Form oder Figur an:[263]) Nemlich / ein wahrer Christ soll mit den Welt=Menschen in ihren Leben und Wercken innerlich und äuserlich keine Gemeinschafft haben / und durch Enthaltung von denselben beweisen / daß er nicht mehr von dieser Welt sey / ob er gleich noch in der Welt ist und äuserlich darinnen lebet. Denn das ist ein wahrer Beweißthum / wenn ein Gläubiger Gelegenheit und Veranlassung hat zu denen Dingen / die der Welt eigen sind / daß er sich derselben enthält und sie nicht thut; so er der Welt abgestorben ist / und vielmehr GOTT liebet / und seinen Geboten gehorsam ist.

§. 58. Ferner heißts: Werdet verwandelt durch die Erneuerung eures Sinnes.[264] Diese Erneuerung nun bestehet fürnemlich darin / daß der Mensch das neue erweckte Leben durch Anziehung der Krafft aus dem Baume des Lebens[265] mehr und mehr nähre / und durch den Glauben in CHristum stärcke; das er durch die Krafft CHRisti im inwendigen Menschen möge wachsen und zunehmen / damit er recht erleuchtete Augen[266] / und einen gewissen oder erneuerten Geist[267] haben möge / der in den Göttlichen Wegen und Wirckungen beständig fortgehe. Wie auch von CHRIsto / der hierinn

262 Röm 12,2.
263 Das griechische Verb, das im NT an dieser Stelle vorkommt, geht ebenfalls auf das Nomen für Bild bzw. Form zurück.
264 Röm 12,2.
265 Apk 2,7; 22,2.14.19.
266 Eph 1,18.
267 Ps 51,12.

ein Fürbild worden ist / gesaget wird / daß er habe zugenommen an Weißheit / Alter und Gnade bey GOTT und denen Menschen. Luc. 2 / 52. Und also muß ein Christ seinem Heylande / wie in allen andern / also auch hierinnen immer ähnlicher werden / damit auch die Welt in lebendiger Krafft immer mehr und mehr möge überzeugt werden / des gläubigen Christen Leben sey ein Leben aus und von GOTT / weil es gar nicht mit dem ihrigen übereinkömmt / noch sich darmit zusammen reimet.

§. 59. In solcher Erneuerung muß den[n] ein wahrer Christ beständig verharren und täglich fortfahren / damit er prüfen lerne / welches da sey der gute / der wohlgefällige und vollkommene GOttes Wille.[268] Diese Gabe der Prüfung ist nicht alsobald bey denen anfangenden Christen; sondern es muß der Mensch in der lebendigen Erkänntnis GOTTes und im Geist JEsu schon ziemlich hinangewachsen seyn und zugenommen haben / daß er mit erleuchteten Augen die Wege GOTTes und dessen wohlgefälligen / guten und vollkommenen Willen prüfen und erkennen möge. Wie den[269] solche Gabe zu prüfen denen Christen deswegen gegeben wird / daß sie in allen Dingen einen gewissen Unterscheid machen können / was zu der Welt gehöret / und was GOTTes Wille und Wohlgefallen sey: Damit sie die Welt durch der Schlangen List nicht wieder in ihr Wesen einziehen möge.

§. 60. Ein solcher Christ nun / der sich GOTT gantz auffopffert / und ihme eigen ist mit Leib und Seel; der sich der Welt nicht gleich stellt / sondern sich täglich erneuert in seinem Sinn / und also den Willen GOTTes prüfen kan / dienet GOTT in allen / was er thut / in

268 Röm 12,2.
269 Denn.

wahrer Liebe GOttes und des Nechsten. Solche übet er aus bey aller Gelegenheit und auff allerley Weise; und sonderlich / wie es im angeführten 12. Capitel an die Römer[270] gar klar ausgedruckt ist. Nemlich / er wendet seine Gaben an / nach der Gnade die ihm gegeben ist / durch Weissagung / durch Lehre / durch Ermahnung / Bestraffung und Trost. Er theilet mit in Einfalt; worüber er gesetzt ist / dabey ist er sorgfältig und fleißig; er ist barmhertzig mit Lust; in der Liebe ist er ohne falsch oder ungeheuchelt. Das Arge hasset er / und hanget dem Guten an. In der Brüder=Liebe ist er brünstig;[271] ist ehrerbiethig gegen andere. Ist brünstig im Geist / und dienet dem HErrn. Er freuet sich in der Hoffnung: ist geduldig im Trübsal; beharret im Gebet. Er hat Gemeinschafft mit denen Heiligen in ihren Nöthen / nimmt die dürfftigen und elenden Glieder GHRIsti auff / und ist Gast=frey gegen sie. Er segnet die ihn verfolgen: Freuet sich mit denen Fröligen (wenns nemlich nicht nur seinen Freunden / sondern auch seinen Feinden wohl gehet /) und weinet mit den Weinenden; (wenns ihnen übel gehet;) usw. Er vergilt nicht böses mit Bösen / sondern überwindet das Böse mit Guten. Und der gleichen mehr / davon hin und wieder in der Heiligen Schrifft gezeuget wird / sonderlich in denen Episteln Pauli.

270 Im Folgenden paraphrasiert die Verfasserin Aussagen des Paulus: Röm 12,1–21.

271 *Langen*: Wortschatz, S. 333–339, rechnet Wortbildungen, die sich von Brunst ableiten lassen, zur Feuermetaphorik, die aus der mystischen Tradition in den Pietimus übernommen wurde. Bis zur Revision von 1963 druckten die Lutherbibel-Ausgaben Luthers Übersetzung von Röm 12,11 mit der Formulierung „brünstig“ nach, da diese Beschreibung positiv auf die Gottesliebe bezogen werden konnte. Scharschmidt allerdings weitet die brünstige Haltung auf die Bruderliebe aus, was als bezeichnend für die Hochwertung der pietistischen Freundschaftsbeziehungen gelten kann.

§. 61. Dieses alles zeuget von einem wahren Christen / daß er GOTT dienet: und solchen Dienst thut er im Glauben durch die Krafft CHRIsti / und sucht nicht sein eigenes dadurch / als hätte er nun sonderliche gute Wercke gethan / die ihm müsten wieder vergolten werden / oder als hätte ers in eigener Krafft gethan; sondern er übet solchen Dienst aus / bloß aus Antrieb des Geistes und in der Liebe CHRIsti / die in ihm sich ergossen / und die in ihm wircket und wieder ausfliesset zur Ehre GOTTes. Und dieses kan den[n] mit Recht GOTT gedienet heissen: Weil GOTT auff keine andere Weise sich geliebet / geehret und ihm gedienet haben will von dem Menschen / als wie ers selbst befohlen und in seinem Wort offenbahret hat. Es soll nemlich der Mensch GOTTes Bild wieder werden und eines Willens mit GOTT.[272] Nun ist GOtt nichts anders als Liebe:[273] Alles / was er dem Menschen thut / das ist Liebe / und will also / daß sein Bild in dem Menschen soll offenbahr werden in der Liebe des Nechsten / und daß der Mensch seinen Dienst und Auffopfferung in Göttlichen Willen sichtbahr mache / und an seinen Mit=Gliedern darstelle; weil ja GOtt unsers Dienstes selbst nicht bedarff / indem er das höchste Gut[274] und alles in sich selber ist.

§. 62. Wann nun ein gläubiger Christ in solchem Dienst und in dieser Auffopfferung getreu ist[275] / so wird er von diesem Grad noch zu einen höheren geführt / da er tüchtig gemacht wird / im Glauben zu leben / und im

272 Dies ist eine der Stellen, die diesen Teil mit den Ausführungen des ersten verbinden.

273 Auf das Thema der Liebe geht Scharschmidt an verschiedenen Stellen ihrer Schriften ein, u. a. in ihren Briefen sowie in einem Stammbucheintrag, der im Nachwort zitiert wird, s. u. S. 188f.

274 Ps 16,2.5.

275 Vgl. 1Petr 2,5.

Geist sich für seine Mit=Glieder / ja für alle Menschen auffzuopfferen. Alsdan reichet er dar im Glauben die Göttliche Tugenden / (2. Pet. 1.) und beweiset im Geist und in der Wahrheit / daß er in der Göttlichen Natur stehe[276] / und im Sinne CHRIsti / der nicht anders kan / als stets in dem Göttlichen Willen bleiben / und die Glieder des Leibes CHRisti / ja alle Menschen / durch inniges Gebet mit Begierde des Glaubens in die erbarmende Liebe GOttes einsencken / daß sie in derselben geheilet / gereiniget und vollkommen geheiliget werden mögen / wie GOttes Wille und Wohlgefallen an einen ieden ist; auch also die Liebe in allen erkannt werde / die GOTT vor Grundlegung der Welt in seinem Sohn gegen alle Menschen gehabt; und wie sich solche in der Fülle der Zeit in CHRIsto / durch dessen Gebuhrt / Leiden / Tod / Aufferstehung und Himmelfahrt usw. geoffenbahret hat / daß dadurch der arme Mensch wieder komme zur vorigen Herrlichkeit / und ein Geist mit GOTT werde / zur Ehre seines Nahmens.

§. 63. Solcher Dienst ist demnach in einem höheren Grad / und mit Recht zu nennen ein GOttesdienst im Geist und in der Wahrheit; Weil ein solcher gläubiger Christ sich GOTT gantz mit Leib und Seel ergeben hat / und nichts will / als was GOTT will. Sein Geist / Sinn und Wille ist mit Liebe und Erbarmen angefüllet gegen alle Menschen / daher er ohn unterlaß ringet / daß doch alle Lust der Welt und die fleischliche Begierden sterben möchten / die wider das neue Leben streiten / und die Menschen mit ihm wieder in die Herrlichkeit kämen / dazu sie beruffen sind. Und wer in diesem Dienst GOTT und dem Nechsten / ja sich selber treu seyn und be-

276 2Petr 1,4. Zur Thematik der Vergöttlichung der Glaubenden s. *Martin Schmidt*: Teilnahme an der göttlichen Natur, in: ders.: Wiedergeburt und neuer Mensch, S. 238–298.

harren will / der hat allen Fleiß anzuwenden nöthig. 2. Pet. I.[277] Denn ein solcher Kämpffer hat sich nicht etwa nur auff eine oder ein paar Stunden zu diesem Dienst in der Liebe GOTTes und des Nechsten gewidmet: Oder wie etwa die Welt pflegt zu thun / wenn sie Geld bekommt / für jemand zu beten / oder / wie sies nennt / GOttesdienst zu halten; Ach nein: sondern es ist in ihm die Liebe / die ohne Ende ist / aus GOTT selber und von ihm gewircket / und der Glaube dieses Christen ist immer im Thun / wie Lutherus in der Vorrede über die Epistel an die Römer schreibet.[278] Es lässet auch die Welt einen solchen gläubigen Beter nicht mit Frieden; sie streitet innerlich und äuserlich wider die Wahrheit / und der Fürst dieser Welt[279] schläffet nicht / sonderlich zu dieser Zeit / da es fast in der meisten Menschen Hertzen finster ist / weil sie das Licht des Lebens nicht haben.

§. 64. Wenn nun der Herr erleuchtete Augen gegeben hat / daß er weiß wider wem er zu streiten hat / und von GOTT wircklich in Kampff gesetzet ist / der darff wohl nicht müßig seyn; Zumahl wenn er auch in sich selbst fühlet / wegen des Mittleidens gegen andere / die listigen Anläuffe des Teuffels. Ja das gantze Höllen=Heer ist einem wahren Gläubigen entgegen / und will nicht gern weichen. Wie in der Offenbahrung JEsu Christi zu sehen ist.[280] Dieserwegen muß er sich wohl

277 2Petr 1,3–11.

278 WA DB 7,2. S. 223–233 (1522).

279 Joh 12,31; 16,11.

280 Mit der neutestamentlichen Apokalypse und ihrer Deutung beschäftigten sich viele Pietisten und Pietistinnen, um daraus eine Deutung ihrer Gegenwart als Endzeit abzuleiten. Insbesondere Johanna Eleonora und Johann Wilhelm Petersen, die von Magdeburg aus Kontakte nach Quedlinburg pflegten, propagierten aufgrund ihrer Interpretation der Johannes-Offenbarung das Bevorstehen des Tausendjährigen Reiches, den Chiliasmus, s. *Matthias*: Geist auf den Mägden.

verwahren mit dem Schilde des Glaubens[281] / und stets auff seiner Post[282] stehen; so wohl für seine eigene Seele / als für andere / damit er nicht aus seiner Festung falle.[283] Ist er dan[n] im Glauben und in der Liebe wohl gegründet und tieff gewurtzelt / so können ihm die Anfälle des gewaltigen Fürstens der Finsternis / samt der Welt / nicht schaden. Es macht vielmehr einen geistlichen Menschen immer bewährter und muthiger / sich aus Liebe zu GOtt und dem Nechsten zu wagen / damit das Reich CHRisti vermehret werde / eines nach dem andern in seiner Krafft durchbrechen möge / und was zum Leben in Christo gelanget und geheiliget ist / immer heiliger / herrlicher und vollkommener werde.

§. 65. Dieser wahre Dienst nun geschicht / wie bereits angeführet ist / im Geist und in der Wahrheit; wie den[n] der Vater solche Anbeter haben will / nach CHRIsti Zeugnis Joh. 4.[284] Er geschicht in freywilliger Liebe / ohne äuserliche menschliche Ordnung und Satzung. Denn daran ist ein wahrer Christ nicht gebunden; er kan auch darauff nicht allzeit acht haben / weil er auff den Tempel und Altar seines Hertzens muß achtung geben / was der HErr durch seinen Geist in ihm lehret.[285] Er muß empfangen das Rauchwerck aus dem Heiligthum GOTTes / daß zu denen Gebeten der Heiligen gegeben und ausgeschüttet wird / (in der Offenb. c. 8. v. 3. und c. 5. v. 8) damit er GOTT ein recht angenehmes Opffer wieder geben könne; Ja / daß er geschickt sey / an allen Orten heilige Hände / aus einem reinen Hertzen / auffzuheben / ohne Zorn und Zweiffel. (1. Tim. 2. v. 8.) Und wie ihm von GOTT das Licht der

281 Eph 6,16.
282 Posten.
283 2Petr 3,17.
284 Joh 4,24.
285 Lk 12,12; Joh 14,26.

Erkänntnis gegeben ist / und Gnade / Geist und Krafft dargereichet wird / auch ihm selbst und andern nach GOTTes Willen zuträglich ist / so muß er thun / und seinen wahren Gottesdienst ausüben; darzu weder Tempel / noch Altar / noch Predigt=Stuhl nothwendig erfodert wird.[286]

§. 66. Denn ein Gesalbter des HErrn / der inwendig von GOTT gelehret ist / und dem sein Wille offenbahret wird / darff auch wohl an allen Orten seinen Brüdern / ja auch der Welt / sagen / was er von GOTT gehöret hat / und kan allenthalben lehren und reden / wenn er eine Gabe darzu von GOTT empfangen hat.[287] Ja er ist schuldig / solche anzuwenden / weil alles von GOTT darzu gegeben und geordnet ist / daß ein jedes Glied an dem Leibe CHRIsti dem andern diene / und was es durch die Salbung gelehret ist / zum gemeinen Nutzen wieder anwende:[288] Damit der Leib des HErrn zubereitet werde / und eines das andere erbaue; es sey nun durch Gebet / (im Verborgenen oder in Versammlungen) durch Lehre und Ermahnung / oder mit andern geistlichen Gaben / wie GOTT einem jeden beygeleget hat.[289] Und wenn es alles durch dessen einigen Geist ausgewircket wird / so ist es alles in GOtt gethan / und ein Werck des HErren / das in die Ewigkeiten bleibet.

---

286 2Chron 6,18; Jes 66,1; Apg 7,48. Mit der Kritik an den veräußerlichten Frömmigkeitsritualen korrespondiert bei Scharschmidt eine innerliche Ausrichtung ihrer Spiritualität, die auf die äußeren Gegebenheiten keinen Wert legt. Sie entfaltet ein Christentum ohne die vorfindliche Kirche, aber durchaus mit einer Gemeinschaft der Gleichgesinnten. Ähnlich argumentiert *Arnold*: Erklärung vom gemeinen Secten=wesen, S. 5–9. U. a. verweist er dabei auf Heinrich Müller (1631–1675), dessen Theologie wichtig war für den beginnenden Pietismus. Vgl. auch *Arnold*: Fernere Erklärung, S. 58.

287 1Kor 12,1–11. Hier entfaltet die Autorin Elemente der Idee des Priestertums aller Gläubigen, s. dazu auch unten S. 84–90.

288 Vgl. 1Kor 12,12–31.

289 2Tim 3,16.

§. 67. Aller andere Gottesdienst / der nicht aus diesem Geist und dessen Trieb und Wirckung geschicht / ist eitel und unnütze / er mag so herrlich und heilig von aussen scheinen / wie er will / weil er aus einem falschen Grunde gehet. Denn alles / was nicht durch den Geist GOttes gewircket und im Glauben und Liebe ausgeübet wird / das kan weder GOtt angenehm / noch denen Menschen heilsam seyn; Weil GOtt nicht anders / als in und durch seinen Sohn und dessen Geistes Wirckungen / will geehret und verherrlichet seyn.

§. 68. Was im alten Testament in Bildern und Schatten=Wercken fürgebildet ist[290] / das muß sich in und an einem wahren Christen alles geistlich / im Wesen und in der Kraft befinden. Zum Exempel / der Tempel muß sein Leib selbst seyn / wie Paulus sagt 1. Cor. 3. 16. Wisset ihr nicht / daß ihr Tempel GOttes seyd / und der Geist GOttes in euch wohnet. und im 6. c. v. 19. 20.[291] Wisset ihr nicht / daß euer Leib ein Tempel des H. Geistes ist / welchen ihr habt von GOtt und seyd nicht euer selbst? Denn ihr seyd theuer erkaufft: so verherrlichet nun GOtt in eurem Leibe und in eurem Geiste / welche sind GOttes.

Dieser Leib soll nun zum Opffer dargestellet werden usw. wie bereits angeführet ist. Durch den Altar mag wohl verstanden werden des Menschen Hertz; dessen Wille / Liebe / Lust und Begierden oder *Affecten* alle unter des Heil. Geistes Herrschafft gebracht werden müssen / daß er mit seiner Krafft darinnen wircke und alles ihm gehorsam sey. Davon sagt GOtt / in Sprüchen Salomonis 23 / 26. Gib mir mein Sohn dein Hertz; damit der kindliche Geist JEsu darinnen herrschen möge. Nicht / als ob GOTT solches an und für sich selbst be-

290 Scharschmidt greift zurück auf die Typologie der Entgegensetzung von Altem und Neuem Testament.

291 1Kor 6,19f.

dürffte; sondern er will es haben um des Menschen selbst willen / daß er seinen Willen in dasselbe schreibe durch den Finger GOTTes[292] / und der Mensch ein lebendiger Brieff[293] sey / der durch den Heil. Geist beweget werde / dasselbe zu thun / was von GOtt eingegeistet wird. (2. Timoth. 3 / v. 16. nach dem Grund=Text.)[294] Ein solch Hertz muß rein seyn von aller Unarth des Fleisches / und gereiniget von irrdischen Lüsten und Begierden / das nicht mehr mit unordentlicher Begierde nach diesen oder jenen Dingen / die grob oder elementarisch sind / beflecket ist. Denn in einem Hertzen / da noch Liebe und Lust dieser Welt inne ist / kan GOtt sein Werck nicht haben: weil GOttes und der Welt Liebe nicht beysammen stehen können / wie Johannes 1. Epistel c. 2. v. 15. saget: Habet nicht lieb die Welt / noch was in derselben ist; so jemand die Welt (und das Ihrige) lieb hat / in dem ist nicht die Liebe des Vaters. Und CHRistus JEsus / unser Heyland spricht Matth. 6.[295] Niemand kan zweyen Herren dienen. Auch deutet solches Paulus an Rom. c. 6. 16. Wisset ihr nicht / welchem ihr euch begebet zu Knechten in Gehorsam / dessen Knechte seyd ihr; es sey der Sünde zum Tode / oder dem Gehorsam zur Gerechtigkeit.

Von diesen Eigenschafften muß das Hertz rein und frey seyn / und muß sich einfältig in wahrer Gelassenheit / ohne eigene Liebe und Weißheit dieser Welt / GOtt ergeben. GOtt ist ein Licht und in ihm ist keine Finsternis.[296] Wenn nun GOtt mit seinem Liebe=Wesen

292 Ex 31,18.

293 2Kor 3,3.

294 Vgl. *Grimm*: Deutsches Wörterbuch, Bd. III, Sp. 188f. Hier liegt zudem ein weiterer Hinweis darauf vor, wie Scharschmidt Griechisch-Kenntnisse für ihre theologischen Deutungen einsetzte.

295 Mt 6,24.

296 1Joh 1,5.

und Licht im Hertzen wohnen und wircken soll / so muß es nothwendig von den Wercken der Finsternis[297] geläutert und gereiniget seyn. Es muß gerecht gemacht seyn durch den Glauben in CHristo JEsu / frey von der Sünde und vom bösen Gewissen / daß es den Frieden GOTtes in sich fühlet / und in einen seligen Zustand gesetzet ist durch die Versöhnung CHRIsti: so kan es GOtt schauen; wie der HErr JEsus selber spricht Matth. 5.[298] Seelig sind die rein im Hertzen sind / denn sie sollen GOtt schauen. Welches (in gewisser Maaße) also zu verstehen ist: GOtt ist ein Geist und ein geistlich Wesen / das in keinem Bild noch in äuserlichem Begriff kan gefasset werden; Er giebt sich aber in seinen Eigenschafften dem Menschen zu erkennen. Wenn nun GOtt die Seel und das Hertz des Menschen erleuchtet / geheiliget und von dem frey und rein gemacht hat / darin er von Natur gelebet: so schauet er GOtt in seinem Hertzen / ja er fühlet und empfindet GOtt in sich nach seiner Liebe / und übrigen Kräfften und Eigenschafften; wie David im 34. Psalm v. 9. spricht: Schmecket und sehet / wie freundlich der HERR ist. Und ein solch Hertz ist dann ein rechter Altar GOTTes / darauff GOtt angenehme Opffer können dargebracht werden. Denn alles / was GOtt angenehm seyn soll / das muß aus einem solchen reinen Hertzen kommen / welches durch die Krafft und Weißheit GOttes zubereitet ist. Daß der Mensch auch nach dem Willen GOttes alsdan kan heraus geben / aus dem guten Schatz seines Hertzens / was dem Nechsten zu der Liebe GOttes beförderlich ist. Ja es ist auch GOtt ein angenehm Opffer / wenn ein Christ sein gereinigtes Hertz im Verborgenen für ihm ausschüttet / und im Geist dem gantzen Leibe Christi

297 Röm 13,12.
298 Mt 5,8.

durch inniges Gebet Handreichung thut / ja auch für die gantze ausgeartete und abgefallene Creatur sich darleget in CHRisti Geist und Liebe. Und durch solches heilige Feuer des reinen Geistes CHristi muß eben das Hertz angezündet werden; und darff man kein frembd Feuer zum Dienst GOttes oder auff dessen Altar bringen / in eigener Liebe oder selbst=erwehlter Geistligkeit / die bloß aus eigener Wahl nach menschlichen Gutachten vorgenommen wird; denn es ist dem HErrn ein Greuel. Darum verzehrete GOTT durch sein Zorn=Feuer Aarons Söhne daß sie sturben vor dem HErrn 3. B. Mos. 10 / 1 / 2. weil sie frembd Feuer vor ihn brachten.[299]

§. 69. Dieses und alle andere Fürbilder deuten auff den neuen oder verborgenen Menschen des Hertzens / daß er mit Leib / Seel und Geist dem HErrn soll heilig seyn; und der Mensch nichts wider Gottes Willen thue / obs gleich seiner eigenen Meynung nach nicht böse wäre / oder von andern für gut gehalten würde.

Darum muß ein jeder gläubiger Christ die Salbung des Heil. Geistes haben / die ihn alles lehret / was nach den Willen GOTTes recht ist oder nicht; Und bey dieser Lehre muß er bleiben / und sich in kein frembdes Gespräch mit der Vernunfft[300] einlassen / denn die ist den Gläubigen die verbotene Frucht im Paradiese[301] /

299 Lev 10,1f. (3. Mosebuch).

300 Vgl. auch *Scharschmidt*: Hochwichtiges Werck, Vorrede, unpag; *Sprögel*: Consilia und Responsa, S. 560, 571, 573, 576, 583, 586, 589, 633, 635, 647, 655. Ähnlich argumentiert *Gottfried Arnold*: Verklärung, Vorbericht, *2vf.; *3r. Vgl. auch *Gottfried Arnold*: Theologia experimentalis […], Frankfurt a. M. 1714; *Keding*: Theologia experimentalis; *Vogel*: Arnold, S. 145f. Mit der negativen Wertung der Vernunft als Mittel der Spekulation und der unnützen abstrakten Differenzierungen korreliert in weiten Teilen des Pietismus eine Hochschätzung der Erfahrung, s. dazu die Kongressbände: Gottes Wort.

301 Gen 3,3–5.

welches im Menschen durch CHristum eröffnet ist auff mystische Art und Weise.

§. 70. Solche wahre Christen nun haben nicht nöthig / oder sind nicht schuldig und gesetzlich verpflichtet / nach menschlicher Weise mit viel äuserlichen Ceremonien oder auff kirchliche Art GOttesdienst zu halten;[302] weil sie alles in sich selbst haben / und GOtt in ihnen sich lebendig und kräfftig / heilig und herrlich bezeuget. Sie sind / nach 1. Petri 2 / 5. die lebendigen Steine / die sich auff den lebendigen Stein CHristum erbauen sollen / zu welchen sie kommen sind / v. 4[303] / sie sind das geistliche Hauß / ein heiliges Priesterthum / zu opffern geistliche Opffer / die GOtt angenehm sind durch JEsum CHristum. Damit stimmet auch überein / was in der Epistel an die Epheser stehet / c. 2 / 19 / 20 / 21. Ihr seyd nicht mehr Gäste und Frembdlinge / sondern Mit=Bürger der Heiligen / und GOttes Haußgenossen; erbauet auff dem Grunde der Aposteln und Propheten / da JEsus CHRistus selbst der Eckstein ist; in welchem der gantze Bau zusammen gefüget und gefasset / wächset zum heiligen Tempel im HErrn; in welchem auch ihr mit erbauet werdet zu einer Behausung GOttes im Geist. Item: 1. Timoth. 3 / 15. Das Hauß GOttes ist die Gemeine des lebendigen GOTTes / ein Pfeiler und Grund=Feste der Wahrheit. It: 2. Tim. 2 / 21. usw. Und Hebr. c. 3 / v. 6. wird Christus der Sohn genannt über das Hauß; Welches Hauß sind wir / so wir die Freudigkeit und den Ruhm der Hoffnung biß ans Ende fest behalten: oder wie es im 14. Vers[304] heist:

302 Entsprechend der von den Quedlinburger Pietisten vertretenen Überzeugung entfaltet Scharschmidt die Konturen eines verinnerlichten Christentums, das die äußerlichen kirchlichen Riten zurücksetzt gegenüber einer inneren Überzeugung.

303 1Petr 2,4.

304 Hebr 3,14.

Wir sind CHristi theilhafftig worden / so wir nur den Anfang des selbständigen Wesens biß ans Ende fest behalten.

§. 71. Aus welchem allen klar und deutlich erhellet / das CHristus selbst der wahren Gläubigen ihr Haupt und Grund ist / ausser dem niemand einen andern legen kan / noch soll I. Cor. 3 / 11. und daß / wie er ist / auch seine Glieder seyn sollen in dieser Welt / I. Joh. 4 / 17. Darum ist auch Christus ohne Maaß gesalbet / nemlich wegen seiner Mit=Genossen Hebr. I / 9. Daß er sie durch seinen Geist lehre und zubereite zu Königen und Priestern / daß ein iedes Glied zu der Würde gelange / sich mit dem andern zu erbauen zum geistlichen Hause / und durch seine Krafft in einem solchen Stand komme / wie er selber ist. Denn Christus ist nicht nur gekommen oder erschienen / daß er die Sünde wegnehme / und nach dieser Welt den Menschen das ewige Leben gebe: Sondern er will auch in dieser Welt sich lebendig und kräfftig in den Seinen erweisen / und darthun / was in einem jeden Gläubigen die Krafft seiner Gebuhrt / seiner Lehre / seines Lebens / Leydens / Todtes / seiner Aufferstehung / Himmelfahrt und des Sitzens in der rechten Hand GOTTes sey; daß dadurch des alten Menschens Todt / und die geistliche Aufferstehung ausgewircket werde / und die neue Gebuhrt in einem jeden geschehen möge / mit ihm im neuen Leben zu wandeln.

§. 72. Wie nun CHristus gewandelt hat / und wie er sich hat offenbahret / das ist aus der gantzen Heil. Schrifft Neues Testaments deutlich zu sehen / also daß / allhier viel Zeugnisse davon anzuführen / wohl nicht nöthig seyn wird. Es lese nur ein ieder dasselbe fein mit hertzlicher Anruffung um den Heiligen Geist / und lasse sich von demselben leiten in alle Warheit[305] / und

305 Joh 16,13.

JEsum in sich verklären. Doch um der Einfältigen willen etwas zu gedencken / so war der HErr JEsus gehorsam / seinem himmlischen Vater biß zum Tode am Creutze; er war sanfftmüthig und von Hertzen demüthig[306] / rein und heilig usw. Er that Wunder und Zeichen; Er lehrete gewaltig und nicht wie die Schrifftgelehrten[307] / denn der Geist des HERRN HErrn[308] war mit ihm.

Er hat sein Königlich Ammt bewiesen durch Uberwindung seiner Feinde; indem er ausgezogen hat die Fürstenthümer und die Gewaltigen / und sie Schau getragen öffentlich / und einen Triumph aus ihnen gemacht durch sich selbst. Col. 2.[309] Es hat unser Heyland sein Hohes=Priester Amt geführet hier auff Erden in Auffopfferung seiner selbst für alle Menschen / und verrichtets noch ietzo / da er sitzet in der rechten Hand GOttes / und uns vertritt oder für seine Gläubige bittet / ja er wartet biß alle seine Feinde gelegt sind zum Schemel seiner Füsse.[310] usw.

§. 73. Und in dem allen haben nun die wahre Glieder CHRisti mit ihrem Haupt Gemeinschafft; und die ihn haben angenommen / die wandeln auch also / Coloss. 2.[311] Sie haben in seinem Nahmen allein alles Heil und Leben; sie sind in ihm gerecht / heilig / seelig und GOtt angenehm; sie vermögen in Ihm alles / haben seinen Geist und Krafft zu lehren / zu wircken Göttliche Wercke / zu überwinden ihre Feinde / und sonderlich auch / (welches fürnehmlich zu unsern Zweck gehöret) sind sie durch diesen Hohen=Priester zu Kö-

306 Mt 11,29.
307 Mt 7,29.
308 Ex 34,6.
309 Kol 2,15.
310 Mt 5,35.
311 Kol 2,16–19.

nigen und Priestern gemacht für GOTT und unserm Vater / Apoc. I. v. 6.

§. 74. Und davon wird wohl noch ein und anders zu gedencken seyn / als welches eigentlich gehöret zum wahren Dienste GOttes im Geist / darzu endlich / als zu einen höheren Grad / ein wahrer Christ gelanget / und deswegen er einen sonderlichen Vorzug oder *Privilegium* hat / die dürfftigen Satzungen der Menschen sich nicht binden zu lassen / und nach den Elementen der Welt zu leben / denn er hat nun durch CHristum Vermögen und Krafft bekommen / mit ihm über die Sünde zu herrschen / und hat sein geistlich reines Wesen und die weisse Seide[312] / nemlich die Gerechtigkeit der Heiligen / angezogen. Ein solch Glied stehet nun im Königlichen und Priesterlichen Schmuck / und hat nun einen genauen Umgang oder innige Gemeinschafft mit GOtt erlanget / und mit denen Geistern der vollendeten Gerechten;[313] Es wandelt im Licht / und ist keine Finsternis des irrdischen Reichs oder dessen Macht in ihm. Sein Wandel ist im Himmel; wie der Apostel sagt Phil. 3 / 20. Womit er anzeigen will / daß ein Christ nach Geist / Seel und Leib (verstehe den inwendigen Menschen) im himmlischen Oertern lebet / und göttlich oder geistlich gesinnet ist[314] / weil er durch den Geist der Weißheit GOttes regieret wird; ob er gleich das äusere sichtbahre Leben und die irrdische Hütte noch an sich träget.[315] Sein Reich ist nicht von dieser Welt;[316] wie auch des HErrn JEsu / als des ewigen Hohen=Priesters und Oberhaupts / Reich nicht von dieser Welt war; sondern es ist ein geistlich Reich / da

312 Apk 3,4; 7,9.
313 Hebr 12,23.
314 Röm 8,5.
315 2Kor 5,1.
316 Joh 18,36.

er über die Sünde / das Thier und den falschen Propheten[317] herrschet; so wohl in ihm selber / als auch außer sich in andern; da er die Machten[318] und Kräffte der Finsternis besieget / und mit GOtt in Frieden lebet / und in Gerechtigkeit / und in der Freude des Heil. Geistes / immer und ewiglich. Ja es kan ein solcher von JEsu CHristo aufferweckter und heilig gemachter Geist / der sich im Glauben des HErrn JEsu widersetzet / von den Machten der Boßheit nicht überwunden werden / so / daß er die Sünde vollbrächte; Denn Johannes sagt: Ein Wiedergebohrner oder der aus GOtt gebohren ist / sündiget nicht. I. Joh. 3. v. 9. Und der Arge wird ihn nicht antasten (oder zur Sünde bewegen) c. 5 / 18.[319] Und ob gleich die Machten der Finsternis zu ihm einstürmeten und wider ihn stritten; wie denn Paulus an die Epheser im 6. v. 12 bezeuget: Wir haben nicht (mehr) einen Streit wider Fleisch und Blut / sondern wider die Fürstenthümer (oder *Principia*)[320] wider die Machten / wider die Welt=Starcken der Finsterniß dieser Welt / (denen nemlich der Gott dieser Welt die Sinne verfinstert hat / 2. Cor. 4 / 4.) wider die Geistlichkeiten oder subtile Kräffte der Boßheit / in denen / so unter den Himmeln sind; Ob gleich / sag ich[321] / solche Feinde und Kräffte der Boßheit zu ihm eindringen; so ist er doch dargegen mit der gantzen Waffen=Rüstung

317 Apk 19,20.

318 Mächte, Lk 22,53.

319 1Joh 5,18.

320 Das in Eph 6,12 vorkommende griechische Substantiv ἀρχή bezeichnet sowohl Herrschaft bzw. Fürstentum als auch auf abstrakter Ebene den Beginn oder Ursprung. In diesem Hinweis kann man eine Bezugnahme auf Jakob Böhme und die Schöpfungsdarstellung am Beginn dieses Traktats sehen.

321 Dieses ist die erste Stelle, an der die Verfasserin sich als Ich einbringt. Zur Bedeutung der frühneuzeitlichen Thematisierung der eigenen Person – gerade auch für Frauen – s. *Eva Kormann*: Ich, Welt und Gott. Autobiographik im 17. Jahrhundert, Köln 2004.

GOttes gewaffnet / wie im angeführten Capitel solche nacheinander beschrieben ist[322] / und thut in der Krafft des HErrn beständigen Gegenstand[323] / daß er im Streit bestehend endlich alles wohl ausrichtet und das Feld behält: und der Fürst dieser Welt also ihm nichts an habe / wenn er kömmt; so wenig als an dem Haupt und Feld=HErrn / CHristo / selbst / Joh. 14 / 30.

Ja es können die Feinde bey einer solche Seele gar nichts ausrichten / die in der wesentlichen Krafft des Glaubens JEsu so weit hinan gelanget ist / und in der wahren Gerechtigkeit und Heiligkeit JEsu stehet / daß sie ihre gehabte Sünden nicht mehr beschämen und die Anklagen des Feindes von GOtt verworffen sind; Sie ist nun von GOtt und JESU CHristo zum königlichen Priesterthum[324] beruffen / erwehlet / gesalbet und bestätiget / und kan nun in Ewigkeit nicht von seiner Liebe getrennet werden.

§. 75. Damit aber dieses / was angeführet / noch klärer werden möge / wollen wir die Art und Beschaffenheit eines solchen königlichen Priesters / und seines GOttesdiensts / oder priesterlichen Ammts / wie es etwa muß geführet werden / in gewissen Puncten abhandeln.[325]

---

322 Eph 6,11–17.

323 Widerstand, s. *Grimm*: Deutsches Wörterbuch, Bd. IV,I,2, Sp. 2263–2268.

324 Reformatorische und in deren Gefolge auch die meisten pietistischen Anknüpfungen sprechen vom Geistlichen oder Allgemeinen Priesterthum, etwa *Philipp Jakob Spener*: Das Geistliche Priesterthum […], Frankfurt a.M. 1677. In Hebr 7 wird unter Rückbezug auf Gen 14,18–20 und Ps 110,4 Christus als König in der Nachfolge des Königs und Priesters Melchisedek skizziert. Wenn diese Linie betont wird, dann tritt die königliche Würde des Priestertums hervor. Allerdings ist es bezeichnend, dass Scharschmidt die Idee des Priestertums nicht ausdrücklich auf die Gestalt Melchisedeks bezieht, s. *Albrecht*: Konzepte.

325 Die folgenden Ausführungen weisen große Übereinstimmungen mit den Ideen Gichtels und Leades auf. Sie legt den Akzent auf die innere Hal-

I.) Ist ein solcher Priester GOttes heilig und unbefleckt / mit CHristo und durch seine Krafft und Geist von denen Sündern abgesondert / Hebr. 7 / 26. auff daß er auffheben könne heilige Hände und ein reines Hertz zu GOtt. Er hat Licht und Recht zum Brust=Schildlein; wie Aaron;[326] daß er nicht nur nach des HErren Willen Gebet und Fürbitte thue; sondern auch die Göttliche Antwort durch die Stimme des Geistes empfange und in dem Grunde seiner Seelen höre.

II.) Hat ein Priester GOttes in sich die versöhnende Liebe. Nachdem er aus dem Tode ins Leben übergangen ist / so liebet er die Brüder / ja alle Menschen; (1. Joh. 3 / 14.) und will in seiner gantzen Seele und Geist nichts anders / als daß alles / was durch den Tod Christi bey GOtt ausgesöhnet / und durch sein Blut erlöset ist / gerettet / heilig und selig werden möge;[327] auff daß ein ieglicher Mensch vollkommen dargestellet werde in CHristo / zu opffern geistliche Opffer / die GOtt gefällig und angenehm sind. Col. I / 28. 29.

III.) Hat er auch von JEsu CHristo / dem ewigen Hohen=Priester / Macht und Recht bekommen / das Brod des Lebens für sich zu nehmen[328] / und aus dem reinen Göttlichen Element zu geniessen: welches im Alten Testament durch die Schau=Brod angedeutet wurde / die für die Priester allein auffgehoben wurden.[329]

---

tung, die auch in Scharschmidts Rezeption mystischer Traditionen zum Ausdruck kommt, s. dazu Nachwort S. 195–202.

326 Ex 29,5.

327 Phil 4,18; 1Petr 2,5.

328 Entsprechend der spiritualistischen Akzentuierungen kann angenommen werden, dass Scharschmidt hier keine eine real stattfindende Abendmahlsfeier meint, sondern eine rein geistige Verbindung mit Christus andeutet. Das gilt analog für das in Abschnitt V. erwähnte Genießen des Blutes Christi.

329 Ex 25,30.

IV.) Gehet eines solchen Priesters Dienst dahin mit unabläßigem Gebet / daß ein iedes Glied an dem Leibe CHRisti so möchte zubereitet werden / daß sie das Brod GOttes / das vom Himmel kommen ist / und der Welt das Leben giebt / mögen zu ihren Wachsthum an dem inwendigen Menschen geniessen; auff daß der Leib CHRIsti erbauet werde zu einen Tempel und Wohnung GOttes.

V.) Geniesset ein Königlicher Priester das Blut des Lammes / und macht seine Kleider helle darinnen / daß er der Lichtes=Krafft GOTTes immer mehr und mehr theilhafftig wird.[330] Er dringet durch des Lammes Blut immer mehr ein zu GOTT / und bittet um Abwaschung der Sünden aller Menschen / damit sie von aller Befleckung des Geistes und Fleisches mögen rein werden. Und dieses ist im Alten Testament vorgebildet durch das Blut / damit der Hohe=Priester den Altar hat besprengen müssen[331] / welcher nun im Neuen Bunde des Menschen Hertz selbst ist; wie allbereit gemeldet worden.

VI.) Empfähet er täglich das Rauchwerck aus dem Heiligthum GOttes / welches ausgeschüttet wird zu denen Gebeten der Heiligen / davon Apoc. 8 / 3. stehet / und auch schon angeführet ist / dadurch die Hertzen der Gläubigen angezündet und zum süssen Geruch GOtt zubereitet werden.[332]

VII.) Ringet er ohne Unterlaß / nach den Willen GOttes / in der Krafft des Geistes JEsu / den er in sich hat / daß alle Heiligen in diese Ehre und Würde möchten gesetzt werden / worzu er durch die Krafft des Glaubens in JEsum hinangelanget ist; Und daß alle diejenigen / die im Geist leben und wandeln wollen / nach der Für-

330 Apk 7,14.
331 Lev 8,15; 17,11.
332 2Kor 2,15.

bitte CHristi eins seyn möchten; wie der Vater und der Sohn eins sind;[333] auf daß der Leib CHristi zu seiner Göttlichen Größe komme / und ein jeder in sich das Zeugniß JEsu und den Geist der Weissagung haben möge[334] / damit alles in einer richtigen Ordnung stehe / und die Glieder also durch Liebe zusammen gefüget seyn / daß keines sey ohne des andern Gefühl und Empfinden.

VIII.) Hat ein Königlicher Priester GOttes einen freudigen Geist empfangen / GOtt zu loben für alle seine Wohlthaten / an ihm und seinen Mit=Brüdern erwiesen; Ja was GOTT dem gantzen menschlichem Geschlecht noch erweisen will / daß alles durch Christum wiederbracht werden soll[335] / und alles / was Oden hat / den HErrn lobe / wie David im 150. Psalm saget.[336]

Und das mag wohl ein rechtes Lob=Opffer[337] genannt werden / weil es in einer lebendigen Erkänntnis und mit Frolocken des reinen Geistes geschicht. Denn ein solcher ins Leben übergesetzter Geist / siehet durch die Offenbahrung des Geistes JEsu / daß alle Verheissungen in Ihm ja und amen sind / und ins Wesen und zur Erfüllung kommen sollen: Darum lobet er GOtt in allen seinen Wercken; wie denn dem HErrn alle Ehre und Lob gebühret.

IX.) Ist er berechtiget und durch den Geist JEsu ausgerüstet / mit denen Geistern der vollendeten und vollkommenen Gerechten auff dem Berge Zion zu erscheinen und GOtt zu loben / da das Lamm mitten im Stuhl sie weidet[338] / und selbst das Hertz voll Lobs und Ruhms

333 Joh 17,21; Gal 3,28.
334 1Kor 12,10; Apk 19,10.
335 Apg 3,21.
336 Ps 150,6.
337 Sir 35,4.
338 Apk 7,17.

macht. Eine solche Seele vergisset aller andern Dinge / die sie zuvor so wehrt und heilig gehalten hat / (als geistliche Empfindungen und Geniessung der Göttlichen Kräffte / die ihr als Entzückungen gewesen sind[339]) und sencket sich bloß und allein in die wesentliche Krafft des siegenden Geistes JEsu / und lässet in solcher die Stimme zu Zion erschallen.[340] Sie freuet sich im Geist / daß die Mauren Jerusalems gebauet werden / und daß die Mutter=Stadt[341] mit ihrer Herrlichkeit nun bald herfür brechen soll in denen Gläubigen; da kein Bruder den andern mehr lehren soll / und sagen: Erkenne den HErrn![342] sondern sie sollen GOtt alle kennen / beyde kleine und grosse / die darzu beruffen und bereitet sind.

Und solches ist dem HErrn gefällig und viel angenehmer / als das grosse Geschrey der Maul=Christen / die nur HERR HERR schreyen[343] / und thun nicht / was Gott gebothen hat.

X.) Ist ein Priester GOttes geweyhet / oder hat Recht und Macht / ins Allerheiligste einzugehen / und den stillen Sabbath in GOttes Willen zu halten / und im Geist ohne Wort oder äuserlichem Schall GOtt zu loben. Alsdenn wird sein Geist und Seel in dem Frieden GOttes bewahret / da alle Vernunfft und Sinnlichkeit stille seyn muß / damit solcher Dienst ohne Hinderniß dem grossen *Elohim* geleistet werde / und ohne Auff-

---

339 Eine ähnliche Einordnung von ekstatischen Erfahrungen findet sich in *Scharschmidt*: Hochwichtiges Werck, S. 9f., 36f.; vgl. *Albrecht* u. *Lißmann*: Mit Freude, S. 634. Man wird darin eine Verarbeitung und gewisse Distanzierung von den ekstatischen Geschehnissen vom Ende des Jahres 1691, in deren Zentrum mehrere Frauen standen, sehen können, s. hierzu: Begeisterte Mägde.

340 Apk 14,1–5.

341 Gal 4,26.

342 Apk 21,1f.

343 Mt 7,21.

hören dem / der auff dem Thron sitzt / und dem Lamm Ehre und Anbetung gegeben werde im Geist und in der Wahrheit.[344] In solchem Erkäntnis und Prophetischen Geist saget auch David im 65. Psalm: GOTT / man lobet dich in der Stille zu Zion![345]

XI.) Ist ein solcher gesalbter Priester in seinem königlichen Schmuck[346] immer vor dem HErrn / und bringet alle seine innerliche und äuserliche Wirckungen dem HErrn dar zu einem süssen Geruch / daß er Wohlgefallen an ihm hat / wie an seinem Sohne JEsu CHristo. Er hat die Liebe in sich / die in GOtt und JEsu CHristo ist / gegen alle Menschen / und versencket ohne unterlaß alles in die sich über alles erbarmende Liebe GOttes in CHristo JEsu / daß solche an aller Creatur im Himmel / auff Erden und unter der Erden offenbahret / und alles dadurch vollendet werde / wieder zu GOTT komme / und kein Verbannetes mehr seyn möge.

Zum XII.) Kömmt er durch den einigen Hohen=Priester JEsum CHRIstum zu GOtt / und leget alle seine Verrichtungen und Dienste / in Unterthänigkeit gegen dem Vater / zum Füssen JESU / und tritt mit ihm in die siegende Krafft über alles / was sich wider Gott iemahls gesetzet hat. Alsdenn wird erfüllet der Spruch I. Cor. 15. Todt / wo ist dein Stachel; Hölle / wo ist dein Sieg? GOTT sey Danck / der uns den Sieg gegeben hat durch JEsum CHristum![347]

§. 76. Biß daher hat nun dieses Königliche Priester=Amt Stuffen gehabt; wenn aber der Sohn selbst wird unterthan seyn / so wird ein iedes Glied an dem Leibe CHristi in die stille Ruhe der unendlichen Ewigkeit

344 Apk 21,3–5.
345 Ps 65,1.
346 Vgl. Ps 8,6; Jes 61,10; Ez 24,17; Sach 6,13.
347 1Kor 15,55–57.

eingehen / und von seinen Wercken ruhen / wie GOtt von seinen / und GOttes Liebe wird seyn alles in allen[348] / die ein jedes in sich haben wird / zu seiner eigenen Vergnügung.[349]

§. 77. Hierauff möchte wohl iemand einen Einwurff machen[350] / und fragen: Wo sind dan solche Könige und Priester ietzo / die in solcher Krafft und in denen Eigenschafften stehen / wie ihr beschrieben habt? Antwort: dieses ist zwar nicht zu läugnen / daß in gegenwärtiger Zeit wenige können zum Vorschein offenbahr dargestellet werden / die das Ziel erreichet hätten: weil fast alles noch in der Zubereitung stehet / und ein jeder an und für sich selbst seinen Wachsthum in der Heiligung wahrzunehmen hat. Jedennoch aber ist es auch gewiß / daß manches Glied dahin gelanget / und in einem solchen Grad des Dienstes im Geist stehet / daß es Handreichung thut dem gantzen Leibe / durch die Krafft Christi / die in einem solchen Gliede wircket / das mit ihm gestorben und aufferstanden ist; ob gleich solche Glieder nicht so offenbahr sind / daß sie von iederman gesehen und erkannt werden.[351] Hiervon zeuget der Apostel Col. 3 / 3. 4.

§. 78. Es muß nemlich ein iedes Glied an dem Leibe Christi im Verborgenen wachsen / in allen Stücken / biß es in ihm zur vollkommenen Grösse hinan gelanget / und alsdan offenbahr werde. Nicht ist es also zu ver-

---

348 1Kor 15,28.

349 In ähnlicher Weise beschreibt *Scharschmidt* in ihrer Schrift Hochwichtiges Werck, S. 53–55, die letzte Stufe des mystischen Aufstiegsweges; vgl. *Albrecht* u. *Lißmann*: Mit Freude, S. 635.

350 Hier beginnt noch einmal ein neuer Abschnitt, in dem Scharschmidt mögliche Einwände aufgreift. Denkbar ist, dass die Autorin Überlegungen aufnimmt, die zu den ersten Entwürfen dieses Buchs geäußert wurden.

351 Jane Leade antwortet ganz ähnlich auf die Frage nach der Sichtbarkeit der königlichen Priester: „Die Zeit darzu ist so wohl Gegenwärtig / als Zukünfftig“, *Leade*: Glorie Sarons, S. 36.

stehen / daß es erst alsden geschehen soll / wenn alles in diesem Welt=Lauff aufgehoben seyn wird; sondern es will CHristus noch hier herrlich erscheinen in seinen Heiligen und wunderbahr in seinen Gläubigen. In der zukünfftigen Ewigkeit aber kommen die Gläubigen zum vollen Schauen[352] / und der Glaube höret auff bey den vollendeten Geistern / weil sie das haben erlanget / was sie hier im Glauben erwartet und gehoffet haben.

§. 79. Daß nun dieses von denen Meisten nicht erkannt wird / hebet darum die Sache nicht auff / nemlich / als ob kein solch Priesterthum wäre / oder daß gegenwärtig niemand darin stünde. Denn hier mag wohl / in gewisser Maaße der Spruch gelten / den der Apostel anführet 1. Cor. 2 / 9. 10. Es hat kein Auge gesehen / und kein Ohr gehöret / und ist nicht in eines Menschen Hertz auffgestiegen / (nemlich eines natürlichen Menschen / dem alles Thorheit ist) was GOTT bereitet hat denen / die ihn lieb haben / uns aber hat es GOtt durch seine Geist offenbahret / usw. biß zum Ende des Capitels.[353]

§. 80. Es tragen aber solche gläubige Priester GOttes ihren Schatz in irdenen Gefässen / wie der Apostel redet 2. Cor. 4 / 7. daß man fast nichts an ihnen gewahr wird / als die äusere Hütte;[354] Gleich wie auch Christus war an Gebehrden als ein Mensch; Doch sind sie aus dem Tode mit Christo ins Leben übergegangen / und der Mensch der Sünden ist in ihnen getödtet / daß sie in sich haben einen geistlichen Leib überkommen / wie I. Cor. 15. stehet.[355] Dieser geistliche Leib oder Le-

352 2Kor 5,7.
353 1Kor 2,11–16.
354 2Kor 5,1.4.
355 1Kor 15,35–49.

ben / ist / wie gedacht / so lange verborgen mit CHRIsto in GOtt / biß alle die Glieder Christi in das Göttliche Bild wieder eingekleidet / und zum vollkommenen Alter CHristi hinan gelanget sind;[356] weil sie alle zu einem Leibe gehören und darzu getaufft und geträncket sind durch einen Geist; daß alsdan / nachdem ein jedes Glied zu seiner Vollendung und Vollkommenheit gelanget / und kein Fehl oder Mangel mehr ist / Christus mit seinem gantzen Leibe in Herrlichkeit offenbahr werde.

§. 81. Daß aber jetzo die Wercke des HErrn und der Glantz des neuen Jerusalems nicht offenbahr von der Welt gesehen werden / da ist die Welt schuld an; weil sie die Finsternis mehr liebet / als das Licht / und ihre Wercke böse sind; und der Gott dieser Welt ihre Augen verblendet hat. Denn es sind ja die Menschen dieser Welt so stock=blind / daß sie sich stossen im hellen Mittage / (wie der Prophet Esaias redet c. 59.[357] NB. das ganze Cap. [)][358] Wenn nun die Finsternis wegfallen wird / daß die Sünder sich zum HErrn bekehren; so wird auch allmählich die Decke von dem Hause und Tempel GOttes abgehoben werden / darunter sie jetzo noch verborgen sind.[359] Es schreibet hiervon ein hoch=erleuchtetes Mit=Glied an dem Leibe Christi gar schön[360] / „und vergleichet die äuserliche Gestalt des geistlichen Tempel=Leibes denen Dachs=Fellen[361] / die über die Hütte des Stiffts gebreitet waren / daß also niemand ihre Schöne erkennen oder wissen konte / als nur diejenigen / die da wusten was drunter verborgen / und in-

356 Eph 4,13.
357 Jes 59,10.
358 Jes 59,1–21.
359 2Kor 3,12–16.
360 Wen Scharschmidt hier zitiert, konnte nicht geklärt werden.
361 Ex 25,5; 35,7.23.

wendig zum Dienste GOttes gehörete: Also ist der geistliche Tempel=Leib auch denen verdecket oder verborgen / die ausser der wahren Kirche oder dem rechten Tempel sind." Die Glieder und Kinder GOttes aber / oder geistl. und lebendige Tempel= Steine[362] / kennen sich wohl untereinander / sie wissen wohl wer sie zubereitet hat / und was ihnen von GOtt gegeben ist / und warten in Gedult auff ihres Leibes Erlösung und Offenbahrung.

§. 82. Wir haben auch ein herrliches Fürbild und Gleichnis im Alten Testament / von Erbauung des Tempels / 1. Reg. 6 / 7.[363] da es heißt: Und da das Haus gesetzet ward / waren die Steine zuvor gantz zugerichtet / daß man keinen Hammer / noch Beil noch irgend ein Eisen=Gezeug im Bauen hörete; Also gehet der Bau und Dienst ietzo auch im Verborgenen im Geist und Krafft durch die Wirckung der Weißheit Gottes[364] fort / ohne viel Geräusch und äusere Ceremonien / welche der Natur=Geist des Menschen ausüben kan.

§. 83. GOtt und sein Geist ist darum nicht gebunden / daß er unter seinen auserwehlten Steinen[365] oder Priestern nicht welche solte können ausrüsten mit Gaben und Kräfften / sein Werck offenbahr zu machen: Ach nein! Er weiß wohl / wenn es Zeit ist / da die Gläubigen öffentlich verkündigen sollen die Tugenden dessen / der sie beruffen / gerecht / heilig und herrlich gemacht hat. Der HErre wird noch grosse Schaaren Evangelisten senden[366] / und Priester und Lehrer geben

362 2Kor 6,16.

363 1Kön 6,7.

364 In diesen Formulierungen klingt die Charakterisierung der Weisheit an, die seit der Erschaffung der Welt mit Gott gemeinsam tätig ist, s. Spr 8,22–9,12. Vgl. *Arnold*, Sophia, S. 23–29.

365 Mt 3,9.

366 Ps 68,12.

nach seinen Hertzen / die Unwissenden zu lehren mit Weißheit / und herfür zu bringen durch die Stimme CHristi / was im Schlaff und Tode lieget; ja er wird in einem jeden sich also offenbahren / daß ein iedes Glied sein ordentlich Geschäffte habe / und alles zum gemeinen Nutz gereiche. Und es ist auch schon ietzo wahrzunehmen / wer sonst Augen zu sehen hat; Ob gleich nicht solche Kräffte und Wunder ausbrechen / wie zur Zeit der Aposteln;[367] so ist doch eben derselbe Geist mit Krafft in denen Gläubigen / der dazumahl mächtig war / die Hertzen der Menschen zu bekehren. Daß nun nicht auch solche Kräffte und Wunder offenbahr werden / hindert die Welt selbst / weil sie den Geist der Wahrheit schmähet und verlästert / und GOttes Werck wohl gar für des Teuffels Werck ausschreyet. Derowegen entziehet GOtt seine Wunder der Welt / und verdecket sie in seinen Heiligen.

§. 84. Sonsten ist auch wohl das wahr / was der Apostel schreibet / daß sie nicht alle Aposteln sind / und / daß ein iedes seine Gabe hat. 1. Cor. 12.[368] Nemlich es sind die Aposteln gleichsam mit zum Grunde gelegt an dem Hause GOttes / da JEsus CHristus der Eckstein ist; Diese sind mit dem Ecksteine / CHristo[369] / allbereit vor so viel hundert Jahren gelegt und vollkommen herrlich gemacht. Wir aber sind in diesen Tagen / da die Finsternis so groß gewesen / kaum aus dem Schutt und Erden=Schlam der Welt heraus gerissen / und als rohe ungebrochene Steine durch den Hammer Göttliches Worts[370] für wenig Jahren loß gebrochen worden. Darunter sind nun wohl etliche ziemlicher maßen gesau-

367 Apg 2,42.
368 1Kor 12,1–11.
369 Mt 21,42.
370 Jer 23,29.

bert / und in die Hand dessen genommen / der sie bereitet / gerecht und herrlich macht. Ja es hat auch wol die Weißheit GOttes unter diesen allbereit etliche mit ihrem Glantz bekleidet / die zwar aus Demuth dieses lieber verbergen / als daß sie sich hoher Gaben rühmen: Zumahl da sie auch wissen / daß die Welt blind ist; sie siehet und kennet den Geist GOttes nicht. Und bleibet wohl bey dem Auspruche des lieben Heylandes Matth 11. v. 19. Die Weißheit wird (nur) für recht erkant von ihren Kindern; weil ihre Wege so lauter sind / daß kein irrdisch Auge dieselben sehen / noch vielweniger nach der Wahrheit für recht und seelig erkennen mag.

§. 85. Was aber aus GOtt gebohren / kennet sich unter einander / und erbauet sich auff den Grund / der von GOTT gelegt ist. Und solche werden durch die Macht der Liebe GOttes aneinander gefüget und zusammen gehalten / und sind wahrhafftige Könige und Priester GOttes. Es kömmt einer dem andern in der Liebes=Kraft zu Hülffe / daß also auffgerichtet und ausgeführet werde die Hütte Gottes in dem Menschen.[371] Wie der allmächtige GOtt einen ieden ausgerüstet und mit Gaben begnadiget hat / so dienet einer dem andern; es sey durchs Wort / oder durch Erkänntnis / Offenbahrung / Weissagung / I. Cor. 14 / 6. Gebet und Fürbitte; mitzutheilen / wohl zu thun; Barmhertzigkeit an dem Nechsten auszuüben / und was die Liebe GOttes und des Nechsten erfordert / usw. wie bereits oben gedacht worden.

§. 86. Und dieses mag dan nun der rechte Gottesdienst genennet werden / darzu der Gläubige und mit

371 Apk 21,3. Die von Scharschmidt vorgenommene Veränderung bei der Wiedergabe von Apk 21,3 ist bezeichnend für ihre spiritualistische Anthropologie: Ihr geht es um eine möglichst große Annäherung von Mensch und Gott, sodass aus der Hütte Gottes bei den Menschen die Hütte Gottes im Menschen wird.

GOttes Geist gesalbete Christ keinen äuserlichen Orden nöthig hat[372] / oder daß er in sonderlicher Kleidung gehe / und etwa einen Vorzug für andern Christen habe. Ach nein! sondern es ist einer so wohl darzu beruffen als der andere / in der Liebe GOttes und des Nechsten zu wandeln und seinen Gottesdienst auszuüben / es sey bey welcher Gelegenheit es wolle. Ein solcher Gläubiger lebet in dem Willen des Vaters / und nicht ihm selber / er lebet dem / der für ihn gestorben und aufferstanden ist; und darff auch nicht nach seinen Sinn und Willen leben / denn demselben ist er abgestorben / und wird von der Weißheit Gottes geführet / und durch die Salbung gelehret / die alle Dinge recht zu unterscheiden weiß; ja einen ieden an und für sich selbst zu lehren und zu regieren / wie es der wohlgefällige und vollkommene Wille GOttes ist. Von einen andern Dienste wissen solche Priester und Gläubige nicht.[373] In einem solchen Dienste stunde Adam vor dem Falle / als er noch in der Unschuld die Jungfrau der Weißheit GOttes in sich umfassete / und ohne Eigenheit in GOttes Willen ergeben war. Und zwar soll dieser Dienst noch herrlicher wieder erneuert werden durch den andern Adam / der da ist der HErr vom Himmel / und seinen Gliedern gemacht zu einem lebendig=machenden Geiste / (1. Cor. 15.)[374] daß sie dadurch alle nach dem Willen GOttes leben sollen: ohne Zeit / Ziel und Fürbild; im Geist und Wahrheit; ohne äuserliche Gesetze; denn Christus in ihnen ist des Gesetzes Ende und Erfüllung. Sie sind frey worden

372 Mit Orden kann jede Form von Ordnung gemeint sein. In dieser Formulierung könnte aber auch eine Kritik an der von Jane Leade entwickelten Idee eines Melchisedekischen Ordens vorliegen, vgl. *Albrecht*: Konzepte.

373 Die folgenden Ausführungen stellen eine Verbindung zum ersten Teil des Traktats (§ 1–23) her, in dem sich Scharschmidt der Terminologie Böhmes bedient.

374 1Kor 15,20–28.

durch den Sohn / und leben GOtte in Zeit und Ewigkeit; denn sie sind kommen zu dem / der das A und O ist / der Erste und der Letzte.[375]

§. 87.[376] Als der HErr JEsus getaufft war mit dem Heiligen Geist / und alle Gerechtigkeit / wie er zu Johanne sagte[377] / erfüllet hatte / da wandelte Er zur Zeit seines Predig=Ambts und Priester=Diensts[378] in der Freyheit; anzudeuten / daß nunmehro seine Glieder (die in seinem Geist stehen und durch Ihn frey gemacht sind / als durch den Sohn /) nicht mehr unter dem Gesetz wären / sondern hätten die Kindschafft empfangen[379] / und möchten nun mit ihm im kindlichen Geiste leben und wandeln / GOtt zu allen Gefallen / und fruchtbahr seyn in guten Wercken / ohne Ansehen der Menschen und deren Satzungen / nach den Trieb und Zug des Heiligen Geistes. Darum ist der HErr seinen Brüdern in allen gleich worden / ausgenommen die Sünde[380] / und hat nach seinen innern und äusern Menschen unter ihnen gewandelt / zum Exempel und Fürbilde / daß sie ihm möchten nachfolgen. Wie nun der HERR JEsus gelebet / und den Willen seines himmlischen Vaters ausgewircket hat / ist aus dem N. T. zur

---

375 Apk 22,13.

376 Mit diesem Paragraphen beginnt ein neuer Abschnitt, in dem sich die Autorin mit Ermahnungen teilweise in direkter Anrede an die Leserschaft wendet. Dabei wiederholt sie einige ihrer Ausführungen und adressiert sie hier lediglich direkter.

377 Mt 3,15.

378 Scharschmidt spielt hier wahrscheinlich auf das Bild Christi als Hoherpriester aus Hebr 4,14–5,10; 7,1–28 an. Da sie insgesamt nur wenige Elemente der lutherischen Dogmatik aufgreift, ist es eher unwahrscheinlich, dass sie die reformatorische Lehre vom dreifachen Amt Christi anspricht, vgl. hierzu *Karin Bornkamm*: Christus – König und Priester. Das Amt Christi bei Luther im Verhältnis zur Vor- und Nachgeschichte, Tübingen 1998 (BHTh, 106). Auch *S. M. Sprögel* charakterisiert Christus als Hohenpriester: Consilia und Responsa, S. 635, 653.

379 Gal 2,19; 4,5.

380 Hebr 4,15.

Gnüge zu ersehen. Er that seines Vaters Willen / oder war in dem / das seines Vaters war[381] / bey aller Gelegenheit; auff dem Felde; in der Wüsten / auff dem Meer / im Tempel / in den Häusern der Pharisäer oder Zöllner; Er band sich nicht an gewisse Stunden; Er gieng aus Bewegung des Geistes und Göttlichen Lichts der Weißheit zu den Seelen / die ihn annahmen / und wuste wohl / wenn es Zeit war zu straffen / zu ermahnen / zu warnen und zu trösten / damit alles zu der Ehre seines himmlischen Vaters und dem wahren Heil der Menschen gereichen möchte. Alle Wercke / die nicht zu dem Ende gereicheten / waren ihm tod / sie mochten so hoch und herrlich von den Pharisäern und Schrifftgelehrten gehalten werden / als sie wolten. Und ob Er gleich unter ihnen war / und im Tempel lehrete / so predigte Er doch nicht wie die Schrifftgelehrten / sondern gewaltig / Matth. 7. in der Krafft und Macht Gottes.[382] Er warnete vielmehr seine Jünger für dem Sauerteig der Schrifftgelehrten und Pharisäer / und schalt ihr Wesen für Heucheley / und sprach: Lasset sie fahren / sie sind blind und der Blinden ihre Leiter usw. Matth. 15 / 14. Er war auch ihren Satzungen von Sabbathen / Neumonden und Fest=Tagen nicht unterworffen / er heilete und machte gesund / wandelte und reisete an denselbigen Tagen mit seinen Jüngern; bestraffte auch nicht diejenigen / die wider der Pharisäer Satzungen handelten / oder am Sabbath einige nöthige Arbeit thaten / wenn sie die Freyheit des Evangelii wusten.[383] Alles dieses ist nun zu dem Ende geschehen / daß der HErr JEsus allen falschen Gottesdienst und eigene Wege der Welt / so nicht zur Ehre GOttes und zum Heil der Men-

381 Lk 2,49.
382 Mt 7,29.
383 Mt 12,1–14.

schen gereichen / zu nichte machen / seine wahre Jünger in die rechte Freyheit setzen möchte / und zum wahren GOttesdienst bringen in der Liebe GOttes und des Nechsten / durch seine Krafft.

§. 88. Hier möchte iemand einwenden[384] und sagen: Was der HErr JEsus dazumal gethan / wäre zur Bestraffung der Juden und Auffhebung ihres falschen Gottesdienstes geschehen; jetzo aber wärens Christen / die ja die Lehre CHristi JEsu / und den rechten unsträfflichen Gottesdienst hätten / daß man also solchen nicht verwerffen / und einen bessern darzuthun könte / usw!

Darauff dienet zur Antwort / daß die heutigen so genannten Christen wohl den Schein und Nahmen haben / aber im Wesen und Leben von CHristo wenig beweisen; wie in den Vorigen zur Genüge dargethan ist. Die Juden sagten dazumahl auch / sie wären Abrahams Kinder / und GOtt wäre ihr Vater! Der HErr JEsus aber sagte ihnen: Ihr seyd von eurem Vater / dem Teuffel usw. und gedencket mich zu tödten / Joh. 8 / 44.[385] Weil er ihre Falschheit sahe / und das abtrünnige Hertz / so konte keine andere Antwort folgen; ob sie gleich auff diesen Gründen bestunden: Abraham wäre die Beschneidung gegeben / sie wären mit GOtt im Bunde / und hätten die heilige Schrifft und das Gesetz usw. wie heutiges Tages die falsche Christen auff ihre Tauffe / Nachtmahl / Kirchen und Lehre von JEsu Christo sich beruffen.

§. 89. Nun ist an und für sich selbst wahr / daß sie die äuserlichen Dinge treiben / und viel Geschreyes und Wesens von CHristo machen; aber in der That und *Pra-*

384 Der im Folgenden zurückgewiesene Einwand gehört zu den typischen zeitgenössischen Erwiderungen gegen jedwedes pietistische Heiligkeitsstreben.

385 Joh 8,40–45.

xi[386] sind sie insgemein nichts anders als Heyden und Un=Christen. Denn so man des HErrn JEsu Lehre / Leben u. Gottesdienst dargegen hält / wird sichs klar genug ausweisen / daß sie mit allem ihren Wesen und vermeynten Gottesdienst im geringsten nichts taugen; sondern vielmehr GOtt und allen wahren Christen mit ihrem Haupt / CHristo JEsu / zu wider sind / dessen Geist sie noch darzu lästern. Der HErr JEsus lehrete: Thut Busse; das Himmelreich ist nahe herbey kommen;[387] (oder werdet anderes Sinnes / nehmet CHristi Sinn an!)[388] die meisten Lehrer unter den Maul=Christen behalten zwar das Wort von der Busse / nehmens aber im falschen Verstande; nemlich / daß es genug sey / wenn einer äuserlich im Beichtstuhl seine Sünde bekennet / und sagt / daß sie ihm leid wären / und gelobet an mit dem Munde / daß er sich bessern will; da er doch die Sünde nimmer gedencket zu lassen. Der HErr JEsus aber will haben / daß der Mensch von seinem bösen Hertzen / irrdischen Sinn und weltlichen Lüsten frey werden soll / zu welchem Ende er auch gestorben ist. Und wenn das genug wäre / Reu und Leid über seine Sünde haben / so wäre ja Judas auch bußfertig gewesen und hätte rechte Busse gethan / und wäre daher von denen Sünden zu *absolvir*en gewesen. Denn er bekannte es öffentlich / er hätte unrecht gethan / daß er unschuldig Blut verrathen; gab auch das Geld wieder mit NB. grosser Angst.[389] Ich glaube / man sollte ietzt

386 Hierbei handelt es sich um eine typisch pietistische Wendung. Praxis meint die empirisch nachzuweisende Umsetzung des Glaubens in das eigene Verhalten, die Gesinnung und das Handeln. Vgl. *Scharschmidt*: Hochwichtiges Werck, Vorrede, unpag; *Arnold*: Erkärung vom gemeinen Secten=wesen, S. 11.

387 Mt 3,2.

388 Hier nimmt die Verfasserin Bezug auf die griechische Fassung von Mt 3,2.

389 Mt 27,1–5.

wenig finden / die eine solche Reue in sich haben über ihre Sünden / ob sie gleich CHristum um Geld und Ehre willen offt verrathen und verkaufft haben / und alle vierthel Jahre in Beichtstuhl und zum Abendmahl gehen / und immer *absolvir*et werden.

§. 90. Die Maul=Christen mit ihren Lehrern sagen: CHRistus hat unsere Sünde weg genommen und für uns bezahlet / sein Blut macht uns rein von allen Sünden![390] usw. Nun ists zwar wahr an und für sich selbst / was hier gesagt worden; und haben alle Menschen Theil an der Liebe und Gnade GOttes in dem Verdienste CHRisti / sollen auch alle in der Krafft dessen theilhaftig werden. Ich will dich[391] aber auffs einfältigste fragen / mein lieber Mensch / hast du dan die Gnade angenommen in CHristo / daß sein Blut dich reiniget?[392] Bist du nicht noch in der Sünde / und thust Sünde vor und nach der Beicht und Abendmahl? Was sagt aber die Schrifft I. Joh. 3 / 8. Wer Sünde thut / der ist vom Teufel. usw. Daher du ja mercken kanst / mein Mensch / wes Geistes Kind du bist und wem du lebest. Ja du sagst noch wohl darzu: Wer kan so leben / wie es in der Heil. Schrifft stehet? Wir sind allzumahl Sünder[393] usw. Und das ist auch wahr / denn du und deines

390 Das, was *Volker Keding* in Bezug auf Arnolds Sündenverständnis in dessen Theologia experimentalis festhält, gilt auch für Scharschmidt: „Es ist auffällig, daß Arnold wenig zum Thema Sünde sagt. Seine Leidenschaft liegt bei der Wiederherstellung der Einheit mit dem Schöpfer; die Sünde muß er um der dogmatischen Vollständigkeit willen thematisieren.“ *Keding*: Theologia experimentalis, S. 179. Die Idee der Sündlosigkeit findet sich auch bei *Sprögel*: Consilia und Responsa, S. 739, 766. J. E. Petersen entfaltete ihre Vorstellung der Überwindung der Sünde anhand von Röm 7, s. *Albrecht*: Petersen, S. 217–220; *Matthias*: Petersen, S. 169–182.

391 Scharschmidt wechselt in die direkte Anrede an ihre Leserschaft und intensiviert dadurch ihre Aussagen. Dieses Format greift sie am Ende des Buches wieder auf, § 100–108, s. o. S. 111–118.

392 1Joh 1,7; Hebr 9,14.

393 Röm 3,23.

Gleichen seynd allzumahl Sünder; weil du solches als ein natürlicher Mensch redest / der nichts als sündigen kan. Wenn du nun gleich alle Tage zur Beicht und Abendmahl giengest / und bliebest nur in der äuserlichen Mund=Bekänntnis und Zurechnung des Verdienstes CHristi / so ist dirs alles Sünde; weils nicht aus dem Glauben gehet. Röm. 14 / 23. Zudem / so stimmen CHristus und Belial nicht überein / und mögen nicht bey sammen in einem Hertzen wohnen. 2. Cor. 6.[394]

§. 91. Du sprichst: Ich glaube ja / daß CHristus Mensch worden und von Maria gebohren / für mich gestorben und aufferstanden ist! Antwort: Das mag wohl seyn / daß dirs fürgesagt ist in deiner Jugend; oder daß du die Historie von CHRIsti Gebuhrt / Leiden / Tod und Aufferstehung gehöret oder gelesen hast.[395] Hier fragt sichs aber: Glaubest du also / daß du durch den Glauben CHristi Verdienst in dir spührest / daß der Glaube in Christi Gebuhrt eingehet / und in deiner Seele CHristus gebohren / oder du in ihm neu gebohren werdest / daß du dadurch wieder ein so unschuldig Kind wirst[396] / wie der HERR JEsus war / und deinen Willen der verderbten Natur verlässest / und gläubest dem HErrn JEsu / es sey müglich / daß ein Mensch / wenn er gleich alt und

394 2Kor 6,15.

395 Scharschmidt folgt der reformatorischen Unterscheidung zwischen einem bloßen Kennen der Glaubenswahrheiten (notitia oder fides historica) und dem Vertrauen auf diese als Grund des persönlichen Heils (fiducia). Die Aufmerksamkeit gilt nicht dem Gegenstand des Glaubens, sondern der eigenen Erfahrung, die für die Echtheit bürgt, vgl. *Matthias*: Rechtfertigung und Heiligung.

396 Die Geburtsmetaphorik hat ihre Wurzeln in mystischen Entwürfen, s. *Langen*: Wortschatz, S. 308f. Bei *S. M. Sprögel*: Consilia und Responsa, S. 632–634, 636, 644, 651, 661, spielen diese Bildelemente verbunden mit der Idee der geistlichen Rückkehr in den Zustand eines Kindes eine ungleich größere Rolle als bei Scharschmidt. Vgl. hierzu *Xenia von Tippelskirch*: Spirituelle Kindheit. Religiöses Wissen, Frömmigkeitspraktiken und neue Geschlechterordnungen um 1700 zwischen Frankreich und dem Alten Reich (im Druck).

groß ist in der Sünde worden / könne von neuen gebohren werden?[397] Wo dieses von dir nicht geglaubet wird und wircklich in dir geschicht / so ist dein Glaube eitel. Davon hat *Johann Angelus*[398] im Cherubinischen Wandersmann[399] gar artig gesprochen / in diesen Reimzeilen:

Wär CHRIstus tausendmahl zu Bethlehem gebohren /
Und nicht in dir; du bleibst noch ewiglich verlohren![400]

§. 92. Ferner ist zu prüfen / ob du glaubest / daß dein alter Mensch mit CHristo müsse gecreutziget seyn[401] / und ob er wircklich mit gecreutziget ist / daß du durch

397 Joh 3,3.

398 Der aus Schlesien stammende Johannes Scheffler erlangte nach seiner Konversion von der lutherischen Kirche zum Katholizismus unter dem Namen Angelus Silesius als religiöser Schriftsteller große Bedeutung. Seine Lyrik machte Anleihen bei der mystischen Tradition und entwickelte diese weiter.

399 1657 erschien die erste Ausgabe mit fünf Büchern, 1675 folgte die erweiterte mit sechs Büchern, s. *Silesius*: Cherubinischer Wandersmann, S. 355–364. Die Angaben in den folgenden Anmerkungen beziehen sich auf die Ausgabe des Textes von 1675. Durch die Rezeption Schefflers erfolgte gleichzeitig eine weitere indirekte Beschäftigung mit Böhmes Gedankengut, s. *Ferdinand von Ingen*: Jakob Böhme und die schlesischen Dichter Daniel von Czepko, Johannes Scheffler und Quirinus Kuhlmann, in: Heterodoxie, S. 243–265, hier 255–262.

400 *Silesius*: Cherubinischer Wandersmann, Buch 1,61. Scharschmidt gab 1704 eine Auswahl aus dem Cherubinischen Wandersmann heraus, s. dazu *Albrecht*: Lay Appropriations. 1701 hatte Gottfried Arnold den Cherubinischen Wandersmann vollständig ediert. Scharschmidts Ausgabe zeichnet sich dadurch aus, dass sie die Epigramme des Angelus Silesius mit Bibelstellen kommentiert. Während Arnold den Text von 1675 wortwörtlich nachdruckt, wählt Scharschmidt gelegentlich leichte Abwandlungen. Die drei hier zitierten Epigramme sind auch in Scharschmidts Auswahledition aufgenommen worden, allerdings teilweise mit leichten sprachlichen Abweichungen, *Scharschmidt*: Nützlicher Auszug, S. 6. Dem hier abgedruckten Epigramm des Silesius fügt sie Joh 3,3 und Kol 1,27 hinzu.

401 Röm 6,6.

sein Creutz und Tod der Sünde bist abgestorben / und dich um CHristi Liebe und Lebens willen verläugnest. Ist dieses in dir / so ist Dein Glaube wahrhafftig und lebendig: Wo aber nicht / so ist der Glaube falsch und kan dir nicht helffen. Davon zeugt ebenfalls gedachter *Johann Angelus* in diesen Zeilen:

Das Creutz zu Golgatha mag niemand von dem Bösen /
So es nicht selbst in uns wird auffgericht / erlösen![402]

§. 93. Und so ists auch mit der Aufferstehung CHRisti / die mag dir nicht helffen / wenn deine Seele im Tode bleibt; wenn du nicht durch den Geist / der JEsum aus den Todten aufferwecket hat / lebendig gemacht wirst / und in einem neuen Leben wandelst so ist dein Glaube ein todter Glaube und hilfft dich nichts. Davon mercke dis Verslein eben desselben Zeugens der Wahrheit:

Ich sag' es hilfft dich nicht / daß CHRistus aufferstanden /
Wo du noch liegen bleibst in Sünd' und Todes=Banden![403]

§. 94. Wie gut sich demnach der Mensch den HErrn JEsum einbildet / so kan und mag er doch damit nicht bestehen / so er nicht wesentlich und in der Krafft sei-

402 *Silesius*: Cherubinischer Wandersmann, Buch 1,62; *Scharschmidt*: Nützlicher Auszug, S. 6, kombiniert mit Gal 2,20 und 6,14.

403 *Silesius*: Cherubinischer Wandersmann, Buch 1,63. *Scharschmidt*: Nützlicher Auszug, S. 6, setzt Eph 5,14 und Röm 6,4 hinzu. Dieser Vers stimmt mit Arnolds Version überein, *Arnold*: Cherubinischer Wandersmann, S. 30. Die drei hier wiedergegebenen Verse aus dem Cherubinischen Wandersmann unterstreichen, dass Scharschmidt sich bereits während der Abfassung dieses Werkes mit Silesius beschäftigte.

ner theilhafftig wird / und dan auch gute Früchte bringet / Denn er ist uns nicht nur darum gegeben / daß wir ihn sollen in die Gedancken und Sinne fassen / und von außen uns sein getrösten; Ach nein! das hat GOtt nicht gewolt; wie die gantze Heil. Schrifft zeuget / ja das gantze Leben und der Wandel unsers HErrn JEsu. Um seinetwillen hätte er ja dieses alles nicht bedurfft: sondern daß der Mensch nicht zweiffeln solte / daß man also leben könte / und wircklich so leben solte als CHristus; darum ist er / wie er von GOtt verheißen war / ins Fleisch kommen. Ja gewiß! zu keinen andern Ende ist er kommen / als daß er / als das Fleisch=gewordene Wort[404] / in uns sey / und sich lebendig in uns beweise.

§. 95. Hierzu sagt nun zwar der Mensch auch ja / daß er solches glaube; weiß aber nicht / was CHristus im Geist ist / und der Seelen in lebendiger Krafft seyn will. Die Lehre von CHristo / oder das Wissen von ihm / ist zwar gut / aber nicht genug; sondern es muß der Mensch die lebendige Erkäntnis von ihm haben im Grunde seiner Seelen / und sein Geist muß immer in GOttes Willen leben / und den zur Speise haben; wie der Heyland saget Joh. 4 / 34. daß er den Willen des Vaters thue / nemlich nach dem inwendigen und äusserlichen Menschen. Denn dazu ist Christus kommen ins Fleisch[405] / daß er wieder auffrichtete und darstellete dasjenige / was in Adam verlohren war: und daß er / was durch Abkehrung und Widerwillen verderbet war / durch seinen Geist und göttlichen Willen in den Gehorsam und Willen des Vaters wieder einführen möge. Daß also der Mensch ein Geist mit GOtt werde / einen Willen mit GOtt habe / eines Sinnes mit Ihm sey / und

404 Joh 1,1.
405 1Joh 4,2.

einig und allein GOtt lebe: Hergegen aber aus aller Selbheit oder Eigenheit durch die Krafft der inwohnenden Gottheit ausgehe; Damit von solchen in Wahrheit könne gesaget werden / was Paulus schreibet an die Römer im 14 / 7. Unser keiner (der also lebet und der göttlichen Natur theilhafftig[406] worden ist) lebet Ihme selber: Denn was ein solcher lebet / das lebet er GOtte in CHristo JEsu / weil sein Wille GOtt geopffert ist / sein Hertz in der Liebe Christi lebet / sein Sinn beständig himmlisch ist und vergißet was auff Erden und vergänglich. Und ob ein solcher Mensch gleich unter denen sterblichen Menschen seinen irdischen Leib herum träget / und äusserliche Wercke nach Beschaffenheit dieser Zeit / darinne wir stehen / thut oder ausübet / so ist doch alles in GOtt gethan; Weil derjenige der dem HErrn lebet / nicht seine Wercke thut. Er ist nur das *Instrument*, das der Geist GOttes brauchet / wozu ers haben will / und alles muß erst im Hertzen durch ihn gewircket werden / was der Mensch äusserlich thun oder reden soll. Davon zeuget Paulus klar / Röm. 15 / 18: Ich will mich nicht erkühnen etwas zu reden (oder zu schreiben) welches nicht Christus durch mich ausgewircket hat. Will damit anzeigen und beweisen / daß ein gläubiger Christ GOtt allezeit also ergeben seyn soll / daß er stets in Gelassenheit[407] stehe / und CHristo seinem HErrn sich dargebe / wie Er durch seine Krafft in seinem Hertzen wircken / ja wie er seinen Mund und Hände brauchen will zum Dienst des Nächsten: Daß also GOtt einen Wohlgefallen an ihm habe in seinem

406 2Petr 1,4.

407 Zu diesem für die Mystik und den Pietismus wichtigen Begriff s. *Stefan Zekorn*: Gelassenheit und Einkehr. Zur Grundlage und Gestalt geistlichen Lebens bei Johannes Tauler, Würzburg 1993; *Markus Enders*: Gelassenheit und Abgeschiedenheit. Studien zur deutschen Mystik, Hamburg 2008.

Sohne / und endlich der Vater geehret werde durch den Sohn in allen seinen Gliedern.

§. 96. Und das ist und heisset dan ein rechter Gottesdienst / welcher der heutigen Nahm=Christen falschem Gottesdienste entgegen gesetzet wird / wenn erstlich der Mensch so wiederbracht ist / daß er ein solches Opffer geworden / wie allbereit abgehandelt ist. Da gehet das Ende wieder in den Anfang;[408] da lebet der Mensch in der Gegenwart GOttes; Er ist in der Liebe GOttes / und bleibet in GOtt / weil er liebet und in CHRisto lebet. Sein Wandel ist in den Himmel / von dannen er wartet mit sanfftmüthigem Geist seines Heilandes JEsu CHristi / damit sein äußerlicher Leib der Niedrigkeit auffgelöset und durch die Klarheit JEsu verschlungen werde Phil. 3 / 20. 21. Ja eine solche gläubige und geheiligte Seele schmecket die Kräffte der zukünfftigen Welt: sie geniesset die Paradieß= Freude in ihrem Geiste / wenn sie von dem Baume des Lebens / JEsu CHristo / isset; sie hat Gemeinschafft mit GOtt / und ist im Lichte GOttes / dadurch sie für allem Argen bewahret wird. Davon schreibet Joh. in der 1. Epist. 5.[409] Wer aus GOtt gebohren ist / der bewahret sich selbst / und der Arge wird ihn nicht antasten: Weil nemlich CHristus das Leben und Licht in ihm ist / dadurch er in der Gemeinschafft mit GOtt stehet / und durch dessen Krafft einen Sieg nach dem andern erhält wider die Welt und ihr arges Wesen / und allezeit den süssen Frieden GOttes in sich empfindet. Durch solchen Genuß des Friedens wird Hertz und Sinn bewahret in CHristo JEsu und der Geist ruhet in GOttes Willen; Weil durch Christum Friede worden ist im Himmel und Erden

408 Diese Ideen führt Scharschmidt zu Beginn des hier edierten Werks ausführlich aus, s. o. § 1–3.

409 1Joh 5,1–5.

(verstehe dadurch des Menschen Gemüth / Hertz / Leib und Seele) und alles in die stille Liebe durch JEsum gebracht ist.

§. 97. Eine solche Seele lobet und betet allezeit im Geist und Wahrheit / weil JEsus CHristus Gnade und Wahrheit in ihr worden ist: Sie hat Leib / Seele und alles zum Lobe GOttes gewidmet / sie thut alle ihre Wercke zur Ehre GOttes / weil sie in dem gegründet ist / der allezeit that / was dem Vater gefällig war. Sie schläffet oder wachet so ist sie des HErrn; und ob gleich der äußere Leib schläffet / so wacht sie doch inwendig / und der Glaube und die unverfälschte Liebe bleiben unverrückt in ihr / daß der HErr dennoch sein Werck in ihr hat. Hiervon sagt die Braut im Hohen Lied im 5. Cap. v. 2: Ich schlaffe / aber mein Hertz wachet / und der Prophet Jes. c. 26 / 9. Von Hertzen begehre ich dein des Nachts / und mein Geist ist immer wachend in dir / etc. Ach wer ist so mächtig in Worten / alle Eigenschafften und Zustände einer recht=gläubigen Seelen gnugsam auszudrucken; da ohne dem der geistliche Mensch mehr innerlich als äußerlich mag erkannt werden! Damit aber ein Ungläubiger mögte überführet werden / daß ein GOtt ist / der sich in seinen Geschöpffen geoffenbahret hat / und in denselben wohnet / lebet und ist; so lässet der HErr seine Gläubigen es in etwas aussprechen auch zu dieser Zeit / (da die Welt meynet / es wären nur zu des HErrn JEsu und der Apostel Zeit die Menschen solcher Heiligkeit und Seeligkeit theilhafftig worden / itzo aber geschehe es nicht mehr) ob jemand einen Hunger nach dem lebendigen GOtt / ihme rechtschaffen zu dienen / überkommen / und von dem betrüglichen Wesen der Welt und ihrem vermeynten GOttesdienst ablassen möchte.

§. 98. Wem seine Seele lieb ist / und wer noch ein Füncklein von Göttlicher Zuneigung in seinem Hertzen hat / der wird inne werden / daß diese Lehre aus GOTT ist: Ja / daß man mit Worten und Wercken nichts anders will / als daß die Menschen von dem abgöttischen Wesen sich zu dem lebendigen GOtt bekehren möchten.[410] Wenn dieses durchs Gebeth und Flehen zu GOtt / in der Krafft des Geistes JEsu / bey denen armen Seelen erlanget ist / (wie ich glaube daß es geschehen wird) so wird man diejenigen / von denen bißher geredet und derer Gottesdienst beschrieben worden ist / nicht mehr für Irrgeister und Kätzer halten / auch ihr Leben und Gottesdienst nicht mehr für Satans=Werck schelten / wie bißero leider! genung in der Welt von den blinden Leitern geschehen ist; wenn sie auff ihren Predigtstühlen das Wort allein haben / und den armen unschuldigen Hauffen zur Bitterkeit gegen ihren Nechsten reitzen und verführen; wider den sie doch nichts haben / und nichts böses wissen oder finden können / als nur / daß man nicht mit ihnen zu ihrer Kirche und Nachtmahl / nach ihrer Arth gehet / damit man auch ein Christ / wie sie / seyn und heissen könne. Da sie hergegen wohl wissen oder doch wissen könten / daß man nach der Gnade GOttes in Auffrichtigkeit nach dessen Willen wandelt u. mit iederman in Liebe umgehet / wo sich nur Gelegenheit ereigenet.

§. 99. Derowegen ist meine Seele in Liebe und Erbarmung gegen den armen unwissenden Hauffen erwecket worden / ihnen aus dem Grunde meines Hertzens / wie es GOtt durch seinen Geist mir Einfältigen gegeben hat / zu zeigen / wie ich von GOtt bißher gelehret / geführet[411] und in der Heiligung mit andern

410 Dieser Paragraph bildet die Einleitung zum letzten Teil dieses Buches, in dem Scharschmidt ihre eigene Person stärker einbezieht und auf die Situation in Quedlinburg anspielt, ohne dass dabei Einzelheiten deutlich werden.

411 Die pietistische Schriftstellerin Johanna Eleonora Petersen wählt für

Gläubigen gestanden bin: Wie ich GOtt in meinem Hertzen habe / und für alle Welt bezeugen kan / daß ich weiß und gewiß bin / an wen ich gläube[412] / nemlich an JEsum Christum / welcher ist der wahrhafftige GOtt und das ewige Leben / 1. Joh. 5 / 20. Dieser wird den Anfang seines selbständigen Wesens / dessen Mitgenoßin ich worden bin / biß ans Ende fest zu behalten / krafft darreichen / Hebr: 3 / 14. und sein Werck in mir selbst ausführen; Denn er ist das Wort GOttes / dadurch alles geschaffen ist / und wieder bracht wird. Col. 1 / 16. Act. 3 / 21.[413] Wer den Sohn GOttes hat / der hat das ewige Leben in ihm bleibend / wie Johannes schreibet:[414] und wer will dan einen solchen anklagen oder verdammen / in dem CHristus ist / der da gerecht und selig macht; ja wenns gleich alle Welt thäte / so ist doch der Gläubige ein anders versichert in seinem Hertzen. Und weil ich denn nun GOtt in meiner Seelen wohnend habe / der mich lehret durch seinen Geist der reinen Salbung / wie es recht ist und keine Lügen; so hütet sich meine Seele für den Abgöttern (nach Johannis Rath 1. Epist. c. 5.)[415] und fliehet das abgöttische Wesen. Denn die Salbung lehret eine gläubige Seele alles / daß sie alles weiß / (was zum Glauben und Göttlichen Wandel nöthig ist) und nicht bedarff / daß sie von iemand (von natürlichen / selbst=blinden Menschen) gelehret werde / wie Johannes hin und wieder in seiner 1. Epist. bezeuget.[416] Und da sie das ewige

ihre Autobiografie eine ganz ähnliche Formulierung als Überschrift: „Wie mich die leitende Hand GOttes bißher geführet", s. Johanna Eleonora Petersen, geb. von und zu Merlau. Leben, von ihr selbst mit eigener Hand aufgesetzet. Autobiographie, hg. von Prisca Guglielmetti, Leipzig 2003 (KPT 8), S. 5.

412 2Tim 1,12.

413 Apg 3,21.

414 1Joh 3,15.

415 1Joh 5,21.

416 1Joh 5,18–20.

Leben selbst in sich hat / in CHristo JEsu / so ist leicht zu erachten / wormit ein wahrer Christ seinen inwendigen geistlichen Menschen nähret; wer ihm das rechte Brod giebt / das vom Himmel kommen ist[417] / und der Welt / die sich zu ihm bekehret und darnach hungert / das Leben giebt; bey wem er Abendmahl hält / und in die Kirche gehet.[418]

§. 100. Unterscheidet und prüfet[419] ihr selber / alle die ihr bißher diesen Weg verlästert habt / was gesagt ist worden. Lasset euren Argwohn und vorgefaste Meynungen / damit eure Hertzen sind angefüllet gewesen / fahren / so werdet ihr bald sehen / was die Wahrheit ist. Suchet und forschet in der Gnade Gottes euer Hertz aufrichtig durch / ja betrachtet euer Leben und Wandel / Worte und Wercke / sie seyn nach eurer Meynung gut oder böse / und haltet dieselbigen gegen das Wort Gottes; so werdet ihr befinden / daß alle euer Wesen nicht dem Willen GOttes gemäß ist / und daß ihr vielmehr diejenigen seyd / die das Wort GOttes verachten / dafür ihr andere gehalten habt; weil ihr ja nur Hörer und nicht Thäter des Wortes[420] seyd / ja ihr werdet mercken können / daß alle euer Gottesdienst eitel / nach Jacobi Worten / in seiner Epist. c. 1 / 26.[421]

---

417 Joh 6,51.

418 Apk 3,20. Die Autorin skizziert damit eine innere Vereinigung des Menschen mit Christus, bei der alle äußeren Handlungsweisen – auch Abendmahlsempfang und Gottesdienstbesuch – keine Bedeutung mehr haben. Auch *S. M. Sprögel*: Consilia und Responsa, S. 574, 585, 657, spricht eine solche innerliche Verbindung von Mensch und Gott an, bei der das göttliche Wort sich inwendig mitteilt. Die Seele findet Ruhe „in den wunden JEsu / und geniesset die lebendigen worte / die Geist und leben sind / und in denselben nimmt sie das rechte fleisch und blut des HErrn JEsu.“ Ebd., S. 568. Genau wie Scharschmidt kritisiert sie den üblichen Abendmahlsempfang scharf.

419 Röm 12,2; Eph 5,10.

420 Jak 1,22.

421 Jak 1,26

indem ihr eure Zungen nicht im Zaum haltet / und oftmahls euren Nechsten fluchet und den Nahmen Gottes mißbrauchet / und dergleichen mehr.

§. 101. Hergegen prüfet doch / ohne arge List / der Gläubigen (die da bißher verlästert und verdammet / ja gar von denen falschen und blinden Lehrern und verkehrten Eyferern dem Teuffel übergeben sind worden) Wort und Leben; so werdet ihr ja sehen / ob es nicht dem Worte GOttes gemäß ist / wie sie reden und leben; ob sie nicht dem Heylande / an den sie glauben / durch die Gnade GOttes / die in ihnen ist / nachfolgen / wie er mit seinem Leben / Creutz und Leiden ihnen fürgegangen ist / etc.

Werdet ihr dieses in Auffrichtigkeit / um der Ehre GOttes und eures eigenen Heils willen / treulich thun; so wird gewiß der HErr euch einen klaren und mercklichen Unterscheid zeigen / daß ihr sehen werdet / welche Seelen GOtt dienen und ihm angehören / und welche ihm nicht dienen; Malachi 3 / 18. welche auff dem schmalen Wege der zum Leben führet / wandeln und durch die enge Pforte eingehen; und welche auf dem breiten Wege / und durch die weite Pforte zur Verdamnis fahren; Davon der HErr JEsus zeuget Matth. 7 / 13. 14.

§. 102. Erkennet ihr nun / daß es nicht recht um euch stehet / so lasset euer Hertz nicht sicher machen von denen / die euch absolviren und frey sprechen / und selber noch Knechte der Sünden sind / 2. Petri 2 / 19. auff daß ihr nicht in eurer Sicherheit und muthwilligen Unwissenheit samt der Welt verdammet werdet. Sie werden euch gewiß nichts helffen am Tage des Gerichts! Ihr befindet ja wohl bey euren Leben öffters ein unruhig Gewissen in euch / wenn ihrs nur mercken und auffrichtig bekennen wolt; und müsset selbst gestehen / wie viel Zweiffel / Angst / Furcht und Ungewißheit offt eure Seele hat bey allen euren Kirchen= Beicht= und Abendmahlgehen; es sey denn / daß das Gewissen bey vielen gantz eingeschläffert wäre. Denn der Geist des Menschen hungert doch nach GOTT / und will eine Vereinigung mit GOtt haben / oder eine Wiederverbindung mit ihm / da er von ihm getrennet ist durch die Sünde; (wie das Wort Religion bedeutet.)[422] Und in allen denen Handlungen / die nicht im wahren lebendigen Glauben geschehen / bekomt der arme Geist nichts wahrhafftiges und wesentliches / dadurch er in Ruhe könte gesetzt werden; sondern wird vielmehr von GOTT immer weiter abgeführet / und gezwungen / dem falschen Götzen / und dem / das nicht GOtt ist / zu dienen.

§. 103. So will es demnach gewiß nöthig seyn / daß die Menschen / die doch so sicher dabey hin leben / sich recht besinnen / bey Zeiten umkehren / und das abgöttische Verführische / von GOtt mehr abführende Wesen verlassen / und nicht länger des rechten Weges und Gottesdienstes verfehlen. Weil auch GOtt aus ewiger Liebe und Erbarmung gegen die Menschen will / daß allen geholffen werde[423] / und daß sich ein ieder von seinem bösen Wesen belehre und lebe.

§. 104. Und diese Liebe hat der HErr auch in meinem Hertzen angezündet / daraus auch diese einfältige doch hertzliche Erinnerungen und Vorstellungen geflossen sind; ob jemand mit mir im Gebet zu GOtt einstimmig werden möchte / daß der angeführte Zweck erhalten würde / die grosse Blindheit des Hertzens / damit noch viele angefüllet sind / wegfalle / und ein wahrer Durchbruch zu der rechten neuen Gebuhrt von oben[424] geschehe: Damit folglich der Nahme GOttes

422 Scharschmidt versteht den Begriff etymologisch von re-ligare (erneut binden) her.
423 1Tim 2,4.
424 Joh 3,3.

durch solch Antichristisches Wesen nicht mehr verlästert werde / wie bißhero von dem grossen Hauffen der Maul=Christen und ihren Lehrern geschehen; sondern vielmehr der wahre GOttesdienst auffgerichtet und bestätiget / und der Nahme GOttes geheiliget werde / Sein Königreich kommen / und der Wille GOTTes geschehen möge auff Erden / wie im Himmel![425]

§. 105. Es wolle niemand gedencken / da dieses also geschrieben und bezeuget worden / als wenn es aus Bitterkeit oder Haß gegen jemand geschehen wäre / oder auff Art / sich zu rächen an denen / die aus Unwissenheit den Unschuldigen Gerechten bißher verworffen / und GOttes Werck in ihm verlästert haben. Ach nein! das ist gar nicht bey einem wahren Christen zu vermuthen / in dem dieser Grund allezeit fest bleibet: Wer GOtt liebet / der liebet auch seine Nechsten etc. ja auch die so ihn hassen und verfolgen. Und das ist mir auch ein Zeugnis der Liebe in meinem Hertzen und ein fester Grund / daß ich durch GOttes Geist und Gnaden=Krafft biß auff diese Stunde diejenigen / die mich ohne Ursach hassen / schelten / absondern / und meinen Nahmen / als einen boßhafftigen verwerffen[426] / um des Menschen Sohns willen / Luc: 6 / 22. seegnen / und Gebet und Fürbitte für sie thun kan: in gläubiger Zuversicht zu GOtt daß solches Bitten und Flehen / ob es gleich in kleiner Krafft geschicht / nicht unerhört seyn werde bey dem himmlischen Vater; der gewiß mein einfältig Gebet zu lauter feurigen Kohlen auff ihren Häuptern machen wird[427] / daß sie dadurch angezündet und beweget wer-

425 Scharschmidt zitiert den Anfang des Vaterunsers, s. Mt 6,9–13.

426 Es ist zu vermuten, dass die Autorin neben der grundsätzlichen Situation der ernsthaften Nachfolge Christi, die mit Anfeindungen verbunden ist, hier auch die Quedlinburger Konflikte anspricht. Kurz vor der Jahrhundertwende hatten sich dort die Auseinandersetzungen zwischen den Pietisten und ihren Gegnern zugespitzt. Vgl. hierzu das Nachwort, S. 185f.

427 Röm 12,20.

den / in sich zu schlagen und mit dem verlohrnen Sohn umzukehren[428] / nachdem sie gewahr werden / wie sie darben / und bey allem ihren vermeynten Gottesdienst / nach ihrer armen Seele verschmachten müssen. Dieses ist mein Trost und Gewinn / den ich auch von dieser / für euren Augen geringen Arbeit / u. von dem / was hier nach Gottes Willen geschrieben ist[429] / erwarte / und hoffe / daß es nicht ohne Seegen seyn wird. Erfahre nun ich oder ihr solches in diesen Leben nicht / so wirds doch gewiß in jener Welt und Ewigkeit offenbahr werden / was hier gesäet ist; weil dort geerndet werden soll.[430]

§. 106. Ich habe keinen andern Grund oder Ursach (bekenne ich nochmahls frey /) also zu schreiben und zu thun / als die Liebe Gottes / und in solcher die Liebe des Nechsten / die treibet und beweget meine Seele / daß ich aus Hertzens=Grund bitte und ringe für GOtt / im Glauben und lebendiger Zuversicht / daß diejenigen / die noch zu erretten sind / vom Verderben erlöset werden mögen; ehe der Zorn GOttes und seine Gerichte über die Gottlosen[431] / um alle ihres gottlosen Wesens Willen / und umb alle das Harte / das sie wider den HErrn und seine wahre Glieder geredet / (in der Epist. Judä v. 14 / 15.) ergehen und völlig ausbrechen.

§. 107. Euch / die ihr mit mir an einem Ort lebet[432] / und tieff in mein Hertz durch die Liebe Gottes eingedrucket seyd / (zum Theil auch wegen der nahen Ver-

428 Lk 15,11–32.
429 Wie auch an anderen Stellen ihres Textes deutlich wird, sieht Scharschmidt sich von Gott zu ihrer schriftstellerischen Arbeit beauftragt.
430 1Kor 15,42–44.
431 Röm 1,18.
432 Dieses ist die einzige Stelle, an der die Verfasserin so ausdrücklich ihre Quedlinburger Zeitgenossen adressiert. Wen sie dabei besonders im Blick hat – abgesehen von ihren ausdrücklich genannten Verwandten –, wird nicht erkennbar.

wandschafft nach dem Fleisch /)[433] rede ich insonderheit an. Ich kan nicht verbergen / daß meine Seele zu vielen unter Euch eine sonderbahre Liebe und Zuneigung hat; wie ich die andern alle liebe in der allgemeinen Liebe; ob ihr doch möchtet gewonnen werden / und um GOtt eyfern / wie ihr bißher in blinden Eyfer wider die Wahrheit geredet und gelebet habt. Ich bitte Euch hertzlich / wendet doch ein wenig Zeit und Ernst an / euch in eurem Christenthum zu prüfen / ob ihr dabey die wahre Liebe GOTtes und des Nechsten in euren Hertzen fühlet. Sehet doch auf JEsum / der so freundlich ruffet / daß er die Seelen / die mit vielen Sünden und bösen Eigenschafften beladen sind / loß und ledig mache. Uberlasset Ihm nur euer Hertz / und meydet die Welt als einen Schlamm und Unflath.[434] Gewiß! der HErr JEsus ist so nahe den Menschen / wenn sie nur ihr Hertz auffthun wollen; er klopffet beständig an[435] bey denen / die auch nur wenig Scheu für GOtt in sich haben. Merckets doch! dis ist seine Stimme / wenns in euch spricht: Ach ich wolte gerne selig seyn; ach wer nur erst selig gestorben wäre! ach! daß man doch so fromm leben könte / wie man gern wolte! etc. Dis ist eben die Erinnerung des reinen Geistes GOttes und JEsu / dabey der Mensch lernen soll / daß seine Seele nicht in dem rechten Leben JEsu sey / und derowegen ihn suchen soll / ob er ihn fühlen / finden und Ruhe für seine Seele bekommen möchte! Denn so lange der Mensch noch in der Welt und ihren Lüsten / mit seinem Hertzen / Sinn und Willen ist und lebet / so hat und vernimt er nichts von Göttlicher Liebe und wahrem Frieden; und ist dieser Spruch des HErrn JEsu Joh. 16 / 33. wohl zu

433 Zu ihren Verwandten in Quedlinburg s. *Lißmann*: Schreiben im Netzwerk, S. 109f., sowie das Nachwort, S. 191–195.
434 Vgl. Ps 40,3.
435 Apk 3,20.

mercken: In der Welt habt ihr Angst! Bedenckets doch selber / obs nicht besser ist / wenn jemand über sich und seine Sünden ein Herr werden / und über die Welt durch den Glauben an den HErrn JEsum herrschen kan. 1. Joh. 5 / 4. als daß der ein Sclave der Sünden und der Welt bleibet. Wer eine Königliche Würde und Freyheit haben kan / der thut ja besser / wenn er solche annimt / als wenn er ein Knecht der Sünden[436] und des Satans bleibet. Wer wolte denn nicht gern um solcher Ehre und Herrlichkeit willen die Sünde und Welt verlassen? Es sey den / daß man muthwillig blind bleiben und sich selbst betriegen will; da man ja auch noch über dis in dem HErrn JEsu alles gute haben kan.

§. 108. Glaubet mir sicherlich / wann ich nichts mehr zu gewarten hätte von meinem GOtt / als waß ich allbereit durch seine erbarmende Gnade für Ruhe und Seligkeit in meiner Seele in diesem Leben empfinde / so wäre es genug / alle Herrlichkeit / Ehre / Reichthum und Wollust dieser Welt zu verlassen / zu hassen / und GOtt ewig anzuhangen und treu zu seyn. Ich wolte nicht die gantze Welt nehmen / und eine Stunde wieder in ihr Wesen und Leben gehen / daraus mich mein Heyland gezogen / errettet / und davon er mich frey gemacht hat: Ihme sey dafür Ehre in Ewigkeit; und daß er mir biß hieher geholffen hat! Der auch alle seine Verheissungen an mir und allen seinen Gläubigen noch erfüllen wird / die seine Erscheinung lieb haben; daß wir mit CHristo / unserem HErren und Haupte leben und herrschen werden / zu der Glorie GOttes in Ewigkeit; nemlich in dem neuen Jerusalem / im Lichte GOttes / und sitzen mit CHristo auff seinem Thron; wie bezeuget ist in der Offenbahrung JEsu CHristi im

436 Joh 8,34.

3. Capitel.[437] Wer überwindet / dem will ich geben mit mir auff meinem Thron zu sitzen / wie ich überwunden habe / und sitze mit meinem Vater auff seinem Thron. Und im 21. Capitel. Wer überwindet / der wird alles ererben / und ich werde sein GOtt seyn / und er wird mein Sohn seyn! etc.[438]

§. 109. O Wer vermag alle die Herrlichkeiten GOTTes auszusprechen / die verheissen sind / und im Glauben erwartet werden! Wer vermag (nach Pauli Ausspruch Röm. 11.)[439] die Tieffe des Reichthums der Liebe und Erbarmung GOttes zu ergründen! daß er sich so tieff zu den Menschen herunter lässet / und alle seine Güter und Herrlichkeiten in CHRIsto JEsu uns schencket / damit wir von Sünde / Tod / Teuffel[440] / Welt und allem Verderben errettet / und seinem Bilde wieder ähnlich würden / und in ewiger Gemeinschafft mit dem Vater / Sohne und Heil. Geist leben möchten / in dem allerseeligsten Lichte der Göttlichen Klarheit des Drey=Einigen GOttes.[441] Demselbigen GOtt / der allein weise ist[442] / sey Ehre durch JEsum CHRistum in alle die Ewigkeiten der Ewigkeiten / Amen! Hallelujah!

AMEN!

437 Apk 3,21.
438 Apk 21,7.
439 Röm 11,33.
440 Vgl. 1Kor 15,54–57; *Carl Stange*: Luthers Gedanken über die Todesfurcht, Berlin 1932, bes. S. 22–27.
441 Hier klingt die traditionelle Trinitätslehre an, die Scharschmidt sonst nur selten aufgreift.
442 Röm 16,27.

Kontroverse zwischen Anna Catharina Scharschmidt, Johann Heinrich Sprögel und Gerhard Meyer, 1702/03

Unverwerffliche Zeugnisse 1. Aus Berlin / 2. Aus Quedlinburg / 3. Der Sachen selbst / Daß Der zum andern mahl nach eingeholtem Urtheil und Recht *suspendirte*[443] Quedlinburgische *Praebendat*,[444] HERR *JOH. HENRICUS* Sprögel Mehr als dreyßig Unwarheiten [...] ausgestossen habe / zum Druck befordert durch GERHARD MEIER, D. Königl. Schwedischen[445] *Consistorial*-Rath / des gesamten Brem. Kirchenkreises *Superintendent*. und der Königl. Haupt= und Dom=Kirchen *S. Petri* Ober=*Pastorn*. [...] Verlegt zu Bremen durch Philipp Gottfried Saurmann / Buchhändeler. Im Jahr 1702.

443 Trotz der 1698 von der Stiftsäbtissin ausgesprochenen Suspendierung predigte Sprögel gelegentlich weiter. Kurz nach dem Wechsel der Stiftsherrschaft zu Brandenburg wurde er wieder in sein Amt eingesetzt, s. *Lißmann*: Schreiben im Netzwerk, S. 169–171.

444 Eine meist geistliche Person, die durch eine Präbende bzw. Pfründe finanziert wird.

445 Durch die Entscheidungen des Westfälischen Friedens von 1648 fiel das Bremer Erzstift als säkularisiertes Herzogtum an Schweden, wodurch der Dom eine lutherische Gemeinde blieb, während an den übrigen Stadtkirchen das reformierte Bekenntnis galt. Vgl. hierzu *Hans Otte*: Rettung des Luthertums? Der Bremer Dom in schwedischer Hand (1648–1720), in: Jahrbuch für schlesische Kirchengeschichte 87, 2008, S. 159–180.

Geneigter Leser.[446]

ES hatte das Fürstl[iche] Sächsische *Consistorium*[447] zu Quedlinburg / welchem der Schade Josephs[448] so tief war zu Hertzen gegangen / daß es die zerschellete Brüche Zions[449] geheilet zu sehen / ernstlich wünschete / eine geraume Zeit vor meinem Eintrit in obgemeldtes Stift mit Schmertzen wahrgenommen unnöthige Trennungen und gefährliche Zerrüttungen / in den meisten / ihrer sorgfältigen Aufsicht anbefohlenen / Gemeinden: Auch zu deroselben nothwenigen Abstellung an das ordentliche Predigt=Ampt / auf der Hochwürdigsten Frau Abtißin Hochfürstl. Durchl. sonderbahren Befehl eine ernstliche Sinnung[450] ergehen lassen / daß ein jeder von dem hin und wieder erschollenen Gerüchte einen pflichtmässigen Bericht aufs fordersamste[451] mögte einschicken / mithin die sich selbsten *excommunicir*ende[452] und dadurch grosse ärgerniß gebende Personen Nahm-

---

446 Die hier abgedruckten Passagen stammen aus der Vorrede, die sieben Druckseiten umfasst. Gerhard Meyer (Meier) war seit 1699 Superintendent und Oberprediger der St.-Benedikti-Kirche in Quedlinburg. 1698 war er in Wittenberg promoviert worden, 1701 wechselte er nach Bremen. In Quedlinburg stand er auf Seiten der Äbtissin und griff die Vertreter der pietistischen Bewegung scharf an, s. Pfarrerbuch, Bd. 6, S. 85; *Lißmann*: Schreiben im Netzwerk, S. 99. *Meyer* beruft sich mithilfe abgedruckter Quellen auf die Unterstützung seiner Ansichten durch die Äbtissin des Stifts, Unverwerffliche Zeugnisse, S. 20–46. In diesem Werk setzt er sich insbesondere mit J. H. Sprögel auseinander. Zur Genese und zum Inhalt dieser sich über mehrere Jahre hinziehenden Kontroverse, s. Nachwort, S. 176f.

447 Behörde, durch die die jeweilige Obrigkeit das Kirchenregiment ausübt.

448 Am 6,6. Die prophetische Scheltrede gilt dem ganzen Volk Israel wegen seines Ungehorsams gegen Gott. Bezogen wird diese Bibelstelle hier auf die Auseinandersetzungen um den Pietismus, der als Ursache für den Verfall der lutherischen Kirche hingestellt wird.

449 Ps 60,4.

450 Ansinnen, Aufforderung, s. *Grimm*: Deutsches Wörterbuch, Bd. X,I, Sp. 1202.

451 Unaufschieblich, alsbald, s. *Grimm*: Deutsches Wörterbuch, Bd. III, Sp. 1895.

452 Die sich selbst ausschließenden Personen.

kündig[453] machen. Dieser Verordnung zufolge hatten die Herren *Ministeria*les[454] nichts ermangeln lassen / was zur Erweisung ihres schuldigsten Gehorsahms und Gewissens=Rettung von nöthen war. Wovon die vom Hochlöblichen *Consistorio* aufgehabene *Originalien*, deren Abdruck anhero zu setzen geflissener kürtze halben Bedencken getragen wird / ein zulängliches Zeugniß können abstatten.

II. Solche eigenhändige Berichte / sampt andern glaubwürdigen *documenten*, wurden mir / noch vor Antritt meiner öffentlichen Ampts=Verrichtungen / unter Augen geleget / damit bey der Müsse[455] / in welche mich die streitig=gewordene Gerechtsame[456] der Hohen Obern / ohne eintzigen Abzug des *Salarii* und *accidentien*[457] / gesetzet [...] desto füglicher des wahren Zustandes der mir anvertrauten Gemeinden mich erkundigen könte. Ob nun zwar wol keine triftige Ursachen fand / in die unerschrockene Zeugnisse ungescholtener Diener Christi den geringsten Zweifel zu setzen / so wolte dennoch ihnen so fort keinen Beyfall gönnen / mein Gemüth vor allen Vor=Urtheilen desto kräfftiger zuverwahren.

III. Satzte vielmehr ein ganzes Jahr aus zur selbst=eigenen Prüfung / und ließ nicht leichtlich einige Gelegenheit vorbey streichen / welche mich in Erfahrung der wahren Beschaffenheit der Sachen bringen konte. Mitlerweil enthielt mich fast aller Bestraffung solcher Verirreten. Wodurch schier den Verdacht auff mich

453 Namentlich nennen.

454 Hier: die geistlichen Diener, die Pfarrer.

455 Muße. Meyer konnte ein halbes Jahr lang die Superintendentenstelle nicht antreten wegen Streitigkeiten um die Berufung seiner Person, s. *Meyer*: Unverwerffliche Zeugnisse, S. 46.

456 Geltende Rechtsnormen.

457 Ohne Abzug des Gehalts und der Steuereinnahmen, die Geistlichen zustanden.

hätte geladen / ob lebte ich mit den Berüchtigten in einem heimlichen Verständniß / zumahl da der Herr Sprögel[458] / welchen man sampt Herrn *M*[agister] *Arnolden* für ihren Anführer hielte / nicht selten in die *Superintendentur* kam / auch mein vorhin mit einigen verdächtig=gewordenen gepflogener Briefwechsel begunte kund zu werden.

IV. Nachdem aber sattsam überzeuget war / daß ein zu *S. Benedicti* eingepfarrter Klein=schmied[459] / ein nach *Pensylvanien*[460] gedenckender Hertzens=Freund des Herren Sprögels / Nahmens Andreas Häseler[461] / welcher doch gegen seine Haußgenossen / sonderlich seine Gottselige und darüber mehr als einmahl bey mir klagende Ehefrau / nicht unsträfflich lebte / die öffentliche Kirchen=Versamlung schnöde hielte / und zum wenigsten innerhalb acht Jahren / seinem eigenen Geständnis nach / beym Tisch des HErren / unter nichtigem Vorwand bald des ungegründeten Beicht=wesens / bald der unwürdigen *Communicanten*[462] / nicht war erschienen / auch durch freundlich=gepflogene Unter-

---

458 Johann Heinrich Sprögel war Pastor an der Stiftskirche St. Servatius und einer der führenden Pietisten in Quedlinburg, s. Nachwort, S. 171f.

459 Im Haus Pölle Nr. 10, in dem auch Mitglieder der weitverzweigten Familie Sprögel wohnten, ist für die 1690er Jahre ein Kleinschmidt dieses Namens nachweisbar, s. *Wauer*: Häuserbuch A, S. 471.

460 Durch Kontakte mit William Penn kam es im Kreis der Frankfurter Pietisten zum Landerwerb in Pennsylvanien. Von der Option, dahin auszuwandern, machten allerdings aus dieser Gruppierung nur einige wenige Gebrauch, s. *Deppermann*: Schütz, S. 327–335; *Klaus Deppermann*: Pennsylvanien als Asyl des frühen deutschen Pietismus, in: PuN 10, 1984, S. 190–212. Auch das pietistische Ehepaar Petersen gehörte zu denen, die sich am Landkauf beteiligten, ohne jedoch umzusiedeln, s. *Albrecht*: Petersen, S. 74.

461 Häseler war Schösser der Pröpstin des Stifts und damit für die Einziehung von Steuern (Schoss) zuständig, s. *Lißmann*: Schreiben im Netzwerk, S. 135, 172. Im Gegensatz zur Äbtissin unterstützte die Pröpstin die pietistische Bewegung ganz offensichtlich, ebd., S. 94–96. Es gibt keine Belege für eine Auswanderung Häselers.

462 Abendmahlsteilnehmer.

redungen zu zween verschiedenen mahlen seiner Fehler überführet / sich dennoch so gar nicht wolte gewinnen lassen / daß er vielmehr bemühet war / andere auff seine Meinung zu bringen / von welcher er allererst am verwichenen grünen Donnerstag[463] abgetreten: Befand mich im Gewissen durch die schwere Ampts=Pflicht verbunden / für ein dermassen ärgerliches Wesen die Gemeine zu *S. Benedicti* treulich zu warnen / gestehe auch willig / daß ich mit allem Fleiß bey aller vorfallenden Gelegenheit die Lehre von der wahren Nothwendigkeit des Kirchen= und Abendmahl=gehens öffentlich getrieben habe. Zumahl da der Herr *Senior*, *Alb. Meineke*,[464] Pastor / und H. Casp[ar] Hofmann / *Diaconus*[465] zu *S. Nicolai*, durch die Stuhl=Nachbahren und das Register der Beicht=Kinder konten erweißlich machen[466] / daß Herrn Bürgermeisters Theljens Ehefrau[467] innerhalb vier Jahren / und ihr Bruder / Herr Scharschmied / der Hauptmanney *Secretarius*,[468] samt seiner Liebsten[469] in fünf Jahren / imgleichen Ernst Steuer-

463 Der Gründonnerstag fiel im Jahr 1701 auf den 24. März.

464 Albert Meinecke stammte aus einer Quedlinburger Pfarrerfamilie und war seit 1657 als Hofdiakon am Stift tätig. 1684 wurde er zum Oberpfarrer an St. Nikolai und damit auch zum Senior des Geistlichen Ministeriums berufen, s. Pfarrerbuch, Bd. 6, S. 28; *Lißmann*: Schreiben im Netzwerk, S. 100, 122, 125, 159, 168.

465 Die Geistlichen der untergeordneten Pfarrstellen wurden als Diakone bezeichnet. Die Lebensdaten Hofmanns sind unbekannt. Von 1671 bis 1684 nahm er unterschiedliche Funktionen am Stift wahr, von 1684 bis 1720 war er Pfarrer an St. Nikolai, s. Pfarrerbuch, Bd. 4, S. 269.

466 Im Folgenden nennt Meyer wichtige Akteure und Akteurinnen des pietistischen Netzwerks, die in viele der Auseinandersetzungen verwickelt waren.

467 Peter Telge nahm mehrfach die Position eines Bürgermeisters in Quedlinburg ein, s. *Lißmann*: Schreiben im Netzwerk, S. 115, 134, 172, 174. Das Ehepaar Telge wird meist gemeinsam genannt.

468 Christian Friedrich Scharschmidt spielte als enger Mitarbeiter des Stiftshauptmanns eine entscheidende Rolle für die Ausbreitung und Verankerung des pietistischen Netzwerks, s. *Lißmann*: Schreiben im Netzwerk, S. 108–113.

469 Anna Catharina Scharschmidt.

walds Witwe[470] / innerhalb zwey Jahren weder zur Kirche noch zum Abendmahl des HErren sich eingefunden hatten. Zu geschweigen der von Herrn *M*[agister][471] *Joh*[ann] *Conr*[ad] *Schneidern*, *Pastore* zu *S. Blasii*,[472] wider Herrn *Joh*[ann] *Gerh*[ard] *Grüling*[473] / *Med. Lic.*[474] in gleichem *punct* öffentlich und heimlich geführten Klagen. Hiezu kam / daß so gar in Herrn Sprögels[475] Hause ein gleiches ärgerniß sich aufgab / indem sein Eheweib[476] im Jahr 1694. *18. Trin*[itatis][477] zuletzt bey Herrn Lüders[478] hatte gebeichtet / nur daß er mit eigener

---

470 *Meyer*: Unverwerffliche Zeugnisse, S. 51–53, geht im Verlauf dieses Textes auf einen Konflikt ein, in den Frau Steuerfeld, J. H. Sprögel und er verwickelt waren. Zur Witwe Steuerfeld s. *Lißmann*: Schreiben im Netzwerk, S. 172.

471 Magister.

472 Johann Conrad Schneider († 1705) kam 1697 als erklärter Gegner des Pietismus von Halberstadt nach Quedlinburg und wurde dort Pfarrer an St. Blasii, s. Pfarrerbuch, Bd. 7, S. 550; *Lißmann*: Schreiben im Netzwerk, S. 96.

473 Dr. Johann Gerhard Grüling wurde in mehreren Fällen von Seiten der Pietisten herangezogen, um eine medizinische Beurteilung der ekstatischen Erscheinungen in den Jahren um 1690 abzugeben, s. *Lißmann*: Schreiben im Netzwerk, S. 134, 152, 155, 172; vgl. Begeisterte Mägde, S. 80. In seiner Gegenschrift gegen Meyer von 1701 erwähnt *Arnold* eingangs die aus seiner Sicht ungerechtfertigten Vorwürfe gegen Grüling, Fernere Erläuterung, Nothwendiger Vorbericht,)(2v.

474 Lizenziat der Medizin.

475 Johann Heinrich Sprögel war seit 1681 einer von mehreren Pfarrern der Stiftskirche, vorher war er als Lehrer in seiner Heimatstadt tätig gewesen, s. Pfarrerbuch, Bd. 8, S. 322 f.

476 Susanna Margaretha Sprögel, geb. Wagner (1656–1730), gehört mit ihrem Ehemann zum innersten Kern der Quedlinburger Pietisten, zu beiden s. Nachwort, S. 173 f.

477 18. Sonntag nach Trinitatis, 10. 10. 1694. Die Trinitatiszeit des Kirchenjahres beginnt am Sonntag nach Pfingsten (Trinitatis) und zieht sich bis zum Beginn des neuen Kirchenjahres im Advent hin.

478 Justus Lüders (1656–1708) wirkte nur 1693/94 als Oberhofprediger in der Nachfolge von Christian Scriver in Quedlinburg. Francke und Spener tauschten sich über den möglichen Verbleib von Lüders in Quedlinburg aus: ep. 88, Francke an Spener, 04. 02. 1694, in: *Spener*: Briefwechsel mit Francke, S. 330. Dieser wechselte jedoch als Generalsuperintendent nach Halberstadt, s. *Lißmann*: Schreiben im Netzwerk, S. 97 f.; Pfarrer-

Hand in das Kirchen=Register geschrieben: „*Anno 1695. d. 14. Febr.* meine Frau *privatim* zu Hause *providi*ret."[479] Nachgehens hatte man sie selten in der Kirche / und beym Tische des HErren niemahls gesehen.[480] Ja Herr Sprögel selbst hatte vom Sonntag *Exaudi A*[nno] *1698.*[481] sich des Beichtens und ordentlichen Abendmahl=gehens gäntzlich enthalten wollen / damit er ja dem Herrn *M*[agister] *Arnolden*,[482] welchen er damahls für seinen geistlichen Vater hielt / itzund aber für seinen fleischlichen Eydam[483] erkennet / zustimmig sich möchte erklären. Anitzo dessen nicht zu gedencken / was von *privat*=Zusammenkünfften / das Brod zu brechen / Herrn Sprögeln besser / als mir / bekant ist. [...][484]

VI. Uber Vermuthen aber und wider meine / bloß auff Besserung anzielende / Absicht / ließ sich der erbitterte Geist der Gegner blicken / indem des Herrn Scharschmieden Ehefrau / mit welcher beym Sterbe=Bette ihrer Frau Schwiegerinn[485] / der Seel. Fr. Heidfeldinn[486] / in Gegenwart der ohne Tadel Gottseligen

buch, Bd. 5, S. 458. Einige der Quedlinburger hielten weiterhin engen Kontakt zu ihm, u. a. S. M. Sprögel und die Stiftspröpstin. Während Meyer alle anderen Personen mit Berufsbezeichnungen oder Titeln versieht, fällt in Bezug auf Lüders die schlichte Namensnennung auf.

479 Versehen, versorgen, d. h. er teilte ihr das Abendmahl aus.

480 *Meyer*: Unverwerffliche Zeugnisse, S. 87, 89f., erhebt noch weitere Beschuldigungen gegen S. M. Sprögel.

481 Der Sonntag Exaudi wird vor dem Pfingstsonntag gefeiert und fiel im Jahr 1698 auf den 11. 05. 1701.

482 Gottfried Arnold hielt sich ab 1693 in Quedlinburg auf und wohnte zunächst bei Familie von Stammer als Hauslehrer; ab 1699 lebte er bei den Sprögels. Vgl. hierzu *Büchsel*: Arnolds Weg, S. 17–32.

483 1701 heiratete Arnold Anna Maria Sprögel, die jüngste Tochter des Ehepaares Sprögel, s. *Büchsel*: Arnolds Weg, S. 77–82; Nachwort S. 174.

484 Abschnitt V, S. 3, in dem Meyer seine Bemühungen um die Rückgewinnung der separierten Gemeindeglieder schildert, wird hier nicht wiedergegeben.

485 Schwägerin.

486 Christina Maria Heidfeld starb am 15. 09. 1700 im Alter von 33 Jahren,

Frau Hof=Räthin / Wichmanshausin[487] (welche GOtt mit ferner=vergnügtem Leben und ewiger Gnade kröne) und ihres leiblichen nunmehro auch im Herrn entschlaffenen Bruders / H. Kämmerer Heidfelds[488] / von Unterlassung des Kirchen= und Abendmahl=gehens mit solchem Nachdruck hatte gehandelt / daß sie nicht vermocht zu widersprechen dem Geiste / der da redete / mir ins Hauß schickte Herrn *M*[agister] *Arnolds* Erklärung vom Kirchen= und Abendmahl= gehen[489] / mit ausdrücklicher Vermeldung / in dem Buch wären die Gründe enthalten / so sie bey neulichst= gepflogener Unterredung nicht eben hätte vorbringen können / sie möchte aber selbige gerne widerlegt sehen.

VII. An sothane verwegene doch Weibische Ausforderung[490] / auff einen frembden Degen / hatte mich wol

---

die Eheschließung mit J. H. Heidfeld fand 1683 statt. Wir danken Herrn Pfarrer i. R. Christoph Schröter, Quedlinburg, für diese Angaben, die aus Kirchenbüchern von St. Benedikti stammen, Schreiben vom 03. 10. 2021 und 09. 10. 2021.

487 *Wauer*: Häuserbuch A, S. 63, nennt für die in der Altstadt gelegene Bockstr. 5 eine nicht näher charakterisierte Person dieses Namens, die 1701 einen Gebäudeteil erwirbt. Vgl. *Wauer*: Häuserbuch B, S. 275, wonach „Wichmannshausens Erben" für die Pölkenstr. 22 in der Neustadt für Jahr 1733 nachweisbar sind.

488 J. H. Heidfeld verstarb am 04.04.1702 im Alter von 49 Jahren, Brief von C. Schröter vom 03. 10. 2021. Er gehörte zur Gemeinde von St. Benedikti, s. *Meyer*: Unverwerffliche Zeugnisse, S. 27; *Lißmann*: Schreiben im Netzwerk, S. 47, 154 f., 176. Zu seinen Wohnungen und Besitzungen in Quedlinburg s. *Wauer*: Häuserbuch A, S. 100, 313.

489 *Gottfried Arnold*: Erklärung vom gemeinen Secten=wesen, datiert das Vorwort auf den 06. 06. 1700. Da Meyer angibt, dass Arnolds Werk einen Tag, nachdem er es von Scharschmidt erhalten hatte, „im öffentlichen Buchladen" angeboten wurde, war es allem Anschein nach im Herbst im Buchhandel zugänglich, s. *Meyer*: Unverwerffliche Zeugnisse, S. 4. Zum Kontext des Werkes, in dem Arnold eine theologische Argumentation für seinen Rückzug vom Gottesdienst- und Abendmahlsbesuch vorlegt, s. *Büchsel*: Arnolds Weg, S. 28–30. Der Besuch Scharschmidts bei ihrer Schwägerin lässt sich durch die Daten 06. 06. und 15. 09. 1700 eingrenzen.

490 Herausforderung.

wenig zu kehren.[491] Derowegen nahm mit aller Bescheidenheit die Schrifft an / welche auch noch besitze / und ließ einen schönen Danck für geneigte Mittheilung zurück entbiethen. Doch war durch diese Handelung der schlüssel mir gereichet / den Endzweck solcher Schrift zuverstehen / welcher war / an mich und die übrige für GOttes Ehre eifernde Prediger sich zu reiben / unsere treue Warnungen verborgener weise durchzuziehen[492] / den gemachten Anhang zu stärcken / wo nicht gar den Gottlosen zur Verachtung der Kirchen und des H. Abendmahls Thür und Fenster aufzuthun. So bald die wichtigere Ampts=Angelegenheiten mir einige Zeit verstatteten / die ins Hauß geschickte und geschenckte Erklärung durchzublättern / ward in meiner Meinung fast durch alle Blätter befestiget. Nichtsdestoweniger legte sie bey mir nieder / für unmüglich haltend / so viel Zeit zu gewinnen / welche zu deroselben genauen Durchsuchung und gründlichen Widerlegung schiene erfordert zu werden.[493]

491 Aus dem Kontext geht offensichtlich hervor, dass Meyer damit auf Arnold abzielt, mittels dessen Werk Scharschmidt ihre Position verdeutlichen wollte.

492 Durchzuhecheln, s. *Grimm*: Deutsches Wörterbuch, Bd. II, Sp. 1716.

493 Im weiteren Verlauf seiner Ausführungen kommt *Meyer*: Unverwerffliche Zeugnisse, S. 91–93, nicht mehr auf Scharschmidt zu sprechen, thematisiert jedoch in polemischer Zuspitzung die Ekstatikerinnen, die zu Beginn der 1690er Jahre auftraten.

Joh. Heinr. Sprögels *Diac.*[494] *Aul.*[495] *Sen.*[496] und *AEdil.*[497] bey der Stiffts=Kirchen *S. Servatii* zu Quedlinburg Gründliche Beantwortung Derer so genanten Unverwerfflichen Zeugnüße / und eingemischten neuen Beschuldigungen / Welche *H. D.* Gerhard Meyer / Königl. Schwed. *Consistorial*-Rath [...] Gedruckt im Jahre 1703.[498]

Hochgeneigter Leser.

ES hat (*Tit.*) Hr. *D.* Gerhard Meyer / ehemaliger *Superintend.*[499] und *Past*[or] *Prim*[imarius][500] zu *S. Benedicti* alhier zu Quedlinb[urg] itzo Königl[ichen] Schwed[ischen] *Consistorial*=Rath / *Superint*[endenten] und Ober *Pastor* an Dohm zu St. Petri in Bremen / ihm gefallen laßen / eine in fast 13. Bogen[501] bestehende Antwort auff meine Ernstliche Entdeckung[502] des verkehrten Eifers / in Beantwortung derer von etlichen Predigern zu Quedlinb[urg] wider mich auffgebrachten ungegründeten Beschuldigungen / abzufaßen / und in Druck zu geben / darin er durch vermeinete unverwerffliche Zeugnisse[503] seine Unschuld / anbey aber zugleich unter andern zu behaupten sich unterstehet / daß ich in solcher Ernstlichen Entdeckung 39. Unwarheiten begangen haben solle. Durch was für einen

494 Diaconus: nachgeordneter Pfarrer.

495 Aulicus: zum Hof (aula) gehörend, hier bezogen auf das Stift als fürstliche Reichsabtei.

496 Senior: Titel des leitenden Geistlichen, der gewisse Koordinationsfunktionen übernahm, aber nicht über eine Weisungsbefugnis für die anderen Pfarrer verfügte.

497 Aedilis: Beamter.

498 Bei diesem Werk sind weder Verleger noch Druckort genannt.

499 Superintendent.

500 Ranghöchster Pfarrer einer Pfarrei.

501 Druckbogen.

502 Sprögels Werk mit diesem Titel erschien 1701, s. hierzu auch Nachwort, S. 203, 212.

503 Aus diesem Werk Meyers stammen die oben in dieser Edition abgedruckten Seiten, s. S. 119–127.

Geist getrieben / er solches / sonderlich in so hitziger Schreib=Art / unternommen / und ob es durch Antrieb des reinen Geistes der Warheit[504] / und durch Anregung eines wohl bedachtsamen / Warheit liebenden / Mänlichen[505] / oder nicht vielmehr / aus Antrieb eines Alt=vettelischen[506] / unbedachtsamen und zancksüchtigen Weiber=Geistes geschehen / stelle ich dem Leser solcher Schrifft zu urtheilen anheim: Bey mir aber entstehet hierin ein Zweiffel / daß es mehr durch Antrieb des letztern / als des ersten / geschehen sey / aus diesem Grunde / weil die ganzte Schrifft auff nichts anders / als auff Zänckerey hinaus laufft / (welches keine Frucht des reinen Geistes Gottes ist. *Jacob. 3. v. 14*:) und Herr *D.* Meyer an so vielen Orten nach Art der zancksüchtigen alten Weiber immerhin auff seiner erst gefaßeten Meinung verbleibet / und das jenige / was in der Entdeckung des verkehrten Eifers mit guten Gründen von mir abgelehnet worden / dennoch dadurch zu behaupten suchet / weil er meinet: Es sey doch so / wie er erst vorgegeben.[507] [...] So könte auch noch einige andere Unwarheiten mit guten Grunde des gegentheils dargeleget

504 Joh 16,3.

505 Sprögel verwendet die Entgegensetzung von männlichen und weiblichen Eigenschaften, um hier allerdings damit einen Mann anzugreifen. Zu den frühneuzeitlichen Geschlechtervorstellungen s. *Heide Wunder*: „Er ist die Sonn', sie ist der Mond". Frauen in der Frühen Neuzeit, München 1992.

506 1Tim 4,7. Der Begriff Vettel wird in der Frühen Neuzeit abwertend für alte Frauen verwendet, s. *Grimm*: Deutsches Wörterbuch, Bd. XII, 2, Sp. 23. Erst im Laufe des 20. Jahrhunderts wurde in den Bibelausgaben die von Luther verwendete Nomenklatur, die auf Vettel als abwertende Bezeichnung für alte Frauen zurückgeht, verändert. Zum Frauenbild des Timotheusbriefes s. *Ulrike Wagener*: Die Ordnung des „Hauses Gottes". Der Ort von Frauen in der Ekklesiologie und Ethik der Pastoralbriefe, Tübingen 1994 (WUNT II, 65).

507 Von dem Text mit 83 Druckseiten werden neben dem Beginn nur zwei weitere kurze Passage wiedergegeben, *Sprögel*: Gründliche Beantwortung, S. 3. Weitere Hinweise auf Scharschmidt finden sich sonst nicht.

werden / als (1) Daß Herr *D.* Meyer gegen die Frau Scharschmiedin[508] mit einen solchen Geiste geredet haben wil / den sie nicht widersprechen können *pag.* 3. §. 6.[509] als welche vielmehr in allen das gegentheils ihr bewust ist / davon er ihre eigene Antwort in dem Anfange[510] dieser Schrifft finden und lesen kan[511] [...]. Ich vor meine Person bin von den geneigten Leser versichert / er werde erkennen / daß ich zu dieser Antwort genöthiget sey[512] / und versichere ihn hinwiderum / daß ich mich ferner in solch Weiber=Gezäncke und Katzen=Krieg[513] nicht einlaßen / sondern dem Hn. *D.* Meyern / so er darzu lust hat / weiter zu schreiben / und zu zancken alle Freyheit überlaßen / mir aber nicht mehr / als die Freyheit / nicht mehr zu antworten / nehmen werde [...].[514]

---

508 Nur an dieser einen Stelle geht Sprögel namentlich auf A. C. Scharschmidt ein.

509 Vgl. in dieser Edition oben S. 126.

510 Da der Brief am Schluss von Sprögels Traktat als Anhang erschienen ist, handelt es sich vermutlich um einen Druckfehler.

511 Dieser Auszug gibt *Sprögel*: Gründliche Beantwortung, S. 74, wieder. Alle weiteren Ausführungen beziehen sich auf Meyers Kritik an Sprögels Amtsführung, die dieser in 120 Punkte untergliedert richtigstellt. Die lediglich für kurze Zeit wirksamen Suspensionen von seinem Predigtamt an der Stiftskirche beschreibt er als unrechtmäßig. Von höchster Stelle, dem preußischen König, sei er jeweils rehabiliert worden, ebd., S. 18–74.

512 Zu den Regularien der frühneuzeitlichen Polemik s. *Gierl*: Pietismus und Aufklärung.

513 Dieses Begriffspaar kommt noch einmal vor, *Sprögel*: Gründliche Beantwortung, S. 74.

514 Dieser Passus findet sich bei *Sprögel*: Gründliche Beantwortung, S. 79. Sprögel beendet seine Schrift mit der Fortsetzung der gegen Meyer gerichteten Vorwürfe, ohne einzelne konkrete Vorkommnisse anzusprechen. Abschließend formuliert er einen Wunsch entsprechend der von den Quedlinburger Pietisten favorisierten Gnadenlehre: Gott möge seinem Kontrahenten die „aus Gnaden verliehene eußerliche und Buchstäbliche Erkäntnuß in das wahre lebendige Wesen / das in Christo ist", verwandeln, ebd., S. 83.

Frauen Annen Catharinen Scharschmiedin gebohrnen HeydFeldin. Antwort.
Auff die unwahrhaffte Erzehlung / so Herr D. Meyer von derselben alsbald im anfange seiner Schrifft vorgebracht Wie solche von derselben selbst eigenhändig auff gesetzet[515] / und hierbey zu fügen übergeben worden.[516]

ICh halte dafür / Herr *D.* Meyer hätte es können gnung seyn laßen / daß er sich an seines gleichen und Mannes Personen vergreiffen / und dadurch Aergernuß gnung verursachet hat; Weil er aber in seiner Schrifft als bald auff dem andern Blate auch mich / als eine Weibes Person / angreiffen und durch eine unwahrhaffte Erzehlung von mir das ärgernuß noch größer machen wollen / so finde ich nöthig / ihm zu antworten / und die Warheit hiervon vorzu stellen. Und zwar anfangs bin ich nicht von denen / die sich selbstrechtfertigen mit Worten oder Schrifften / weil ich weiß / daß einer ist / der mich rechtfertiget / nehmlich der Herr / der die seinen kennet[517] / und zu seiner Zeit denen verächtern und Hohnsprechern der Warheit selbst unter Augen stellen wird / wie viel Schmach[518] sie seinem Glaubigen angethan haben. Und ist also diese Rechtfertigung und verthädigung vor meine Person schon

515 Auch J. E. Petersen verwendet im Titel ihrer Autobiografie einen solchen Hinweis mit der Formulierung: „mit eigener Hand aufgesetzet", vgl. oben Anm. 411. Frauen in der Frühen Neuzeit waren dem Verdacht ausgesetzt, dass sie ihre Werke nicht selber verfasst hätten, vgl. *Albrecht*: Petersen, S. 172.

516 Der Brief erschien als Anhang zu Sprögels Text, wird aber auf dem Titelblatt nicht genannt, S. 84–92. Der Umstand, dass Sprögel Scharschmidts Text abdruckte, unterstreicht ebenfalls die enge Zusammenarbeit der Quedlinburger Pietisten.

517 2Tim 2,19.

518 Hebr 13,13.

gnung: könte also ohne Beantwortung mit Freudigkeit des Geistes die anzüglichen / ja sündlichen Reden des Herrn *D.* Meyers auff des Herrn Freysprechung[519] gehen laßen.

Weil aber ein jeglicher Christe aus Liebe gegen GOtt und seinem Nägesten[520] verbunden ist / den jenigen zu warnen / der wieder die Warheit etwas redet und thut / ob der Mensch noch möchte einigen Scheu vor GOtt bekommen / demselbigen die Ehre geben[521] / und sich seiner Frechheit halben demüthigen: Dieser wegen habe ich in Einfältigkeit des Hertzens / ohne Menschen Witz und Weißheit / des Herrn *Doct.* Meyers seine gegen mich wieder die Warheit ausgeschütteten Lästerworte nicht unbeantwortet lassen können; Weil mir dieses nicht eine geringe Auffladung des Gewissens bey dem Herrn *Doct.* Meyer scheinet zu seyn / sondern gar was wichtiges ist / Christum zu verfolgen in seinem Gliedern / und den Geist der Gnaden schmähen.

Denn was habe ich / als ein armes einfältiges Werckzeug[522] / das mit seinem Christenthume keine Ehre und Ruhm bey dem Menschen suchet / dem geEhrten Herrn *Doct.* Meyern gethan / als daß ich durch Gottes=Krafft / und seine überschwenckliche Gnade[523] Christo meinem Herrn und Heylande nachfolge / und durch seines Geistes Macht einen solchen reinen und unbefleckten Gottes=Dienst zu führen suche / wie Jacobus cap. 1.

519 Mit dieser Formulierung spielt Scharschmidt auf den Grundgedanken der reformatorischen Rechtfertigungslehre an, s. *Matthias*: Rechtfertigung und Heiligung.

520 Nächsten; vgl. Mt 22,39.

521 Deut 32,3.

522 1Petr 3,7. Vgl. *Scharschmidt*: Hochwichtiges Werck, Vorrede, unpag. Zu den Legitimationsstrategien frühneuzeitlicher Schriftstellerinnen, wozu auch der Verweis auf die eigene Person als Werkzeug gehört, s. *Albrecht*: Petersen, S. 180–199.

523 2Kor 4,15.

vers. 17.[524] beschreibet / daß ich mich von der Welt unbefleckt behalte: Ja der Ermahnung des Apostels Rom. 12. vers. 1. Durch Gottes Gnade / soviel derselben in mir ist / gehorsam zu werden mich befleißige / daß ich GOTT ein solches Opffer seyn möchte / wie ers erfordert / und einen Verständigen Gottes=Dienst nach Gottes Willen und Wolgefallen in dem Tempel meines Hertzens[525] halte / und auch gegen meinem Nechsten / wie es ferner in diesen zwölfften Capitel[526] ausgedruckt ist / mich beweise / und also dem Worte Gottes gehorsam worden bin / da der HERR meine Seele überzeugete / daß ich nicht mit den Ungläubigen am fremden Joche ziehen solte / und ich nach seiner Freymachung und Willen von ihnen ausgegangen bin / nach 2 Corinth. 6 vers. 14. biß zu Ende:[527] Und bin bis auff diese Stunde in dem festen und unbeweglichen Grunde Gottes / durch seine Gnade / ohne Wancken gestanden / und bestanden; weil der HErr durch seinen Geist in meinem Hertzen / ehe es bey Menschen kund worden ist / dasselbige versiegelt hat.

Ja es haben auch die wiedrig gesinneten Menschen durch ihre Ausstossung vor der Welt mir dadurch ein Zeugniß gegeben / daß ich nicht mehr zu jhnen gehöre: Und daß sie zwar nach ihrem fleischlichen Sinne gedachten böse zu machen / das ist mir Gewinn worden / und Göttliche Freude; Davon vieles anzuführen were / wenn man Weitläufftigkeit gebrauchen wolte. Ja ich kann wohl mit Warheit sagen / daß meine Seele in einem solchem Lobe und Frolocken für GOTT gestanden hat / als ich zum letzten mahl von Herr Meineckens

524 Jak 1,27.
525 Bei Paulus wird der Leib als Tempel Gottes bzw. Christi verstanden: 1Kor 3,16f.; 6,19.
526 Röm 12,3–21.
527 2Kor 6,14–18. Mit dem Bezug auf diese paulinischen Verse bietet die Verfasserin eine Legitimation der Separation.

Beichtstuele gegangen bin[528] / daß ichs nicht aussprechen kan. Und wurde also in diesem Stücke auch die herliche Verheissung an mir Unwürdigen erfüllet / was Luc. 6. vers. 22. stehet / Selig seyd ihr / so euch die Menschen hassen / und absondern / und verwerffen euren Nahmen / als einen Boshafftigen: Und in der ersten Epistel Petri am 4. vers. 14. Selig seyd ihr / wenn ihr geschmähet werdet über den Nahmen CHristi; Denn der Geist der Herrligkeit ruhet auff euch. Bey ihnen ist er verlästert / aber bey euch ist er gepreiset.

In diesem Geiste habe ich bisher in die zwölff Jahr gelebet und gewandelt[529] / bin auch in der Liebe CHristi dazumahl hingegangen / und meines lieben Seligen Bruders Frau besuchet / und über Vermuthen den Herrn alda gesprochen[530] / habe auch bey der unverhofften Zusammenkunfft mit dem Herren *Doct.* mit aller Freudigkeit des Hertzens und Gewißens durch diesen Geist geredet / und die Warheit bekandt.

Nur wundert michs sehr / daß der Herr *D.* ohne scheu für GOtt wieder beßer wissen und Gewißen mir schuld geben wil / daß mich[531] der verbitterte Geist ausgebrochen sey: Denn ich kan wohl mit Warheit sagen / daß ich in aller Liebe und Bescheidenheit so viel mir GOTT Gnade und Freundligkeit auch in dem natürlichen Menschen gegeben hat / die Unterredung geführet. Denn ich war nicht ausgangen / seuchtige[532] Fragen

528 Scharschmidt gehörte dem Gemeindebezirk von Pastor Albert Meinecke an und war damit verpflichtet, dort zur Beichte zu gehen, um am Abendmahl teilnehmen zu können, vgl. o. Anm. 464.

529 Wenn man annimmt, dass ihr Brief in zeitlicher Nähe zur Veröffentlichung Meyers entstand, dann datiert sie ihre Erweckung auf das Jahr 1690.

530 Gemeint ist G. Meyer.

531 In mir.

532 Vgl. *Grimm*: Deutsches Wörterbuch, Bd. X,I, Sp. 696: krankhaft, schlecht, abgeleitet von Seuche oder siech.

und Wort=Kriege zu führen; das habe ich nicht gelernet / und ist auch der wahren Christen Weg und Werck nicht; sondern ich habe aus dem Grunde meines Hertzens / und einfältiger Liebe / als bey Freunden geredet. Darumb wolle der Herr *Doctor* diese aus wohlmeinendem Hertzen geschehene Vorstellung nicht geringe achten: Denn ob ich gleich ein kleines geringes Gliedmaß CHristi bin / so wil doch der HERR / dem ich lebe und diene / daß seine in demselben nicht verachten lassen / und den jenigen der es thut / ungestrafft nicht lassen hingehen / bis es zur Reue und Umbkehrung mit ihm kommet.

Mir ists ein leichtes / daß ich Leide als ein Christ / ich schäme mich auch deßen nicht / darin ich Lebe und stehe. Daß aber die Lehre Christi von dem Herr *D.* vor eine Teuffels=Lehre ausgeschrien ist / gehet meiner Seelen sehr nahe / weil durch solche sündliche Reden und Schrifften der Arme unschuldige Hauffe geärgert / ihm vor dem wahren Christenthumb[533] ein Abscheu gemachet / und nur in dem äußerlichen Wercken gestärcket wird / daß Er dadurch des weges zur Seligkeit fehlet und auff dem breiten wege der Verdamnüß[534] fortgehet mit seinen blinden leitern.[535]

Ich gebe es unpartheiischen Hertzen zu erkennen / ob das Christlich sey / oder ob es einem weisen Manne anstehet / daß er von einer solchen *privat*=Unterredung ein solch *Spargement*[536] machet? Wie hat er in der

533 Trotz der weiten Verbreitung von Johann Arndts „Vier Büchern von wahrem Christentum" (1605–1610) und seiner Tätigkeit von 1590 bis 1599 in Quedlinburg ist nicht unbedingt auf eine direkte Beschäftigung Scharschmidts mit ihm zu schließen. Die Betonung der Ernsthaftigkeit der Nachfolge gehört zu den Grundpfeilern pietistischer Ethik. Zu Arndt s. *Illg*: Arndt.

534 Mt 7,13.

535 Mt 15,14.

536 Gerücht, abgeleitet vom Lateinischen: spargere, verbreiten.

kürtze der Zeit mein gantzes Christenthumb erkennen / prüfen und Grund von mir haben können der wahren Lehre Jesu Christi? weil darzu mehr Weißheit und erleuchtete Augen[537] gehören die einer haben muß wenn GOttes Sinn einen andern verwerffen / oder vor gläubig erkennen solle.

Und das habe ich durch GOttes Gnade in der damahligen Unterredung an dem Herr *Doct.* aus seinem eigenen Worten und Bekäntnüß wahrgenommen / daß er die Gnade und Gabe nicht hat Geister zu prüfen / ob sie aus GOtt sind / oder ob sie im Geiste der Welt leben[538] / weil er sagte: Er könte niemand ins Hertze sehen / wenn einer sich Bußfertig anstellete! Als ich sagete von der großen Verwirrung und Mißbrauch des Beichtstuels und Nachtmahls / daß ohne unterscheid alle zugelaßen würden.[539]

Darauff habe ich in diesem Sinne geantwortet: Das werde allerdings von einem Lehrer / und rechten diener Christi erfordert / daß er den Geist der Prüfung habe / und müste dieser das rechte Siegel und Kennzeichen seyn eines Lehrers / wann er sich in Geistes Krafft erwiese / die bösen von den Frommen zu scheiden.[540]

---

537 Eph 1,18.

538 1Joh 4,1.

539 Diese Kritik führt *Scharschmidt* in ihrer oben edierten Schrift Einfältiges Zeugniß breit aus.

540 *Arnold*: Geistliche Gestalt, formulierte in diesem 1704 veröffentlichten Werk seine Erwartungen an die Person und das Verhalten eines geistlichen Lehrers. Obwohl das Buch erst nach seiner Quedlinburger Zeit im Druck erschien, können die hier skizzierten Anforderungen durchaus als Ergebnis der Erfahrungen und Überzeugungen gesehen werden, die in Quedlinburg vertreten wurden. Für diesen Hintergrund spricht auch, dass Arnold den Begriff des Lehrers nicht nur auf ordinierte Pastoren anwendet, sondern auch männliche Laien und Frauen einbezieht. Vgl. *Lißmann*: Schreiben im Netzwerk, S. 34–43.

Ferner wurde geredet / wenn dieses von denen / die so nach Aemtern lieffen / und sich einkauffeten[541] / oder darin stunden / in acht genommen würde / und sie wüsten / was darzu gehörete / sie würden sich so nicht darnach drengen / darauff sagte der Herr *Doct*. Ich habe meinen Beruff:[542] den er auff das Siegel und Papier setzet / das er von der Obrigkeit hat: Denn das erste erkante er nicht / hat es auch nicht.[543]

Ferner war dieses mein Grund / daß ein wahrer Christ nicht schuldig wäre / unter solchen vermengeten Hauffen sich zu behalten / und Beicht und Nachtmahl noch Menschen Satzung zugebrauchen. Davon weiter Zeugnüß zu geben / ich itzo nicht nöthig zu seyn achte / weil anfangs die Zeugnuße der Schrifft / und wie GOTT meine Seele frey gemachet / albereit[544] angeführet worden.

Darauff hat der Herr *D*. Meyer mir zugegeben / daß er nicht läugnen könne / Daß Kirchen=gehen und Abendmahl=halten in der Freyheit stünde. Und hat dieses noch hinzu gethan / so viel mir bewust ist: Es könte einer auff Reisen / ja auff dem Schiffe seyn / da ers nicht haben könte / daß also auff die weise es nicht könte genommen werden. Wenn aber einer gegenwärtig wäre / und die Obrigkeit es haben wolte / so wäre es eine verachtung / wenn man sich enthielte. So ist wieder von mir geantwortet worden: Wenn einer aus Liebe zu GOTT / und zu befreyung seines Gewißens sich von dem äußerlichen falschen GOttes=Dienste enthielte /

541 Zur nicht nur pietistischen Kritik an dieser durchaus verbreiteten Praxis s. *Manfred Jakubowski-Tiessen*: Wege ins Pfarramt. Pfarrerberufungen in der Frühen Neuzeit, in: ders.: Religiöse Weltsichten. Frömmigkeit, Kirchenkritik und Religionspolitik in den Herzogtümern Schleswig und Holstein, Husum 2020 (SVSHKG 63), S. 26–46.

542 Berufung.

543 Gemeint ist hiermit die innere Berufung.

544 Bereits.

wie das könte eine verachtung des wahren Abendmahls / oder des Worts Gottes genennet werden? (denn das halte ich hoch und werth und bekenne mich zu der wahren Heiligen Gemeine GOttes)[545] zumahlen / da er selber es zugab / und zugeben muß / daß es in Freyheit stehe. Wenn es nun frey ist / warumb wil man einen Gewißens Zwang daraus machen? Oder einen umb der bloßen äußerlichen Menschen=Satzung / daß er die nach Gottes Willen unterlässet / verketzern / der doch ein Thäter des Worts[546] ist / und einem solchen Menschen Satans=Lehren schuld geben? so müssen die ersten Christen[547] eben den Titul haben; die haben ja keine Kirchen und Altäre gehabt / sondern sie haben nach des HErrn Einsetzung als Kinder Gottes des HErrn Nachtmahl gehalten / und dasselbe unter sich getheilet / nach Lucas Reden / so offt sie wolten[548] / und verstunden gar wohl / was der HErr beym Johanne am 6. vers. 54 redet: Wer mein Fleisch isset / und trincket mein Blut / der hat das ewige Leben / und ich werde ihn aufferwecken am Jüngsten Tage. Wer nun den HErrn JEsum also genießet / solte der nicht des HErrn Abendmahl halten? und in dem 56. vers.[549] Wer mein Fleisch ißet und trincket mein Blut / der bleibet

545 Scharschmidt rekurriert darauf, dass es neben der von ihr und anderen kritisierten kirchlichen Praxis eine wahre Sakramentspraxis und eine ebensolche Gemeinde gebe. Die von Spener akzentuierte Versammlung der Frommen im Rahmen der kirchlichen Gemeinschaft wurde von den separatistischen Gruppen reduziert auf die Absonderung der wahren Christen ohne den Kontakt zur größeren kirchlichen Gemeinschaft. Vgl. hierzu *Markus Matthias*: Collegium pietatis und ecclesiola. Philipp Jakob Speners Reformprogramm zwischen Wirklichkeit und Anspruch, in: PuN 19, 1993, S. 46–59.

546 Jak 1,22.

547 1696 hatte *Gottfried Arnold* sein breit rezipiertes Werk veröffentlicht, in dem er das neutestamentliche und spätantike Christentum in jeder Hinsicht als ideale Gemeinschaft hinstellt, s. Erste Liebe.

548 Apg 2,42.46.

549 Joh 6,56.

in mir / und ich in ihm. Wer nun zu diesem Brodte kommen ist / und die lebendige Quelle hat / kan der nicht essen und trincken / so offt er wil / und sich sättigen mit dieser Speise / die ihm Leben und voll Gnüge gibt?

O ihr blinden Leute / wie betrüget ihr eure arme Seele / wenn ihr nur zu dem Ende zum Abendmahl gehet / daß ihr vor der Welt wollet ein Zeugnuß haben / daß ihr Christen seyd / da doch euer Hertz nichts von CHristo und seiner Salbung fühlet. Denn das ist klar zu beweisen / daß die meisten in Unglauben hingehen / und ohne Glauben ist es unmüglich / GOTT zu Gefallen / Hebr. 11 vers. 7.[550] *item* / was nicht aus den Glauben gehet / das ist Sünde. Rom. 14. vers. 23.

Nun frage ich den Herrn *Doct.* welches die würdigsten sind / des HErrn Abendmahl zu genießen / weil ich auffs kürtzeste und einfältigste beschrieben habe / wie ich und die wahren Glieder Christi dasselbe nehmen und genießen / und wie die Menschen ins gemein in öffentlichen Versamlungen es gebrauchen. Ich wil hoffen / wenn ein Fünckchen Furcht und Liebe bey dem Hn. sich noch finden möchte / daß er hinfort von meinem Christenthum und Leben so grob nicht mehr reden wird. Meine Seele wird auch nicht ablassen bey GOtt zu bitten / bis daß alles / was wieder GOtt und die Liebe des Nechsten geschehen ist / erkant / und durch die Barmhertzigkeit Gottes erlassen wird.

Nun ist noch ein Punct / daß der Hr. *Doct.* sich rühmet / daß er mich in der damahligen Unterredung überwunden / und ich vor seinen Geiste verstummet sey.[551] Weil dieses der warheit nicht gemäß ist / wil ichs auffs kürtzeste zeigen / daß es nicht so ist.

---

550 Hebr 11,6.

551 Scharschmidt tritt dem Eindruck entgegen, dass sie sich in diesem Disput geschlagen gegeben habe.

1. So habe ich seine Gründe / und meine Gegenantwort / so viel mir derselben noch bewust / angeführet / daran man gar nicht sehen wird / daß ich verstummet sey.

2. Hat der Herr / wie ihm noch wohl erinnerlich seyn wird / eher auff gehöret zu reden / als ich / und ist auffgestanden. Da habe ich noch beym Abschiede ihn wieder angeredet in diesem Sinne (Die Worte möchte ich so eben nicht mehr wißen) Er möchte dahin sehen / daß er sich hütete / daß er keinen / auch die allergeringsten nicht / die an den Herrn gläubeten / verachtete / oder geringe hielte: Da brach er wieder ab / und sagete: Er würde die Ehre haben / ferner mit mir zu Reden; Da habe ich / wie die Liebe thut / nicht übels oder wiedriges von ihn gegen mich gehoffet / und ihm des andern tages des Herr *M.*[552] Arnoldi Schrifft[553] in dem Sinne und mit solchen Worten zugeschicket: Weil mir eben / da ich nach geendeter Unterredung / die wir gehabt hätten / zu Hause kommen wäre / diese Schrifft vorgezeiget / so hätte ich dieselbe dem Herr *D.* senden wollen / zu mehrer überzeugung und bekräfftigung / daß ich in der gegen ihn bekanten Warheit noch stünde / und sie mit diesen werthen Bruder[554] vor aller Welt bekennete. Daraus abermahl zu erkennen ist / daß er mich nicht überwunden habe / sonst wäre ich wohl blöde worden / ihm dieselbe Schrifft zu zuschicken.[555]

---

552 Magister.

553 Gemeint ist Arnolds 1700 publiziertes Werk, in dem er sein Kirchen- und Abendmahlsverständnis vorlegt, s. o. Anm. 489.

554 Die in pietistischen Zirkeln übliche Anrede als Bruder und Schwester begründete Gottfried Arnold mit der Praxis der frühen Christen, s. *Arnold*: Fratrum sororumque appellatio inter Christianos […], Frankfurt a. M. 1696; vgl. auch *Sprögel*: Consilia und Responsa, S. 635.

555 *Sprögel*: Gründliche Beantwortung, S. 55, erinnert seinen Kontrahenten Meyer daran, dass er ihm ebenfalls eine Schrift Arnolds habe zukommen

Daß aber der Herr in hönischen Sinne spricht: Ich hätte mit einem frembden Degen fechten wollen / und die zusendung dieser Arnoldischen Schrifft eine verwegene weibische Ausforderung nennet / kan ich leicht ertragen. Denn das ist mir gar nicht in dem Sinn kommen / mit ihm zu fechten / und Wort=Kriege zu führen / als die wenig Besserung geben; denn ich weiß meine Zeit wohl beßer anzuwenden. Der Herr *D.* aber wolle hierbey nicht meinen / daß ich vor ihm erschrecken würde / wenn es noth seyn möchte zu reden oder zu schreiben; Ob ich dem Geschlechte nach ein Weibes=Bild bin / so weiß ich doch gewiß / daß ich den Geist Jesu habe / und durch seine Männliche Krafft[556] rede und schreibe / wenn es zur Ehre Gottes erfordert wird. Wie ich denn itzo in Freudigkeit des Hertzens dieses wenige allen auffrichtigen Warheit liebenden Seelen zu erkennen gebe / ob der Herr *D.* Meyer nicht aus einen verbitterten / hönischen / sündlichen Hertzen wieder mich geschrieben / darzu ich weder mit meinen Reden / noch Leben und Wandel / ihm in geringesten keine Ursach gegeben? Und wenn ich ihn auff sein Gewißen fragen solte / so wird er nichts wider mich haben / als daß ich nicht mit den wilden / wüsten Hauffen[557] lauffen und die Warheiten Gottes lästere / und Menschliche Aufflegungen / die wieder das Gewißen lauffen / nicht für Gottes=Dienst halten wil.

---

lassen, und zwar auf die Bitte des Superintendenten hin. Er handelte sich um Arnolds Werks Offenhertzige Bekandtnuß von 1699.

556 Vgl. *Francke*: Predigten 1, S. 21, 23; *Sprögel*: Consilia und Responsa, S. 634f., 654. Die Quedlinburger bedienten sich unterschiedlicher Versatzstücke, zu denen auch die traditionellen Genderzuschreibungen gehören, um ihre Ideen eines Zusammenwirkens der Geschlechter zu formulieren, vgl. *Ruth Albrecht*: Alle einer in Christus – alle eins in Christus. Theologisch begründete Geschlechterkonstruktionen im frühen Pietismus, in: Gender im Pietismus, S. 16–39; *Albrecht* u. *Lißmann*: Undoing Gender.

557 2Kor 4,12.

Hiermit schließe ich / daß ich den Herr *D.* mit allen unwissenden und wieder die Warheit streitenden Seelen der unendlichen Barmhertzigkeit Gottes ergebe und beständig bitte / daß der Herr die Blindheit ihres Hertzens[558] wegnehmen und sie zu den lebendigen Erkäntnuß Gottes kommen lassen wolle: So werden sie mich erkennen / wie mich mein Heyland kennet.

558 Eph 4,18.

Briefe Anna Catharina Scharschmidts an August Hermann Francke und Fräulein Hoysen, 1692 bis 1723

Anna Catharina Scharschmidt an August Hermann Francke, Quedlinburg, 16. April 1692[559]

Gott gäbe ihm viel gnade und friede durch die auferstehung Jesu Christi

Hertzl viel gelibter Herr M[agister] auserwehlter freund und bruder in dem herren Jesu.[560] Ich hoffe zu Gott der wird sie alle an seel und leib gesunt erhalten haben, Ich dancke Gott dem Vater durch unseren herren Jesum Christum der mich kräfftiglich gestärcket und die Predichten,[561] von der auferstehung Jesu Christi in mir kräfftig hat laßen würcken, das Es zu lob und preies seiner Ere, und meiner seelen heil gereichen möge, das ich hinfort nicht mier selber lebe sondern dem der für mich gestorben und auferstanden ist[562] den das ich izt lebe das lebe ich in glauben des sohnes Gottes Jesu Christi, der getreüe Jesu der die libe selber

559 Die hier erstmals publizierten Schreiben liegen handschriftlich im Archiv der Franckeschen Stiftungen in Halle vor. Die Einzelnachweise sind unten in der Editorischen Notiz angegeben, s. S. 161f., 227.

560 Diese Anrede lässt auf eine gewisse Vertrautheit der beiden Korrespondenzpartner schließen.

561 Francke war im Oktober und November 1691 zum ersten Mal zu Gast in Quedlinburg und predigte dort auch, s. *Lißmann*: Schreiben im Netzwerk, S. 130f. Die im nahegelegenen Halberstadt gehaltene Predigt vom 01. 11. 1691 thematisiert anhand von Joh 4,47–54 den Glauben, s. *Francke*: Predigten 1, S. 7–34. Es ist gut denkbar, dass das Ehepaar Scharschmidt bei dieser Predigt anwesend war, lässt sich aber nicht belegen. Franckes Predigt vom 14. 01. 1694 über die Hochzeit zu Kana (Joh 2,1–11), die er in Quedlinburg gehalten hatte, erschien mit einer Widmung an die Äbtissin im Druck, s. ebd., S. 78–116.

562 2Kor 5,15.

ist[563] der würcke in uns waren glauben und libe, den wer in der libe bleibet, der bleibet in Gott,[564] den Christum lieb haben übertrifft ja alles erkentnis, darum laßet uns ihn liben den er hat uns erst gelibet,[565] den wier sint ja angenehm gemacht[566] in dem gelibeten und seine libe ist völlich bei uns, wen wier Gottes gebot halten, und liben uns unter einander den wer Gott Libet der wird auch den liben der von ihm geboren ist den die libe ist das bant der volkommenheit[567] dadurch die gläubigen Ein hertz und eine seele[568] werden, wier sint eien leib und eien geiest[569] wi wier auch beruffen sint, zu einerlei glauben und hoffnu[n]g, durch Christum, und in das himmlische wesen versetz[570] und uns zu tempel[571] und wohnung Gottes gemachet, zu einen unvergänglichen und unbefleckten und unverwelcklichen Erbe[572] das behalten wirt in himmel uns die wier aus Gottes macht durch den glauben bewahret werden zur seligkeit, und zu den abentmahl des lammes[573] beruffen sind da wier werden die unvergängliche Cron der Ehren enpfahen welche uns allen geben wird den getreue Heiland, Jesus die wier getreu bleiben bis an den tod.[574]
alle sammt der gnaden Gottes empfehlende
und bleibe mit Christlicher libe verbundenen
A C Scharschmidt
Qu[edlinburg] den 16 Apr 1692

563 Die Liebe thematisiert Scharschmidt auch in ihrem Eintrag im Stammbuch von Petrus Mahler, s. Nachwort, S. 188f.
564 1Joh 4,16.
565 1Joh 4,19.
566 Eph 1,6.
567 Kol 3,14.
568 Apg 4,52.
569 1Kor 12,13.
570 Eph 2,6.
571 1Kor 3,16.
572 1Petr 1,4.
573 Apk 19,9.
574 Apk 2,10.

Anna Catharina Scharschmidt an August Hermann Francke, Quedlinburg, 16. Juni 1692

Hertzl[ich] Viel geliebeter bruder In dem Herren Jesu

Gott gebe ihm noch viel Gnade und friede und er halte ihn an seel geist und leib unsträfflich bis auf den todt Jesu Christi.[575] Ich dancke hertzlich vor die beantworttung des neuligen briffs[576] und bin hertzlich sehr erfreuet das uns Gott Gnade und gelegenheit gibet mich durch briffe in unserren Christentum zuerbauen, und uns in unßer Glauben zustärcken. Weiel uns Gott die gegenwart seines angesichtz[577] noch itzo entzihet ich hoffe aber bestendich Wier werden balt durch seine gegenwart erfreuet werden, ich dancke meinen Gott das er mich in glauben und guten gewißen erhalten hat und seine barmhertzigkeit reichlig hat wider faren laßen, und den reichtum seiner Ewigen gnaden[578] geschencket hat und mich In meinen heiland freuen kan, und meine seel ist frölich in meinen Gott[579] das er mich toten wider lebendich gemachet hat,[580] ich lebe nun nicht ich, sondern Christus lebet in mier,[581] als ein sohn über sein haus welches haus sind wier[582] so wier anders das Vertrauen und den ruhm der hoffnug[583] feste bis

575 1Kor 1,8.
576 Dieser Dank weist auf den wechselseitigen Austausch hin; die Schreiben Franckes sind offenbar nicht überliefert.
577 1Kor 13,2.
578 Eph 1,7; 2,7.
579 Jes 61,10.
580 1Kor 15,22.
581 Gal 2,20.
582 1Petr 2,5.
583 Hebr 3,6.

ans ende behalten dazu verhelfe uns der anfänger und Vollender des glaubens Christu Jesus[584]

Seine mitgenoßin der Gnade Christi
den 16. jun. 92
ACScharschmid.

Anna Catharina Scharschmidt an August Hermann Francke, Quedlinburg, 29. April 1693

In namen Jesu amen Hertzlich gelibeter bruder In denn Herren Jesu

Der Herr sey mit dir und mit deinen Geist du teur Erlösete und von Gott geheiligte Seele zu treuben das Werck des Herren, In der kraft daß des Herren nahme möge rein geprüfen, werden und die Geistlich todte auferwecket durch die aufferstehung Jesu Christi, und in das himlische Wesen versetzet,[585] auff daß unser Wandel nicht irdisch sonder himlisch geführet werde das dadurch die Ehre Gottes möge ausgebreitet und die lere Jesu Christi geziret und jederman erkennen möge das wier warhaftige jünger und jüngerin Christi sind und nicht uns selber leben sondern dem der für uns gestorben <ist> und aufferstanden ist,[586] Nun der treuhe Gott und Vatter der uns in Christo Jesu gelibet hat Ehe der Welt grund geleget wart,[587] der wirt uns ferner segnen und aus seiner fülle laßen flißen eine Gnade über die ander[588] damit wier völligen gehorsam

584 Hebr 12,2.
585 Eph 2,6.
586 Gal 2,20.
587 Eph 1,4.
588 Röm 5,17.

und aufopferun unser selbs zu gerichtet werden, das wier seynen heiligen Willen in uns durch uns wircken und volbringen laßen das alles was gering und unrein ist ausgestoßen werde, und Christo eine reine Jungfrau zugeführet werde[589] die inwendich schön geschmücket ist, mit reinen golde des glaubens so wirt der König lust bey ihr zu wohnen haben und mit Kleidern des heils umgeben und mit den rock der gerechtigkeit bekleiden[590] und wirt sie den himlischen Vater zu führen zur hochzeit des lammes[591] da wier samt den vater sohn und heiligen Geist Ewigsein zu Gott mit Gott durch Gott von ewigkeit zu Ewigkeit die Erquickungen die der Herr zu halle[592] uns gegeben hat Erfreuen meine seel noch tächlich und machen mehr begirden wider zu genißen der wohldaten Gottes[593] die der libe bruder uns durch die Krafft Gottes mitgetheilet hat der Herr sei sein schilt und sein großer lohn[594] und sei gesegnet immer und und Ewiglich, Ich bitte fuer mich u[nd] fuer alle seel zubetten die in glauben mit uns vereiniget sind das uns Gott wolle in wachen und betten[595] erhalten und in glauben gestärcket werden das wier in gefährligen zeiten mögen mit freuden überwinden und unser seele rein und lautter in die hände des himlischen Vaters befehlen[596] mögen

amen In Iesu verbundenene
treue
Anna Catharina Scharschm.

589 2Kor 11,2.
590 Jes 61,10.
591 Apk 19,7.
592 Das Ehepaar stattete des Öfteren Besuche in Halle ab; auf welchen Aufenthalt Scharschmidt anspielt, muss offenbleiben.
593 Ps 116, 12.
594 Gen 15,1.
595 Mt 26,41.
596 Lk 23,46.

Ich bitte um antwort wen es seien kann mein liber
man und bruder[597] laßen hertzlich grüßen
Ich grüße alle libe Seelen die mich kennen
der frau mädagne[598] kan das leine want[599] gegeben werden
Q[uedlinburg] dem 29 apr. 1693

Anna Catharina Scharschmidt an August Hermann Francke, Quedlinburg, 17. Juni 1693

Gott mit uns
Hertzlich gelibeter HE[rr] Vater[600]

der segen des Herrn sey mit ihm und erfülle sein hertz mit trost und freuden und laße ihn gesegnent sein immer und Ewiglich. Libwerthester HE. vater ich kan nicht verhalten der freuden die uns Gott hat mittheilen laßen in Halle[601] und unter wegens der Herr sey hochgelobet vor das kostbare manna[602] seines Wortes damit seele Geist und leib Erqviecket und gestärcket wirt, damit wir wachsen mögen zur götligen größe[603] und ein vollenkommer man werden in Christo[604] ach laßet uns hinzugehen mit volligen glauben zu den sißen brunnen der freuden und das Waßer des lebens[605] trin-

597 Zum Ehemann und den Verwandten Scharschmidts s. Nachwort S. 191–195.
598 Nicht ermittelt.
599 Die Leinwand, vgl. den Brief Scharschmidts an Frl. Hoysen, unten S. 157.
600 In den vorherigen Schreiben bezeichnete die Verfasserin ihren Korrespondenzpartner als Bruder, wie es in pietistischen Gruppen üblich war. Der Vaternamen drückt die geistliche Vaterschaft aus.
601 Um welchen Besuch es sich genau handelt, lässt sich nicht rekonstruieren.
602 Joh 6,31; Apk 2,17.
603 Kol 2,19.
604 Eph 4,13.
605 Apk 22,17.

cken das wirt unser Seele nicht alleine reinigen waschen und vor aller unsauberkeit bewaren und selbst ein brunnen werden davon ströme des lebendigen Waßers flißen,[606] dadurch die seele lebet das Wort Gottes der Edelle Same befeigtet[607] damit früchte der gerechtigkeit[608] in uns gewircket werden, der glaube und libe befestiget in der hofnug[609] wir gestercket die kintschafft[610] versigelt das abaa[611] liber Vatter in uns gesprochen werde und wir uns mit allen heiligen der zukinftigen herlichkeit[612] die an uns sol offenbar werden rühmen können, den wir sind gewis das weder tod noch leben uns scheiden möge von der libe Gottes in Christo Jesu,[613] den Er selbst der herr wirt uns befestigen, wen wir getreue bleiben und uns nicht in fremden sachen finden laßen die uns von der einfalt in Christo abführen und das Zihel verrücken Ach darumb laßet uns anlegen die Waffen des lichtes,[614] mit Wachen und betten[615] stetz munter sein, damit wir uns unßers herren und heyllandes antage der herlichkeit freuen mögen, und zu der Ewigen Sabatzruhe[616] eingeführet werden, der treue Gott wirt krafft gäben das wir halten mögen was wir haben das uns nimand unser krone[617] nehme die der Sigeshelt Christus Iesus durch sein leiden hat erworben, denn wir wißen an welchen wir glauben, und hoffen der zukinfftigen her-

606 Joh 7,38.
607 Befeuchtet.
608 Phil 1,11.
609 1Kor 13,13.
610 Gal 4,5.
611 Röm 8,15.
612 Röm 5,2.
613 Röm 8,35.
614 Röm 13,12.
615 Mt 26,41.
616 Hebr 4,9.
617 Apk 3,11.

ligkeit[618] die allen Seligen bereittet ist darum min liber Vater laßet uns mit freuden erdulden die leiden in Christo es ist ja alles Nicht wehrt der herlichkeit die an uns sol offenbar werden[619] den Er selbst der Herr wirt abwischen alle trähnen von unsern augen[620] Ach der herr thut es schon alhier da wir noch in glauben sind ach was vor freude und wonne wirt dasein wen wir zum schauen kommen werden[621] und in klarheit und heiligkeit ewig in Gott sein. Ach es komt die Zeit herbei, libste Seelen seit getreu, ich bitte so es möglich ist mit wenigen zu antwortten und der Jungfer heidfeldin[622] auch eingedenck zu sein Ich hoffe es wirt nicht ohne segen sein, mein liber man läßt grüßen ich bitte auch alle libe seelen hertzlich zu Grüßen die libe frau schwester hh hintzen[623] und denn Herr D. Breuthaupt.[624] ich ergebe sie der sießen liebe Jesu alle

Gott mit uns wir
mit Gott
Ich verbleibe meines
in Jesu gelibten hh Vatters
Gehorsame
dochter[625]
ACScharschmidin
den 17 JUNI 1693

618 Röm 5,2.
619 Röm 8,18.
620 Apk 7,17.
621 2Kor 5,7.
622 Näheres zu dieser Person ist nicht bekannt.
623 Auch zu dieser Frau ließen sich keine weiteren Daten ermitteln.
624 Joachim Justus Breithaupt war ein einflussreicher pietistischer Theologe, der zunächst in Erfurt, dann ab 1691 in Halle als Theologieprofessor eng mit Francke zusammenarbeitete. 1705 wechselte er auf die Stelle des Generalsuperintendenten für das Herzogtum Magdeburg. Zu seiner Bedeutung s. Joachim Justus Breithaupt (1658–1732). Aspekte von Le-

Anna Catharina Scharschmidt an August Hermann Francke, Quedlinburg, 21. März 1711

Ho[ch]Ehrwirdiger Herr
Insonderst werthester bruder In dem gel[iebten] unserm Heyland.

Daß ich die freymühtigkeit nehme, an den gel. bruder zu schreiben, und mit den beykommenden schriften,[626] einige beschwerde demselben feruhrsache, wollen sie in liebe deiten, und mein einfältiges ansinnen in ihrer reichen liebe dragen. Ich habe in einfalt[627] des Hertzens, wie mirs durch die gnade Gottes beygeleget ist, einigen auffschlus, von Göttlichem bilde in dem menschen, und wie dasselbe verlohren, von unbekerten und bekerten stande desselben auffgesetzet.[628] Und meinen werthesten br[uder] zu prieffen übergeben, sie werden in göttlichen Lichte erkönnen, ob dieses einfältige werck wenn Es zum druck befodert wirde, einigen seelen zu der Erbauung in Christenduhm[629] dienen könne. ich wils dem Weisenhause geschencket haben, Solte es beliebet werden zu drucken. so stelle ich alles in des gel[iebten] bruders gutachten, unter was vor einer Vorreden Titel und Nahmen sie dasselbe wolten

---

ben, Wirken und Werk im Kontext, hg. von Reimar Lindauer-Huber und Andreas Lindner, Stuttgart 2011 (Friedenstein Forschungen, 8). 1693 gab es Bemühungen, Breithaupt nach Quedlinburg auf die vakante Stelle des Oberhofpredigers zu berufen, s. *Vom Orde*: Kontakte, S. 81–85.

625 In den erhaltenen Briefen Scharschmidts ist dieses die einzige Stelle, an der sie sich als Tochter Franckes bezeichnet.

626 Es handelt sich demnach um mehrere Manuskripte aus der Feder Scharschmidts, die aber nach bisherigem Forschungsstand nicht erhalten sind. Auf dem Briefumschlag ist lediglich vermerkt: „Dabey Paquet".

627 Zum wiederkehrenden Topos der Einfalt s. oben Anm. 49.

628 Diese Themenfelder behandelt Scharschmidt ebenfalls in dem hier edierten Werk.

629 Dieser Thematik sind alle bekannten Schriften Scharschmidts gewidmet, s. unten Nachwort, S. 206f., 223f.

herraussgäben. ich bitte mir nuhr 100 *Exemplari* auß, was die zum drucken außmachen, wil ich zuschißen, Es befinden sich bey uns einige seelen die gute neigung zu der warheid haben, aber offentlich dieselbe noch nicht bekennen, auch in gemeinschafft mit mir gerne leben wollen,[630] aber vor die wiederwertigen nicht dirffen, bey denenselben hoffe ich wirde es gesegnent seyn. übrigens empfele ich näbest hertzinnigen gruß, an die frau Eheliebste,[631] <denn> den werthest[en] br[uder] der treuen liebe Gottes in derselben verharre

Ihre liebschuldige
dienerin
A.C. Scharschmids

PS

M[ein] l[ieber] man[632] leßet durch mich hertzl. grißen

Anna Catharina Scharschmidt an August Hermann Francke, Quedlinburg, 14. Juni 1721

Hochwürdiger, Hochgelahrter
Hochgeehrter H. Professor[633]

Es hat dem getreuen Gott gefallen, meinen lieben Mann, Herrn Christian Friedrich Schaarschmieden aus dieser Zeit in die frohe Ewigkeit den 12. Jun. gegen abend um 6. Uhr zuruffen, nachdem derselbe bald 74. Jahr alt worden.

---

630 Aus der Sicht Scharschmidts muss es demnach um 1711 in Quedlinburg eine Gruppe von Interessierten an einer pietistischen Frömmigkeitsauffassung gegeben haben.

631 Zu Anna Magdalena Francke, geb. von Wurm, s. unten Nachwort, S. 173.

632 Christian Friedrich Scharschmidt, s. den folgenden Brief mit der Nachricht über seinen Tod.

633 Der Brief scheint von einer anderen Person geschrieben worden zu sein, nur die Unterschrift am Schluss weist große Ähnlichkeiten mit der

Er hat das Zeugniß, daß Er Gott vertrauet, der hat Ihn auch zu sich genommen. Nuhmero bin Ich in den Witwen Stand gesetzet, es wird aber der gnädige Gott seine Gnade auch ins besondere über Mich walten laßen, daß ich mit allen, so ihre Hoffnung auf Gott als unsern Vater setzen, nimmer werde verlassen werden. Seiner Hochwürden habe dieses wollen notificiren, weil Sie mit meinem lieben Mann von vielen Jahren her i[m] Herrn bekannt gewesen, und wünsche, daß *der Herr des lebens* Sie mit dero wehrten *Familie* noch lange seiner Kirchen zum besten, in leben gesund und vergnügt erhalten, und uns alle mit seinem Geiste und Gnaden beystehen wolle, biß wir auch dahin gelangen, da wir ohne Hindernisse Ihn den *dreyeinigen Gott* ewig loben werden. Verharre *Seiner Hochwürden* in liebe und gebet verbundene

Anna Catharina Heidfeldin
verwitbete Scharschmiedin

Quedlinburg
Den 14. *Jun.*
1721.

Handschrift A. C. Scharschmidts auf. Zudem fällt der förmliche Ton dieses Schreibens auf. Auch die Orthographie orientiert sich an den gängigen Normen des Hochdeutschen.

Anna Catharina Scharschmidt an August Hermann Francke, Quedlinburg, 28. Oktober 1723

Hochwürdiger
Insonders hochgeehrter Herr[634]

Es solten mir wohl Euer Hochwürden hohe angelegenheiten, und die wichtigkeiten Ihres Hohen Amts halber, eine blödigkeit erwecken etwaß an dieselbe zu schreiben, weil ich aber dero große Leutseligkeit, und freundlichkeit, von so langen Jahren her, versichert bin, daher habe ich mein hertz, nicht können zurückhalten, mein anliegen auszuschütten, und die zwischen mir und dem Herr *Pastor* Scharschmiden[635] ergangene sache vorzutragen, weil in sonderheit einige reden von der frau *Pastor* Scharschmiden[636] gefallen die wieder die liebe Gottes und des nächsten seÿnd. Euer Hochwürden ist wol noch bewust, das nach meines seligen Mannes tode zwey *juristen*[637] vorgeschlagen seind, die von meinen seligen *M*[ann] geführte rechnung und *documenta* zu untersuchen, und ist nach langem Verzug[638] entlich von dem Herr *Pastor* darein gewilget worden und die Jenigen die der Herr *Pastor* beliebet, *acceptiret* um daß selbe was gesprochen wirde beyderseits genehm zuhalten. Als aber nach fleißiger untersuchung von denen Herren *Juristen* den rechten nach kein ander Spruch kam als daß es bey des seligen *M.* rechnung die er nach gewißen auffgesetzet verbliebe, wan ich

634 Dieser Brief scheint, der Handschrift und dem Duktus nach, wieder von A. C. Scharschmidt selber geschrieben worden zu sein. Der Ton klingt ähnlich distanziert wie in dem Schreiben von 1721.

635 Zu Johann Samuel Scharschmidt s. Nachwort, S. 192f.

636 Zu Rosina Scharschmidt, geb. Busch, s. Nachwort, S. 194.

637 Es ließ sich nicht belegen, um wen es sich dabei handelt.

638 D. h. nach etwa zweieinhalb Jahren nach dem Tod C. F. Scharschmidts.

aber aus liebe und freundschafft waß thun wolte wurde mir in werender *Commission*[639] vor gestellet, darauff habe über 200 thl[640] nachzugeben versprochen, der herr bruder aber daßselbe nicht annehmen wollen, und ist bey seinen ungegründetten meinung gebliben, und mit diesen worten außgebrochen er wolte nichts auß liebe, sondernn nuhr was das recht mit sich brächte. nach dem ich nun beym Abschied diese worte gebrauchte, wir gingen dem Angesichte nach voneinander Gott gebe gnade daß wir in gemühter und hertzen miteinander immer näher vereiniget würden weil wier der ewigkeit näher kähmen in dem ich alt und sie schwach da mit kein *scrupel* oder argwohn in hertzen und gewißen bliebe und als vor Gott lauter erscheinen möchten, darauff werde geantwortet wir behilten *scrupel* fehler und sünden bis in den todt, in gleichen die frau *Past:* brach in großer ungeduld auß sie wolte über die jenigen ach und weh schreien die sie zu der Reise[641] gebracht hetten, sie würden da durch an dem bettelstab kommen. Ich habe im stillen gemühte geantwortet Frau Schwester das ist nicht Christl[ich] daß vergebe sie Gott, Sie solten unter der schickung Gottes stille halten es weren ja viele im Halle die wenig hetten man miste[642] es eintheilen und Gott vertrauen, darauff sagte sie das were ihre *familie* nicht gewont so zu leben. Ich setze dieses nicht daß es ihnen solte vorgehalten werden sondern ihre hertzen und sie dadurch zu erkünnen und wen ich noch die einzige bitte bey Eur: Hochwürden erlangen könte beyden ins hertz zureden daß sie von denen ungegründe-

639 Zu dieser Kommission konnte vorläufig nichts ermittelt werden.
640 Thaler.
641 Zu Ziel und Zeitpunkt einer solchen Reise konnten keine Angaben gefunden werden.
642 Müsste.

tten meinungen abstünden u[nd] sich in der gerechten sache mit mir in liebe setzten wie Christl[ich] und billig ist, damit kein anstoß und ärgernis ferner gegeben werde wie leider geschen; solte der Hl. *P.* zugewinnen seyn, so wolte ich hir durch vernehmen ob mirs erlaubet sey die 400 rt.[643] Herr scharschm zu senden das dieselben in verwahrung genommen wirden biß nach aus spruch der Herren *Commissarien* eine quitung auffgesetzet und richtiger vergleich geschen were, ich wirde so Gott mir das leben in der Zeit läßet gegen dem Hl. *P.* mich gütig erweisen und zu dem in *Testament* des seligen *M.* gesetzten 100 thl noch 100 beyzulegen. ich bitte in seher hertzinniger liebe mir mein offenhertziges schreiben in wohlgewogenheit anzunehmen, und alles in besten bemercken ich verharre nebst Gottl. empfelung und hertzl[icher] begrüßung dero Frau Eheliebsten

Euer Hochwürden

In gebet und liebe ergeben=
ste dienerin
Anna Catharina Heidfeld
verwitbete Scharschmiden

Q[uedlinburg] den 28. *octob*[er]
1723.

643 Reichstaler.

Anna Catharina Scharschmidt an Fräulein Hoysen, Quedlinburg, 16. August 1710

p[raesen]t[ur] d[en] 19ten Aug[ust], 1710
Immanuel
In den selben gelibte freundin[644]

Das über schickte garn und zwirn, den weÿsen hause gehörich, ist nun mero gebleicht, so gut als das selbe hat können gemacht werden.[645] Vor die 202 Str[a]l[en][646] garn und 14 Stralen Zwirn, zu bleichen und auß zu kochen, ist gezalt 2. thlr. 19. Gg[647] Ich melde dieses aber nicht um bezalung dieses wenigen geldes, es sol den weisen hause[648] geschencket seyn. Gott laße seinen Reichen Segen In himlischen gütern, durch Christum kräfftiglich zu theil werden, dadurch werden sie hir und dort Ewiglich genügen haben. *Amen.* Hir mit Gottes gnade hertzl[ich] empfolen, und verharre

derselben
In liebe zu dienen schuldigst.
A.C. Scharschmids.
Q[uedlinburg] den 16. Aug. 1710.

---

644 Der Name der Empfängerin ist auf dem Briefumschlag notiert: Mademoiselle Hoysenin. Weiteres über ihre Person ist nicht bekannt.

645 Die Umstände dieser praktischen Unterstützung des Hallenser Waisenhauses sind nicht bekannt.

646 Eine Maßeinheit für Garne.

647 Groschen.

648 Waisenhaus.

Editorische Notiz

Editionsrichtlinien

Die in dieser Edition abgedruckten Texte werden entsprechend den Prinzipien der Reihe diplomatisch genau wiedergegeben. Orthographie und Interpunktion werden nicht modernisiert. Die in den Vorlagen verwendete lateinische Antiquaschrift wird durch Kursiva gekennzeichnet. Die Virgel wird als Trennzeichen entsprechend den Vorlagen übernommen. Mit eckigen Klammern sind Ergänzungen der Herausgeberinnen markiert. Die frühneuzeitlichen Setzereien verwenden in der Regel bei großgeschriebenen Umlauten die Ausgangslaute, d. h. etwa U für Ü. Auch statt eines großen I wurde ein J verwendet. Das in Handschriften verwendete diakritische Zeichen über dem u, um diesen Buchstaben von dem ähnlichen n zu unterscheiden, wird bei der Transkription der handschriftlichen Briefe nicht berücksichtigt.

Textgrundlagen

Die Texte der Quedlinburgerin Anna Catharina Scharschmidt liegen in frühneuzeitlichen Drucken vor, wurden aber bisher nur ausschnitthaft rezipiert. Erste Untersuchungen können noch nicht als hinreichend gelten, um ein vollständiges Profil ihrer Positionen im Kontext der pietistischen Bewegung und speziell des Quedlinburger pietistischen Netzwerks zu erstellen. Zwei der drei ihr zugeschriebenen umfangreicheren Werke, die in den Jahren 1702, 1703 und 1704 im Druck erschienen, sind inzwischen auch digital zugänglich. Lediglich ihr letztes Werk, die Kommentierung von

Versen des *Cherubinischen Wandersmannes* von Angelus Silesius, ist weiterhin nur als gedruckte Version vorhanden.

Die Entscheidung, Scharschmidts zweites Buch von 1703 in den Mittelpunkt dieser Edition zu stellen, hat folgende Gründe: Anhand der Schrift *Einfältiges Zeugniß Von dem Wahren Dienste des Geistes im Neuen Bunde* lässt sich ein Einblick in das um 1700 entwickelte Denken einer Gruppe von Quedlinburger Autorinnen und Autoren gewinnen, die gleichwohl überregional und international gut vernetzt waren. Eine besondere Nähe zeigen Scharschmidts Äußerungen zu Texten Susanna Margaretha Sprögels und Gottfried Arnolds. Die Anknüpfung an die mystische Tradition steht im Dienste einer Anthropologie und Soteriologie, die von der Verschmelzung von Gott und Mensch sowohl vor dem Fall als auch in eschatologischer Perspektive ausgeht. Während auch Scharschmidts Werke von 1702 und 1704 dokumentieren, wie stark der Einbezug mystischer Denktraditionen den Quedlinburger Pietismus prägte, zeichnet sich ihr Buch *Einfältiges Zeugniß* durch den Bezug auf Jakob Böhmes Ideen aus. Im Gefolge dessen entwickelt die Autorin in diesem Buch Grundzüge einer androgynen Schöpfungs- und Erlösungslehre. Allerdings zeigt sich bei genauerem Blick auf das Ausmaß der Böhme-Rezeption, dass nur ein Teil von dessen Deutungskategorien übernommen wird, und zwar diejenigen, die sich relativ leicht für eine pietistisch geprägte Frömmigkeitsauffassung adaptieren lassen. Der größere Teil seiner aus der Alchemie entnommenen Vorstellungen kommt bei Scharschmidt nicht vor. Ähnlich wie die Anknüpfung an Jakob Böhme nur einen kleinen Ausschnitt aus dessen umfassendem Werk aufgreift, so lässt sich die gesamte hier edierte Schrift als pragmatische Konzentration auf die der Autorin am Herzen liegenden

Gedankengänge beschreiben. Diese werden in unterschiedlichen Zugängen wiederholt und variiert.

In Bezug auf alle drei Bücher Scharschmidts kann von einer auf die Frömmigkeitspraxis ausgerichteten paränetischen Schreibweise gesprochen werden. Die Quedlinburger Autorin fügt allem Anschein nach Textbruchstücke und Einzelteile zu einem Ganzen zusammen, das aber nicht stringent durchkomponiert ist. Dieser Schreib- und Denkstil kann als in gewisser Weise typisch für schreibende Frauen betrachtet werden. Sie konnten in der Regel keine formelle Ausbildung, weder in Rhetorik noch in Theologie, absolvieren und waren darauf angewiesen, sich auf informellen Wegen ihre Bildung zu erschließen. Da Frauen für den Quedlinburger Pietismus eine herausragende Rolle spielten, wird hier bewusst ein schriftliches Zeugnis der alltäglichen, auf die praktische Umsetzung ausgerichteten Frömmigkeit ausgewählt, das bezeichnend ist für die von ihnen abgefassten Texte. Das *Einfältige Zeugniß* kann dazu beitragen, den Quedlinburger Pietismus und die Praktiken des dortigen Netzwerkes besser zu verstehen und zu deuten.

Ein 1703 in einer Veröffentlichung Johann Heinrich Sprögels abgedruckter Brief Anna Catharina Scharschmidts zeigt, in welcher Weise die pietistischen Akteure und Akteurinnen miteinander verflochten waren. Dieses Schreiben scheint der einzige Brief zu sein, der zu ihren Lebzeiten im Druck erschienen ist. Eine handschriftliche Überlieferung hierzu ist nicht bekannt. Wie im gelehrten Diskurs der Frühen Neuzeit üblich, verteidigt sich die Quedlinburger Schriftstellerin gegen die Vorwürfe, die der örtliche Superintendent gegen sie erhoben hatte. Während Scharschmidt sich sonst in ihrer Argumentation und in ihrem Schreibstil eines eher betont schlichten Stils bedient, präsentiert sie sich in diesem Text als Teilnehmerin eines gelehrten polemischen Disputes. Sie rechtfertigt sich und bringt ihrerseits Beschuldigungen gegen den Theologen vor. Dieses Schreiben fügt dem Bild, das sich anhand der erhaltenen Quellen von Anna Catharina Scharschmidt gewinnen lässt, eine weitere Facette hinzu – nämlich die einer selbstbewusst für ihr Renommée streitenden Frau. Der Brief wird eingebettet in kurze Auszüge aus den jeweiligen Schriften der beiden an diesem Konflikt beteiligten Kontrahenten: Johann Heinrich Sprögel und Gerhard Meyer.

Die handschriftlich überlieferten Briefe Scharschmidts sind bisher nicht ediert und auch nicht zu einer Interpretation ihres Gesamtwerkes herangezogen worden. Zum einen beleuchten sie den intensiven Austausch, der einige Jahre lang zwischen Halle und Quedlinburg bestand. Diese Briefe stellen Momentaufnahmen dar und waren nicht für die Öffentlichkeit konzipiert. Es ist zu vermuten, dass die Korrespondenz zwischen August Hermann Francke und Anna Catharina Scharschmidt weitaus umfangreicher war; Franckes Schreiben an die Quedlinburger Briefpartnerin sind nach bisherigem Anschein nicht erhalten. Drei Phasen des Kontaktes lassen sich anhand der hier edierten Schriftstücke nachzeichnen: die der Jahre 1692/93, das Jahr 1711 sowie eine Phase zu Beginn der 1720er Jahre. Die Briefe weisen jeweils ganz unterschiedliche Schreibstile auf und ermöglichen Einblicke in das Verhältnis der beiden Korrespondenzpartner zueinander. Die ersten Schreiben scheinen eine Art von ekstatischer Seelenfreundschaft widerzuspiegeln; im Verlauf der folgenden Jahrzehnte lässt sich anhand von Scharschmidts Diktion auf ein deutlich distanzierteres Verhältnis schließen. Die Briefe dokumentieren darüber hinaus das von Quedlinburg aus gepflegte Kontaktnetz zu pietistischen Zentren. Sie belegen, welch große Bedeutung dem brieflichen

Austausch zukam, sowohl zur gegenseitigen geistlichen Erbauung als auch zur konkreten praktischen Unterstützung. Scharschmidts briefliche Mitteilungen stellen in noch viel stärkerem Maß als ihre gedruckten Werke Zeugnisse pietistischer Alltagspraktiken dar. Im Kontext der Rekonstruktion des Profils einer pietistischen Schriftstellerin aus Quedlinburg kommt ihnen eine wichtige Rolle zu, da sie den Gesamtkontext akzentuieren.

Anna Catharina Scharschmidts Texte sind voll von Anklängen an biblische Motive. Einige Abschnitte vor allem ihrer Briefe bestehen nur aus einer Aneinanderreihung von Bibelversen. Teilweise zitiert sie genau mit Stellenangaben, teilweise gibt sie Passagen des Alten oder Neuen Testaments in freierer Umschreibung wider, gelegentlich verwendet sie biblische Vorlagen aber auch, um eigene Interpretationen vorzulegen, die nicht unbedingt dem Sinn des Textes entsprechen. Soweit die Anklänge nachvollziehbar sind, wurden die Bibelstellen in den Fußnoten nachgewiesen. Alle vorkommenden Angaben wurden überprüft und gegebenenfalls korrigiert. Es wird bei diesen Angaben nicht unterschieden, ob es sich um wörtliche Zitate handelt oder nur um teilweise wörtliche oder um Anlehnungen an biblische Aussagen und Sprachbilder.

Der Text des *Einfältigen Zeugnißes* wird wiedergegeben nach dem in der Bibliothek der Franckeschen Stiftungen in Halle vorhandenen Exemplar. Nachdrucke oder Übersetzungen dieses Werkes sind nicht bekannt. Ebenso wenig gibt es Hinweise auf noch vorhandene handschriftliche Überlieferungen. Die Briefe Anna Catharina Scharschmidts, die hier erstmals veröffentlich werden, sind ebenfalls im Archiv der Franckeschen Stiftungen in Halle erhalten.

Dank

Einigen Kolleginnen und Kollegen sind wir zu großem Dank verpflichtet für ihre uneigennützige Unterstützung zur Fertigstellung dieses Bandes. Insbesondere danken wir:

Dr. Dietrich Blaufuß, Erlangen; Dr. Jürgen Büchsel, Homburg v. d. Höhe; Sabine Frigge, Hamburg; Pfarrer Christoph Schröter († 2023) und Martin Schröter, Quedlinburg, sowie Dr. Claudia Tietz, Hamburg.

Ein besonderer Dank gilt Frau Dr. Britta Klosterberg, Halle, die unsere verschiedenen Bitten um Quellenmaterial, das nicht digital zugänglich ist, jedes Mal unkompliziert und mit großer Zuvorkommenheit beantwortet hat.

Für einen Druckkostenzuschuss danken wir der Evangelischen Heilig Geist- und Johannis-Stiftung zu Quedlinburg sehr herzlich,

Nachwort

Der Quedlinburger Pietismus

„Euch / die ihr mit mir an einem Ort lebet / und tieff in mein Hertz durch die Liebe Gottes eingedrucket seyd / (zum Theil auch wegen der nahen Verwandschafft nach dem Fleisch /) rede ich insonderheit an. Ich kann nicht verbergen / daß meine Seele zu vielen unter Euch eine sonderbahre Liebe und Zuneigung hat; wie ich die andern alle liebe in der allgemeinen Liebe; ob ihr doch möchtet gewonnen werden / und um GOtt eyfern / wie ihr bißher in blinden Eyfer wider die Wahrheit geredet und gelebet habt.“[1] Mit solchen Sätzen wendet sich Anna Catharina Scharschmidt in ihrem 1703 veröffentlichten Buch an ihre Quedlinburger Zeitgenossen. Sie zeigt sich überzeugt, die einzig richtige Form des christlichen Glaubens zu vertreten, die allerdings in Spannung stand zu den Auffassungen der meisten lutherischen Kirchenmitglieder. In der Stadt mit weniger als 10.000 Einwohnern[2] war sie eine der profilierten Stimmen der dort aktiven pietistischen Gruppierung. Ihre durchaus selbstbewusste Artikulation und ihr gesamtes schriftstellerisches Wirken sind nicht denkbar ohne die Einbindung in das Milieu der pietistischen Bewegung, das hier deshalb zunächst dargestellt wird.

1 *Scharschmidt*: Einfältiges Zeugniß, S. 110; oben S. 115 f.
2 Vgl. hierzu *Lißmann*: Schreiben im Netzwerk, S. 82 f.

Stadt und Stift

Seit nunmehr fast 1.100 Jahren gehört Quedlinburg zu den Orten, die für die deutsche Geschichte eine markante Rolle spielten. Die Königspfalz auf dem markanten Bergrücken bestimmte Heinrich I. († 936) zu seiner Grablege. Noch im Todesjahr ihres Gatten begründete Königin Mathilde († 968) hier ein Frauenstift, das mit zahlreichen Privilegien ausgestattet wurde.[3] Das hochadlige reichsunmittelbare Stift, das 1539 lutherisch geworden war, existierte bis 1810.[4] Die 1129 geweihte romanische Stiftskirche St. Servatius zählt zu den bedeutendsten Sakralbauten des 12. Jahrhunderts.[5] Gerade wegen der bis in die Zeit der römisch-deutschen Kaiser zurückreichenden Tradition wählten die Nationalsozialisten diese Kirche als Stätte eines sakralen völkischen Kultes.[6] Im Jahr 1994 erfolgte die Aufnahme von Stadt und Stift in die Liste des UNESCO Weltkulturerbes.[7] Bis heute prägen das Stiftsensemble, die

---

3 Zur Frühzeit des Stifts s. *Tobias Gärtner*: Archäologische Quellen zur Entwicklung von Stadt und Stift Quedlinburg vom 10. bis zum 13. Jahrhundert, in: Das dritte Stift. Forschungen zum Quedlinburger Frauenstift, hg. von Stephan Freund und Thomas Labusiak, Essen 2017, S. 33–57; *Stephan Freund*: Symbolischer Ort – symbolische Handlungen. Quedlinburg als königlicher Aufenthaltsort (10.–12. Jahrhundert), in: ebd., S. 59–85.

4 Mathilde wurde in der damaligen Stiftskirche begraben. Zum Stift und seiner Geschichte s. den Aufsatzband Kayserlich – frey – weltlich; *Peter Kasper*: Das Reichsstift Quedlinburg (936–1810). Konzept – Zeitbezug – Systemwechsel, Göttingen 2014.

5 Die von *Klaus Gereon Beuckers* begründete Reihe der Kieler Quedlinburg-Forschungen, die sich mit kunst- und bauhistorischen Aspekten befasst, hat bisher drei Veröffentlichungen herausgebracht: St. Servatius zu Quedlinburg, Heft 1, Kiel 2014; Heft 2, 2015; Heft 3, 2018.

6 Vgl. hierzu *Tim Lorentzen*: Ideologische Usurpation. Die nationalsozialistische Umgestaltung der Stiftskirchen zu Braunschweig und Quedlinburg als Zeichenhandlung, Wolfenbüttel 2005.

7 Weltkulturdenkmäler in Deutschland: Deutsche Denkmäler in der Liste des Kultur- und Naturerbes der Welt, eine Ausstellung des Deutschen National-Komitees von ICOMOS in Zusammenarbeit mit der Dresdner Bank, bearb. von Hans Caspary u. a., München [2]1994, S. 116–119; 1100

Fachwerkhäuser und die vier gotischen Kirchen – St. Aegidii, St. Blasii, St. Benedikti und St. Nikolai – das Erscheinungsbild der Stadt.

An der Spitze des Reichsstiftes stand die Äbtissin, an zweiter Stelle die Pröpstin. In der für die pietistische Gruppierung Quedlinburgs entscheidenden Phase hatte Anna Dorothea Herzogin von Sachsen-Weimar (1657–1704) das Amt der Äbtissin inne. Nachdem sie sich zunächst durchaus aufgeschlossen gegenüber Vertretern des Pietismus wie Philipp Jacob Spener (1635–1705) und August Hermann Francke (1663–1727) gezeigt hatte, nahm sie zunehmend eine ablehnende Haltung ein.[8] Von 1689 bis 1699 war Magdalena Sophia Herzogin von Holstein-Sonderburg-Wiesenburg (1664–1720) die Pröpstin des Stiftes, bis sie zum Katholizismus konvertierte.[9] Dieser Zweig der schleswig-holsteinischen Herzogsfamilie stand in den 1680er Jahren in Verbindung mit Spener und Johann Jacob Schütz (1640–1690), den Exponenten des sich formierenden Pietismus in Frankfurt am Main.[10] Die späteren prominenten Pietisten Johanna Eleonora Petersen geb. von Merlau (1644–1724)[11] und Johann Winckler

Jahre Quedlinburg. Geschichte – Kunst – Welterbe, hg. von Thomas Wozniak und Clemens Bley, Petersberg 2023.

8 Vgl. *Küppers-Braun*: Prosopographie, S. 70f.; *Lißmann*: Schreiben im Netzwerk, S. 92–94; *Vom Orde*: Kontakte.

9 Vgl. *Küppers-Braun*: Prosopograhie, S. 71. Zu weiteren Konversionen zum Katholizismus in der herzoglichen Familie s. *Albrecht*: Petersen, S. 56f.; *Tietz*: Winckler, S. 69f.

10 Vgl. *Deppermann*: Johann Jakob Schütz; Johann Jacob Schütz. „Zu Dienst Einer Gottbegierigen Seelen". Theologisch-erbauliche Schriften aus den Anfängen des Pietismus, hg. von Andreas Deppermann, Leipzig 2021 (EPT 15).

11 Vgl. *Albrecht*: Petersen, S. 42–57. Während keine näheren Verbindungen zwischen von Merlau und Magdalena Sophia belegt sind, stand Erstere auch nach dem Ende der Wiesenburger Zeit in engem Austausch mit deren jüngerer Schwester Sophie Elisabeth (1653–1684), die Herzog Moritz von Sachsen-Zeitz geheiratet hatte, s. *Markus Matthias*: Die Briefe Jo-

(1642–1705)[12] dienten als Hofjungfer bzw. als Hofmeister Mitgliedern dieser Familie. Die Quedlinburger Pröpstin hielt im Gegensatz zur Äbtissin ihre engen Kontakte zum pietistischen Netzwerk auch während der Phase der heftigen Streitigkeiten aufrecht.[13]

Zu den bemerkenswerten kulturgeschichtlichen Koinzidenzen im Quedlinburg des frühen 18. Jahrhunderts gehört, dass während der Lebenszeit Anna Catharina Scharschmidts, die in ihren Werken einen ethischen Rigorismus vertrat, eine Stiftsdame das frei gewordene Amt der Äbtissin kommissarisch übernahm, deren Rezeption bis in die Gegenwart vor allem von dem Epitheton der Mätresse geprägt ist. Die aus altmärkischem Adel stammende Aurora Gräfin von Königsmarck (1662–1728)[14] wurde 1700 zur Pröpstin ernannt, konnte jedoch trotz deren ausdrücklichem Wunsch nach dem Tod von Herzogin Anna Dorothea das Äbtissinnenamt nicht übernehmen und leitete das Stift nur stellvertretend bis 1718. Größere Gegensätze zwischen den Lebensentwürfen von zwei Frauen wie dem Scharschmidts und dem der Gräfin sind kaum denkbar; allerdings zeichneten sich beide durch ihre literarischen Tätigkeiten und ihre weitreichenden Kontakte aus, die sich aber auf ganz unterschiedliche Themenfelder und Personenkreise bezogen. Aurora von Königsmarck galt als hoch gebildet und wurde zu Leb-

---

hanna Eleonora von Merlaus an die Herzogin Sophie Elisabeth von Sachsen-Zeitz, in: PuN 22, 1996, S. 69–102.

12 Vgl. *Tietz*: Winckler, S. 68–77.

13 Vgl. *Lißmann*: Schreiben im Netzwerk, S. 94–96; *Tietz*: Winckler, S. 70f.

14 Vgl. *Küppers-Braun*: Prosopographie, S. 72f. Der kurzzeitigen Liaison mit dem sächsischen Kurfürsten und späteren polnischen König August dem Starken entstammt der uneheliche Sohn Moritz von Sachsen. Zur neueren Forschung zu dieser Gräfin s. *Dorothea Schröder*: Die schöne Maria Aurora von Königsmarck, Stade 2011; Maria Aurora von Königsmarck. Ein adeliges Frauenleben im Europa der Barockzeit, hg. von Rieke Buning u. a., Köln und Weimar u. a. 2015.

zeiten als Musikerin, Malerin und Schriftstellerin international geachtet. Da sie jedoch nur selten in Quedlinburg anwesend war, ist es wenig wahrscheinlich, dass beide Frauen sich begegneten.[15]

Für Stift und Stiftskirche waren in der Frühen Neuzeit mehrere Geistliche tätig: An der Spitze stand der Oberhofprediger, daneben gab es drei weitere Pfarrer, die sog. Diakone. Zu den von der Stiftsäbtissin ausgeübten Herrschaftsfunktionen gehörte neben dem Besetzungsrecht für die Stiftsämter auch die Berufung der Prediger an den Stadtkirchen. Insofern übte sie einen entscheidenden kirchenpolitischen Einfluss aus.[16] Der für die Verwaltung und die juristischen Angelegenheiten des Stiftsgebietes zuständige Stiftshauptmann wurde nicht von ihr, sondern von der jeweiligen Schutzherrschaft berufen, was nach dem Übergang dieser Rechte Ende 1697 von Sachsen auf Brandenburg zu unzähligen Streitigkeiten insbesondere zwischen der Äbtissin und dem Stiftshauptmann als Vertreter der brandenburgischen Interessen führte. Diese wurden sowohl auf der politischen als auch der militärischen Ebene ausgetragen.[17]

Das pietistische Netzwerk

In der neueren Pietismus-Forschung spielte Quedlinburg lange kaum eine Rolle.[18] Die 1974 vorgelegte Dissertation von Martin Schulz richtete den Blick vor-

15 Nach längeren Differenzen zwischen den Entscheidungsträgern wurde 1718 Marie Elisabeth Prinzessin von Holstein-Gottorf (1678–1755) als Äbtissin eingeführt, s. *Küppers-Braun*: Prosopographie, S. 75. Kontakte zwischen ihr und Scharschmidt sind ebenfalls nicht belegt.

16 Vgl. *Lißmann*: Schreiben im Netzwerk, S. 90f.

17 Vgl. *Lißmann*: Schreiben im Netzwerk, S. 100–108, 116–126.

18 Das im Jahr 2021 erschienene Pietismus Handbuch bietet keinen Artikel zu Quedlinburg, ebenso keinen zu den dortigen Protagonistinnen und Protagonisten, s. Pietismus Handbuch.

nehmlich auf den Geistlichen Johann Heinrich Sprögel (1644–1722) und blieb für mehrere Jahrzehnte die einzige ausführliche Beschäftigung mit den dortigen Vorgängen um 1700.[19] Erst die Studie von Ryoko Mori aus dem Jahr 2004 verortete die Quedlinburger Pietistinnen und Pietisten in dem intensiv verzahnten Netzwerk Mitteldeutschlands.[20] In den letzten Jahren standen pietistische Akteurinnen und Akteure Quedlinburgs aus verschiedenen Perspektiven im Mittelpunkt von Veröffentlichungen, insbesondere die als Schriftstellerinnen bzw. als Netzwerkerinnen aktiven Frauen sowie die durch ihre Ekstasen bekannt gewordenen Dienstmägde, die „Begeisterten Mägde".[21] Mehr als 40 Jahre nach der Untersuchung von Schulz erschien mit der Studie von Katja Lißmann eine weitere grundlegende Analyse zum Quedlinburger Pietismus. Mithilfe des Netzwerk-Paradigmas gelingt es ihr, verschiedene Ebenen des Engagements nachzuzeichnen und deren Ineinandergreifen aufzuzeigen.[22] Der seit den 1990er Jahren vermehrt von der historischen Forschung aufgegriffene Netzwerkansatz ermöglicht es, Verbindungen und Verflechtungen sichtbar zu machen: „Historischer Wandel ist nicht durch Strukturen oder Einzelpersönlichkeiten allein bedingt, sondern wird über handelnde Akteure und ihre Verflechtungsstrukturen erzeugt. Als Verbindung von Mikro- und Makroebene bietet das Netzwerkkonzept ein attraktives Theorieangebot, um verborgene Beziehungsgeflechte aufzuspüren und eine Brücke zwischen Handlungs-

19 *Schulz*: Sprögel.
20 *Mori*: Begeisterung und Ernüchterung, S. 103–183.
21 *Wustmann*: Mägde; Begeisterte Mägde; *Matthias*: Geist auf den Mägden; *Albrecht* u. *Lißmann*: Mit Freude; *Albrecht* u. *Lißmann*: Undoing Gender.
22 *Lißmann*: Schreiben im Netzwerk.

und Strukturebene zu schlagen."[23] In der Pietismusforschung wurde dieser Ansatz an verschiedenen Stellen aufgenommen, insbesondere von der Genderforschung. Ulrike Gleixner beschreibt die Möglichkeiten, die dieser Perspektivwechsel eröffnet: „Das pietistische Netzwerk ist polyzentrisch und hat eine vielgestaltige Form. Die Knotenpunkte sind untereinander verbunden, und es besteht ein wechselseitiger Austausch von Kommunikation, Information und Gütern. Die jeweiligen Zentren haben ihre Autonomie und Eigenständigkeit, dennoch sind sie mit dem gesamten Netzwerk verbunden, d. h. sie sind nicht unabhängig voneinander. [...] Ein akteurszentrierter Ansatz ermöglicht es, alle Beteiligten, unabhängig von Geschlecht, Amt, Stand und anderen Zugehörigkeiten in den Blick zu nehmen."[24] Durch die Verortung des schriftlichen Werks von Anna Catharina Scharschmidt mithilfe der Netzwerk-Kategorie soll das Denken dieser Autorin in seinem sozialen und theologischen Kontext beleuchtet werden.

Anna Catharina Scharschmidt und ihr Ehemann gehörten von den 1690er Jahren an mit weiteren Personen

---

23 *Christian Marx*: Forschungsüberblick zur Historischen Netzwerkforschung. Zwischen Analysekategorie und Metapher, in: Handbuch Historische Netzwerkforschung. Grundlagen und Anwendungen, hg. von Marten Düring u. a., Münster 2016, S. 63–84, 84.

24 *Ulrike Gleixner*: Potentiale eines Konzeptes „Pietismus als Netzwerk" für die Genderforschung, in: Gender im Pietismus, S. 3–17, hier 3. Dieser Beitrag bildete den Auftakt für eine Veranstaltung, die 2011 zum Themenfeld Netzwerke und Geschlechterkonstruktionen stattfand, veranstaltet vom interdisziplinären Arbeitskreis „Gender und Pietismus". Vgl. ferner *Gisela Mettele*: Unbeschreibliches mitteilen. Die Medien des Pietismus im langen 18. Jahrhundert, in: „Schrift soll leserlich seyn". Der Pietismus und die Medien. Beiträge zum IV. Internationalen Kongress für Pietismusforschung 2013, hg. von Christian Soboth u. a., Halle 2016 (HaFo 44/1), S. 3–32, hier 3; *Gisela Mettele*: Weltbürgertum oder Gottesreich. Die Herrnhuter Brüdergemeine als globale Gemeinschaft 1727–1857, Göttingen 2009.

zu den zentralen Akteuren des Quedlinburger Netzwerks. Folgende Personen traten besonders hervor: Johann Heinrich Sprögel[25] wirkte zunächst als Lehrer, seit 1681 als Stiftsdiakonus in Quedlinburg. Nachweislich nahm er 1689 Kontakt mit Pietisten, vor allem in Leipzig, insbesondere mit August Hermann Francke auf. 1693 beförderte ihn die Äbtissin des Stiftes auf die Stelle des ersten Stiftsdiakons.[26] Gottfried Arnold (1666–1714) kam 1693 als Hauslehrer der Familie des Stiftshauptmanns von Stammer nach Quedlinburg und blieb dort bis 1697.[27] Nach seiner Rückkehr aus Gießen lebte er ab 1698 bei Familie Sprögel.[28] Zu Beginn der 1690er Jahre kam es in Quedlinburg und Umgebung zu einer Häufung von ekstatischen Phänomenen: Die bei Sprögels dienende Magd Magdalena Elrichs fiel Ende 1691 etwa gleichzeitig mit Mägden in Halberstadt und Erfurt als Ekstatikerin und Visionärin auf.[29] Etwas später traten ähnliche Er-

25 Zu seiner Biographie s. *Schulz*: Sprögel.

26 Das Amt des Oberhofpredigers in Quedlinburg übernahm 1690 Christian Scriver (1629–1693), über den sich *Sprögel* ausgesprochen anerkennend äußerte: Gründliche Beantwortung, S. 26, 34f. 1703 verließ Sprögel Quedlinburg, wechselte zunächst nach Werben und 1705 ins pommersche Stolp. Die sechs Kinder des Paares bewegten sich teilweise auch in pietistischen Bahnen, ohne jedoch die gleiche Bedeutung zu erlangen wie ihre Eltern. Vgl. Schulz: *Sprögel*, S. 38, Anm. 32.

27 Vgl. *Vogel*: Arnold, S. 138–142.

28 Vgl. Arnolds Gedoppelter Lebenslauf, in: Gottfried Arnold. Gießener Antrittsvorlesung sowie andere Dokumente seiner Gießener Zeit und Gedoppelter Lebenslauf, hg. von Hans Schneider, Leipzig 2012 (EPT 4), S. 145–148, 155–172; *Hans Schneider*: Daten zur Biographie Gottfried Arnolds, in: ebd., S. 411–414. Büchsel geht davon aus, dass Francke und nicht Spener Gottfried Arnold nach Quedlinburg vermittelte, s. *Jürgen Büchsel*: Arnolds Beziehungen nach Halle. Dargestellt an seinen Briefen an den Theologiestudenten Jean Ernst Wilke, in: PuN 22, 1996, S. 175–177.

29 Aus einer kritischen zeitgenössischen Perspektive s. *Kettner*: Kirchen= und Reformations=Historie, S. 266f., 279. Er verweist auf die polemischen Materialsammlungen bei Johann Heinrich Feustking. Zu Feustkings pietismuskritischem Lexikon s. *Adelisa Malena*: „Gefährliche Nähe“. Die Rezeption der mittelalterlichen und frühneuzeitlichen weiblichen

scheinungen auch bei der Quedlinburgerin Anna Eva Jacobs auf.[30] Die Verbindungen der Quedlinburger mit Johanna Eleonora und Johann Wilhelm Petersen (1649–1727) sowie zu der Visionärin Rosamunde Juliane von der Asseburg (1652–1708) führten zu einer eschatologischen Deutung dieser Ereignisse als Zeichen der herannahenden chiliastischen Heilszeit. Allerdings verebbten die hochgespannten Erwartungen u. a. angesichts der scharfen Kritik von Zeitgenossen und auch wegen der nicht gelungenen Integration der Mägde in die pietistischen Gruppen. Während J. H. Sprögel zunächst zu denjenigen gehörte, die die Dienstmägde mit ihren Ekstasen protegierten und bekannt machten, grenzte er sich zehn Jahre später aufs schärfste von seiner ehemaligen Magd Magdalena Elrichs ab und bezeichnete diese, wie die Gegner der Pietisten, als Hure.[31] Neben den Visionärinnen zog in Quedlinburg der Goldschmied Heinrich Kratzenstein († 1696), der wegen seiner Visionen und den daraus abgeleiteten Konsequenzen inhaftiert wurde, Aufmerksamkeit auf sich. Einige der Quedlinburger Pietisten hielten den Kontakt zu ihm aufrecht trotz der breiten Ablehnung, auf die er wegen seines exzentrischen Verhaltens stieß.[32]

Mystik im Radikalpietismus und in der antipietistischen Polemik, in: Gender im Pietismus, S. 141–160.

30 Begeisterte Mägde, S. 87–204; *Wustmann*: Mägde, S. 151–155.

31 *Sprögel*: Gründliche Beantwortung, S. 58–61; *Sprögel*: Ernstliche Entdeckung, S. 37–41. Diese hatte nach Beendigung ihres Dienstes im Hause der Familie Sprögel ein uneheliches Kind zur Welt gebracht. Zu *Meyers* Invektiven in dieser Sache s. dessen Werke: Unverwerffliche Zeugnisse, S. 91–93; Wahre Nothwendigkeit, S. 5f.

32 *Philipp Jacob Spener*: Theologisches Bedencken / Heinrich Kratzensteins […] Vermeynte Offenbahrung […] betreffend, 1693. Nachdruck in: *Spener*: Berliner Predigten 1693–1701. Spener Schriften Bd. 10, hg. von Markus Matthias u. a., Hildesheim u. a. 2015, S. 61–82; *Kettner*: Kirchen= und Reformations=Historie, S. 267–276.

Sophia Maria von Stammer, geb. von Selmnitz (1657–1705), gestaltete durch ihre Korrespondenzen die Beziehungen des lokalen Netzwerks mit Glaucha bzw. Halle maßgeblich mit und installierte gemeinsam mit ihrem Mann Adrian Adam von Stammer (1659–1703) eine Art von pietistisch ausgerichteter Hofgemeinde auf der nahe Quedlinburg gelegenen Rammelburg.[33] Als Hauptmann des Quedlinburger Stiftes war von Stammer neben der Äbtissin die einflussreichste Person in den politischen und kirchenpolitischen Angelegenheiten der Stadt. S. M. von Stammer nahm im Februar 1694 neben Martha Margarethe von Schönberg (1664–1703) auch die zur Vollwaise gewordene Anna Magdalena von Wurm (1670–1734) in ihr Haus auf und setzte sich für deren Eheschließung mit August Hermann Francke gegen den Willen der Verwandten der Braut ein.[34] Susanna Margaretha Sprögel, geb. Wagner (1656–1730), die 1674 Johann Heinrich Sprögel geheiratet hatte, zählt zu den aktivsten Akteurinnen des pietistischen Netzwerkes. Ihr – soweit bekannt – einziges Buch, die *Consilia und Responsa Theologica*, wurde 1705 von Gottfried Arnold herausgegeben. Die Verfasserin entfaltet hierin ein stark an Jakob Böhme (1575–1624) und Johann Georg Gichtel (1638–1710) orientiertes Erlösungsmodell, das vom Ideal der Androgynie geprägt ist.[35] Dieses Werk, das ohne Verfas-

---

33 Vgl. *Lißmann*: Schreiben im Netzwerk, S. 181–289; *Lißmann*: Das „bündlein der Lebendigen“. Die Netzwerkarbeit Sophia Maria von Stammers im Quedlinburger frühen Pietismus zwischen adliger Repräsentation und schriftlicher Subjektkonstitution (1692–1705), in: Gender im Pietismus, S. 117–138.

34 Vgl. *Lißmann*: Schreiben im Netzwerk, S. 186–207. Francke besuchte ab Herbst 1691 Quedlinburg des Öfteren, ebd., S. 130f. Zu seinem Briefwechsel mit S. M. von Stammer s. ebd., S. 183–289.

35 Vgl. *Albrecht*: Literaturproduktion, S. 224; *Sprögel*: Consilia und Responsa. Lange wurde dieses Werk Gottfried Arnold zugeschrieben, da er

sernamen erschien, wurde unterschiedlichen Frauen zugeschrieben, u. a. Anna Catharina Scharschmidt.[36] Darüber hinaus führte Sprögel von 1696 bis 1700 einen intensiven Briefwechsel mit dem Amsterdamer Mystiker und Sophia-Theologen Gichtel.[37] Eine der vier Töchter Sprögels, Anna Maria (1681–1735), die im September 1700 Gottfried Arnold heiratete, wurde allem Anschein nach nur einmal literarisch tätig, als sie 1714 das Vorwort für die posthume Drucklegung von Predigten ihres Ehegatten verfasste.[38]

---

es mit einem Vorwort versehen und herausgegeben hatte, vgl. *Albrecht*: Literaturproduktion, S. 223. Martin Schmidt hat Susanna Margaretha Sprögel als Verfasserin ins Spiel gebracht, vgl. *Schmidt*: Wiedergeburt und neuer Mensch, S. 116, Anm. 18; vgl. dazu auch *Jürgen Büchsel* und *Dietrich Blaufuß*: Gottfried Arnolds Briefwechsel. Erste Bestandsaufnahme – Arnold an Christian Thomasius 1694, in: Pietismus – Herrnhutertum – Erweckungsbewegung. FS Erich Beyreuther, hg. von Dietrich Meyer, Düsseldorf 1982, S. 90. S. M. Sprögel war die Tochter des Quedlinburger Kantors und Musikers Michael Wagner, vgl. *Schulz*: Sprögel, S. 38. Laut Schulz war sie „vielfach am Bett der verzückten Mägde" zu finden; vgl. auch *Witt*: Bekehrung, S. 49.

36 *Albrecht Ritschl* weist ihr diese Veröffentlichung zu und spricht sich gegen Johanna Eleonora Petersen als mögliche Verfasserin aus, s. Geschichte des Pietismus in der lutherischen Kirche des 17. und 18. Jahrhunderts. Bd. 2, Bonn 1884, S. 319f., Anm. 2.

37 Vgl. *Albrecht*: Literaturproduktion, S. 223; *Ruth Albrecht*: Am Anfang eines langen Weges. Frauen- und Geschlechterforschung in der Kirchengeschichte, in: Feministische Theologie und Gender-Forschung. Bilanz, Perspektiven, Akzente, hg. von Irene Dingel, Leipzig 2003, S. 67–96, hier 86; *Salvadori*: Pietismus und Böhme, S. 72–74; *Salvadori*: Geschlechterrollen, S. 506–508. Ferner ist ein Brief von S. M. Sprögel an Justus Lüders erhalten, s. AFSt/H C 251:33, 25. 12. [1696].

38 *Gottfried Arnold*: Theologia Experimentalis, Das ist Geistliche Erfahrungs=Lehre […], Frankfurt a. M. 1714; vgl. *Albrecht*: Literaturproduktion, S. 224f. Herrn Joachim Spröggel aus Beetzendorf verdanken wir den Hinweis auf das Sterberegister der Berliner Nikolaikirche, in dem der Tod der Witwe für den 02. 06. 1735 vermerkt ist, Schreiben vom 28. 01. 2015.

Die Quedlinburger Pietistinnen und Pietisten im Spiegel zeitgenössischer Quellen

Während zu Beginn der 1690er Jahre in Quedlinburg eine hoch gespannte eschatologische Erwartung herrschte und in deren Folge die visionären Phänomene im Zentrum der pietistischen Debatten standen, konzentrierten sich wenige Jahre später die öffentlich ausgetragenen Kontroversen auf die Frage der Teilnahme am Gottesdienst. Gottfried Arnold stellt pointiert einen Zusammenhang zwischen den ekstatischen Vorkommnissen und dem Rückzug vom Gemeindeleben fest. In seiner Schrift *Fernere Erläuterung* von 1701 bedauert er: „von der gantzen *connexion* und verlauff dessen / was in Quedlinburg und anderswo innerhalb von 11. biß 12. jahren vorgegangen / ist noch keine recht warhafftige unpartheyliche historia am tage“. Obwohl er mit seinem aktuellen Buch diese historiographische Lücke nicht schließen könne, so rekonstruiert er kurz Folgendes: „So ist nun bekant gnug / wie GOtt in und nach denen besagten jahren an hiesigem ort nach seiner grossen gnade und unerforschlichen weißheit vieles zuvor ungewöhnliches gethan gehabt / theils in kräfftiger rührung mancher seelen durch den dienst einiger guter werckzeuge [...] theils durch allerhand ausserordentliche dinge / worein sich die vernunfft und menschliche klugheit nicht wol finden können. Nachdem nun ein und andere erweckte gemüther in der empfangenen gnade fortgegangen / und dabey das tieffe verderben des gemeinen kirchen=wesens gesen / auch darüber in grossen kummer und gewissens=scrupel gerathen; haben sich etliche wegen allzugrosser und offenbarer ärgernisse / die ihnen bey denen gewöhnlichen versammlungen gantz unerträglich werden wollen / nach und nach aus äusserster bedrängniß ihres gewissens solchen bißweilen entziehen müssen.“[39] In ganz

39 *Arnold*: Fernere Erläuterung, S. 1f.

ähnlicher Weise konstatiert auch Scharschmidt eine innere Logik bei der zunehmenden Distanzierung gegenüber den lutherischen Kirchengemeinden Quedlinburgs. Allem Anschein nach hatten die insbesondere um 1691/92 entstandenen Frömmigkeitspraktiken, bei denen sich die Pietistinnen und Pietisten um die Visionärinnen herum in den jeweiligen Häusern trafen, längerfristige Auswirkungen hin zur Entwicklung eigener spiritueller Formate. Dabei kam auch den überregionalen Kontakten eine wichtige Rolle zu. Die erhaltenen Quellen zeigen, dass die Korrespondenzen und gegenseitigen Besuche die Ausbildung separatistischer Frömmigkeitsformen bestärkten. Wie Arnold benennt Scharschmidt die frühen 1690er Jahre als den Beginn ihrer zunehmenden Distanzierung von Gottesdienstbesuchen sowie der Teilnahme am Abendmahl. In ihrem 1703 gedruckten Schreiben blickt sie auf einen Zeitraum von zwölf Jahren zurück, in dem sie sich von ihrem Beichtvater Pastor Albert Meinecke (1630–1719) und den öffentlichen Kirchenversammlungen der Kirchengemeinde St. Nikolai zurückgezogen habe.[40]

Insbesondere der Quedlinburger Superintendent Gerhard Meyer/Meier (1664–1723), der von 1698 bis 1700 dieses Amt versah, reagierte mit seinen Veröffentlichungen von 1701/02 heftig auf die pietistischen Praktiken, indem er in erster Linie Arnold, daneben aber auch weitere Pietistinnen und Pietisten namentlich als Schuldige für die Veränderungen in den Gemeinden brandmarkte.[41] Meyers Invektiven wenden

40 Für dieses Verhalten verwendet sie Begriffe wie das „wahre Christentum“ bzw. „wahre Christen“, die auf Johann Arndt verweisen, s. dazu oben in dieser Edition S. 114, 135, 137.

41 Dieses Amt war verbunden mit der Tätigkeit als Oberpastor an St. Benedikti. Anschließend wechselte er nach Bremen, wo er als Superinten-

sich vornehmlich gegen die in seinen Augen führenden männlichen Vertreter der pietistischen Bewegung in Quedlinburg, die Frauen kommen in seiner Darstellung lediglich als Ehefrauen der von ihm angegriffenen Männer vor. Er versucht, vor allem J. H. Sprögel als abhängig von Arnold hinzustellen.[42] Damit rückt er den um etwa 20 Jahre älteren Quedlinburger Geistlichen in eine untergeordnete Position gegenüber dem durch kein geistliches Amt ausgewiesenen Arnold. Sprögel sei diesem, den er als „seinen geistlichen Vater" betrachtet habe, lediglich nachgefolgt.[43]

Der langjährige Quedlinburger Superintendent Friedrich Ernst Kettner (1671–1722)[44] hielt 1710 fest:

---

dent und Domprediger wirkte, s. die Trauerpredigt für Meyer von *Daniel Gerhard Heisius*: Die Eigenschafften Eines treuen und rechtschaffenen Theologi [...], Stade 1723, S. 6. Meyer stammte aus Hamburg und hatte dort Unterricht in orientalischen Sprachen bei Esdras Edzard erhalten, ebd., S. 12. In den Auseinandersetzungen mit den Quedlinburger Pietisten zitiert *Meyer* aus einem Zeugnis, das Edzard ihm ausstellte, Unverwerffliche Zeugnisse, S. 68. Ferner druckt er einen Eintrag August Hermann Franckes in sein Stammbuch ab, den dieser am 01. 10. 1684 in Leipzig verfasste, ebd., S. 68. In seiner Trauerrede erwähnt *Heisius* namentlich Sprögel und Arnold, mit denen Meyer sich scharfe Auseinandersetzungen geliefert habe, Eigenschafften, S. 6.

42 *Sprögel*: Gründliche Beantwortung, S. 36, verteidigt, dass Arnold in der Stiftskirche St. Servatii predigte. Ferner hält er fest, dass Arnold Anfang Dezember 1700 an einem Abendmahlsgottesdienst in der Stiftskirche teilnahm, bei dem die Pastoren Schwalbe und Quenstedt anwesend waren. Zudem weist Sprögel die Behauptung Meyers zurück, dass er mit seiner Weigerung, am öffentlichen Abendmahl in Quedlinburg teilzunehmen, lediglich Arnolds Beispiel gefolgt sei, ebd., S. 36. Vgl. *Sprögel*: Ernstliche Entdeckung, S. 7: Weder sei er von Arnold abhängig noch umgekehrt dieser von ihm, vgl. auch ebd., S. 32.

43 *Meyer*: Unverwerffliche Zeugnisse, S. 3. Vgl. S. 65, 72, 86, 88. Neben Arnold verweist Meyer auch auf Johann Wilhelm Petersen, bei dem Sprögel seine Ideen entlehnt habe, ebd., S. 84. *Arnold*: Fernere Erläuterung, S. 19, weist die Unterstellung zurück, dass er anderen Quedlinburger Pietistinnen und Pietisten als Vorbild gedient habe.

44 Zu Kettner s. *Martin Mulsow*: Moderne aus dem Untergrund. Radikale Frühaufklärung in Deutschland 1680–1720, Hamburg 2002, S. 416–423. Er charakterisiert diesen als „Produkt der gelehrten lutherischen Or-

„ES hat der Separatismus besage der Kirchen=Bücher seit 1694. sqq.[45] und also über 16. Jahr gedauret, und ist alle Personen zu nennen unnöthig. Anno 1691. war allhier Enthusiasmus oder Entzückungen, Anno 1692 sqq. Krazensteinii Motus."[46] Nachdem Kettner die einzelnen Personen und Ereignisse detailliert aufgeführt hat, gibt er eine Definition des aus seiner Sicht gefährlichen Phänomens: „der Separatismus bestehet eigentlich darinnen, wenn man sich um der vielen Heuchler und unwürdigen von Kirch= u. Abendm. eigenmächtig trennet, heimliche conventicula anfängt, wenn Laici selbst lehren, ja wohl Weiber selbst heimlich Sacramenta austheilen ohne Consens[47] der Obrigkeit, zu Verachtung des Predig=Ambts, nicht unter der Direction eines beruffenen Lehrers, sondern für sich, worinnen zugleich ein Donatismus[48] liegt, Krafft welches andere Lehrer, die nicht nach ihren Willen lehren, in ihren Amte für unkräfftig gehalten werden."[49] In seiner *Christlichen Vermahnung* erhebt Kettner in Bezug auf private Abendmahlfeiern ähnliche Vorwürfe gegenüber den „Böhmisten", womit hier eindeutig erkennbar die Quedlinburger Pietistinnen und Pietisten gemeint sind: Diese hätten „sich selbst in ihren Häusern das Abendmahl gereichet, die Semmel

---

thodoxie in Leipzig", ebd., S. 419. Kettner bekämpfte in vielen Veröffentlichungen vor allem die von Holland ausgehenden neuen philosophisch-theologischen Strömungen.

45 Sequentes, d. h. in den darauffolgenden Jahren.

46 *Kettner*: Kirchen= und Reformations=Historie, S. 276f.; Kratzensteins Bewegung, d. h. durch diesen hervorgerufene Tumulte.

47 Zustimmung.

48 In der theologischen Polemik war es üblich, aktuelle Tendenzen mit historischen Phänomenen zu vergleichen. Mit dem Verweis auf den Donatismus des 4. Jahrhunderts wird eine Auffassung markiert, die die Heiligkeit der Amtsträger zum Kriterium für die Wirksamkeit der von diesen vorgenommenen sakramentalen Handlungen erklärt.

49 *Kettner*: Kirchen= und Reformations=Historie, S. 278.

gebrochen, den Wein herum getruncken, die Consecration als eine Menschen=Satzung hinweg gelassen". Die Begründung habe gelautet, dass „sie selbst Priester vor GOtt wären, weil in CHristo gilt weder Mann noch Weib".[50] Entsprechend der traditionellen lutherischen Auslegung unterstreicht der Theologe, dass weder das Geistliche Priestertum noch das paulinische Diktum als direkte Anleitungen für die Gemeindepraxis zu verstehen seien. „Nun ist dieses guten Ordnungen zu wieder, wenn Weiber und Männer sich selbst die Austheilung des Abendmahls anmassen, das geistliche Priesterthum hebet gute Ordnung nicht auff, sonst müste auch das Königliche Priesterthum die Ordnung der Königreiche auffheben [...]. Der Spruch an die Galater am 3., in CHristo gilt weder Mann noch Weib, handelt nicht von der Austheilung des Abendmahls, sondern von der Rechtfertigung".[51] Die von Kettner kritisierten Vorgänge und deren Begründungen lassen sich nur teilweise anhand von Quellen nachvollziehen. Für einen Rückzug vom öffentlichen Gottesdienst traten die in Quedlinburg aktiven Vertreter einer pietistischen Orientierung offen ein und legten dafür theologische Begründungen vor. Auch die Abwertung der Rolle der ordinierten Geistlichen und die Aufwertung der Laien – insbesondere der Frauen – ist hinreichend belegt. Die Betonung der Gleichheit der Geschlechter auf der Grundlage des Priestertums aller Gläubigen sowie ein androgynes Schöpfungs- und Erlösungsverständnis kennzeichnen die Quedlinburger pietistischen Stellungnahmen. Arnold deutet an, dass er ausgehend von dieser Grundlage die Abendmahlsverwaltung durch Frauen für möglich hält. Allerdings lässt er

50 *Kettner*: Christliche Vermahnung, S. 86.
51 *Kettner*: Christliche Vermahnung, S. 87.

seine eigene Ansicht letztlich offen, indem er lediglich referiert: „Ja manche lassen auch wol die Administration des Abendmahls so weit denen Weibern im Gewissen frey / woferne dasselbe jemand vor unentbehrlich achtete / und es in Abwesenheit eines Mannes verlangete.“[52] Die Bedeutung der Sakramente trat jedoch insgesamt gegenüber einer spirituellen Vereinigung mit Christus durch Bibellektüre, Gebet und die mystische Versenkung zurück. So erwähnt z. B. Arnold das „tägliche innere abendmahl“, das diejenigen genießen, die nach seiner Vorstellung wahrhaft christlich leben.[53] Auch Scharschmidt skizziert in ihrem hier edierten Werk die innerliche Verbindung mit Christus, die keines Altars bedarf. Die Abendmahlsfeiern der nach ihrem Verständnis nur Getauften und nicht wirklich Gläubigen kritisiert sie scharf.[54] Für den Vorwurf hingegen, dass bei privaten Abendmahlsfeiern in Quedlinburg auch Frauen die Konsekration und Austeilung vornahmen, gibt es keine Belege.[55]

In seiner Darstellung der Kirchengeschichte Quedlinburgs zählt Kettner in chronologischer Reihenfolge alle aus seiner Sicht wichtigen Ereignisse und Veröffentlichungen der 1690er Jahre auf. Darüber hinaus stellt er die These auf, Frauenstifte zeichneten sich dadurch aus, dass in ihren Gebieten sich „je zu weilen irrig lehrende herfür gethan“. Neben Quedlinburg nennt er Herford, wo sich im dortigen Stift von 1671

52 *Gottfried Arnold*: Ob die Weiber auch öffentlich lehren dürffen? Anhang zu *Arnold*: Geistliche Gestalt, S. 35. Er bezieht sich hierbei auf den schottischen calvinistischen Theologen Johannes Forbesius und dessen Instructiones von 1645. Vgl. *Arnold*: Erste Liebe, S. 99.

53 *Arnold*: Fernere Erläuterung, S. 65; vgl. Begeisterte Mägde, S. 96.

54 *Scharschmidt*: Einfältiges Zeugniß, oben § 34, 37, 42, 44, 65, 88, 89.

55 *Sprögel*: Gründliche Beantwortung, S. 18, verwahrt sich gegen den von Meyer vorgebrachten Vorwurf, von privaten Abendmahlsfeiern in Quedlinburg gewusst zu haben bzw. daran beteiligt gewesen zu sein.

bis 1674 die Gemeinschaft der Labadisten aufgehalten hatte.[56] Genau auf die Verhältnisse in Quedlinburg scheint seine folgende Beobachtung gemünzt zu sein: „Unter die Uhrsachen, warumb in denen Stifftern sich gerne irrige Lehrer auffhalten, gehöret auch, weil je zu weilen sich differentien zwischen denen Schutz=Herrn und Stifftern herfür thun, da sie es denn bald mit dieser, bald mit jener partey oder mit beyden Theilen halten können [. . .] sie halten sich zum mächtigsten Theil, und bringen diejenigen auff ihre Seite, die sie schützen, vertheidigen und ernehren können."[57]

Ein weiterer entschiedener Gegner des Pietismus, der Leipziger Theologieprofessor Johann Benedikt Carpzov (1639–1699), schrieb 1693: „Es wimmelt alles von Pietisten in Qvedlinburg [. . .]. Es stellet nicht allein der Hof=Diaconus Joh. Heinrich Sprögel / sondern auch Doct. Jacob Schmiedt[58] / ein Medicus, und andere ihre Zusammenkünffte von Mann= und Weibes=Personen in ihren Häusern an. Die unter den drey begeisterten

56 *Kettner*: Kirchen= und Reformations=Historie, S. 280, vgl. 281. Unter Verweis auf Feustking hält Kettner allerdings auch fest, dass es in katholischen Klöstern ähnliche Erscheinungen gebe. Zu den Labadisten s. *John Trevor Saxby*: The Quest for the New Jerusalem, Jean de Labadie and the Labadists 1610–1744, Dordrecht 1987; Choosing the better part: Anna Maria van Schurman (1607–1678), hg. von Mirjam de Baar, Dordrecht 1996.

57 *Kettner*: Kirchen= und Reformations=Historie, S. 282; vgl. *Kettner*: Christliche Vermahnung, S. 101.

58 Der Quedlinburger Stadtarzt Jacob Schmidt (1653–1705) gehörte gemeinsam mit seiner Ehefrau von 1690 an zum aktiven Kern des pietistischen Netzwerks. Er war Arzt der Quedlinburger Pröpstin und wurde als Mediziner zur Begutachtung des mentalen Zustands der Visionärinnen hinzugezogen. Schmidt beurteilte die Ekstasen der Mägde als göttlich verursacht, s. Begeisterte Mägde, S. 97; *Lißmann*: Schreiben im Netzwerk, S. 95, 130, 134f., 145, 155, 162, 185, 282. *Ute Küppers-Braun*: Prosopographie, S. 71, macht auf einen Text aus der Feder Schmidts aufmerksam, der die Äbtissin Anna Dorothea würdigt. Im Jahr ihres Amtsantrittes 1685 gab er das Gedicht Purpur auf dem Trohne [...], Quedlinburg o. J., heraus. Wenige Jahre später standen sich die beiden in feindlichen Lagern gegenüber.

Mägden genante Qvedlinburgische Magdalena ist in besagten Hof=Diaconi Diensten / seine Ehefrau selbst / wie auch des Advocaten Scharschmidts Eheweib / haben Entzückungen; David Heimbürger[59] / ein anderer Advocat, schwärmet auch sammt seinem Weibe / und ist keine Gasse / darinnen nicht gantze Familien mit diesem Gifft inficiret. Alle Studiosi, so daselbst in Condition stehen[60] / und Kinder informiren / führen sie zur Pietisterey an; Seliger[61] / ist des Hn. Stiffts= Hauptmans Kinder Informator, Christian Töllner[62] ist bey Sprögeln / den Hof=Diacono, Praeceptor, Zeitz[63] läufft überal herum".[64] Andere zeitgenössische Quellen bestätigen, dass junge pietistische Theologen, die sich als Hauslehrer hier aufhielten, in die Aktivitäten des Netzwerks eingebunden waren. Zu diesen gehörte David Israel Dimpel (1678–1740), der von 1699 bis 1703

59 Zu diesem Juristen s. *Lißmann*: Schreiben im Netzwerk, S. 153, 155.

60 Dort angestellt sind.

61 Johann Gottfried Sehliger unterrichtete 1692/93 vor der Ankunft Arnolds die Kinder der Sprögels. Vermutlich übersiedelte er später nach Pennsylvania, s. *Lißmann*: Schreiben im Netzwerk, S. 131, 135, 160, 185.

62 1692 kam er nach Quedlinburg, nachdem er vorher in Erfurt Theologie studiert und sich dort an Francke orientiert hatte. Von 1692 bis 1695 korrespondierte er mit diesem, ab 1695 wirkte er vorübergehend als Informator am Pädagogium in Halle, s. *Johannes Wallmann*: Der Pietismus an der Universität Jena, in: PuN 37, 2011, S. 55; *Mori*: Begeisterung und Ernüchterung, S. 31, 78f. Christians Bruder Justinus Töllner (1656–1718) engagierte sich in ähnlicher Weise für den Pietismus.

63 Matthias Andreas Zeitz (ca. 1666–1740) gehörte zu den pietistischen Studenten in Erfurt. 1697 ist er in Halle als Student nachweisbar, s. *Lißmann*: Schreiben im Netzwerk, S. 131, 135, 155.

64 *Carpzov*: Beschreibung des Unfugs, S. 103. Daneben erwähnt Carpzov noch Anna Maria Schuchart sowie zwei Töchter Johann Hombergs, die „was rechts schwärmen". Zu den auswärtigen Besuchern der pietistischen Versammlungen gehörten nach seinen Angaben ferner A. H. Francke und Andreas Achilles, Pastor in Halberstadt. Zu Achilles s. *Douglas Shantz*: Politics, Prophecy and Pietism in the Halberstadt Conventicle, 1691–1694. Pietism and the Confessional State in Brandenburg, in: Confessionalism and Pietism. Religious Reforms in Early Modern Europe, hg. von Fred van Lieburg, Mainz 2006, S. 129–148. Zu weiteren pietistischen Studenten s. *Carpzov*: Beschreibung des Unfugs, S. 115.

teilweise neben Arnold als Lehrer der Sprögelschen Kinder wirkte.[65]

Wie in fast allen Berichten werden auch bei Kettner S. M. Sprögel und A. C. Scharschmidt zwar hervorgehoben, aber jeweils in ihrer Position als Ehefrauen der prominenten pietistischen Männer vorgestellt. Aus den Aussagen der Visionärin Anna Eva Jacobs,[66] die im Januar 1693 in der Stiftshauptmannei verhört wurde, greift Carpzov eine Passage auf, in der diese auf weitere Pietistinnen hinweist. „Auf Befragen / wer denn diejenigen wären / die dergleichen Zustand gehabt? nandte sie die Frau Scharschmiedin." Ferner sei sie dabei gewesen, als „die Frau Sprögelin / und die Jungfer Asseburgin" in Ekstase gerieten, dabei „diese ihre Entzückung im Bette / jene auf der Erden liegend gehabt".[67] Weitere Akten dieses Verhörs bestätigen, dass A. C. Scharschmidt gemeinsam mit den anderen Quedlinburger Frauen eine entscheidende Rolle bei der Unterstützung von Jacobs spielte.[68] Als die Ektasen der Dienstmägde im Frühjahr 1692 begannen, wurden nach der Darstellung Carpzovs vornehmlich Dr. Schmidt und S. M. Sprögel hinzugezogen, „welche diese Träume vor göttliche Offenbahrungen gehalten".[69] Während allerdings über die Visionen und auffallenden Verhaltensweisen der Dienstmägde zahlreiche Berichte vorliegen, sind keine Beschreibungen möglicher ekstatischer Verhaltensweisen der Quedlinburger pietistischen Protagonistinnen überliefert. C. F. Scharschmidt erwähnt lediglich in einem Brief

---

65 Vgl. *Christoph Rymatzki*: David Israel Dimpel (1678–1740) als Mitarbeiter Sprögels in Stolp und die Beziehungen zum Halleschen Pietismus nach Sprögels Tod, in: PuN 43, 2017, S. 100–109.

66 Vgl. *Carpzov*: Beschreibung des Unfugs, S. 109–115.

67 *Carpzov*: Beschreibung des Unfugs, S. 115.

68 Vgl. *Lißmann*: Schreiben im Netzwerk, S. 150–163.

69 *Carpzov*: Beschreibung des Unfugs, S. 110, vgl. 109.

vom September 1693, dass seine Ehefrau „am leibe zwar schwach und matt sei“, aber durch Gottes Gnade „entlich helle und klar schöne Gesänge mit uns sang, öffentl und laut bethete, dabey Gottes krafft in den offt lautbaren jauchzen“ zu spüren gewesen sei.[70] Außer A. C. Scharschmidt sangen weitere Pietistinnen vornehmlich während ihrer Ekstasen, insbesondere Anna Maria Schuchart, die seit 1692 in Erfurt als Visionärin auftrat.[71] Dass Frauen sich in den pietistischen Gruppen äußerten mit Gebeten, Meinungsäußerungen oder auch mit Gesängen, gehört von Beginn an zu den Kennzeichen dieser Bewegung.[72]

Als bemerkenswert kann festgehalten werden, dass sich Scharschmidt in ihren Schriften zurückhaltend über die Bedeutung von Ekstasen und Visionen äußert. 1702 spricht sie von „ausserordentlichen Gaben / als Entzückungen / Gesichten / innerlichen und äuserlichen Vorstellungen und würcklichen Genuß der Liebe CHristi“ als möglichen Widerfahrnissen am Beginn des Weges zur Umkehr.[73] Diese „geistliche Trunckenheit“ deute zwar auf den Neuen Menschen hin, stelle aber nur eine der zu überwindenden Etappen dar.[74] In einem späteren Stadium können sich noch einmal

---

70 Christian Friedrich Scharschmidt an August Hermann Francke, Quedlinburg 14. 09. 1693, AFSt/H C 296:112.

71 Vgl. *Friedrich De Boor*: Anna Maria Schuchart als Endzeit-Prophetin in Erfurt 1691/92, in: PuN 21, 1995, S. 148–183; *Wustmann*: Mägde, S. 130–140; *Joachim Jacob*: „Herr, bist Du es“ (?) – Göttliche Inspirationen in pietistischen Selbstzeugnissen des 17. und frühen 18. Jahrhunderts, in: Erschriebenes Leben. Autobiographische Zeugnisse von Marc Aurel bis Knausgård, hg. von Renate Stauf und Christian Wiebe, Heidelberg 2020, S. 143–161, hier 157–161. Schuchart hielt sich 1693 in Quedlinburg auf und emigrierte später mit anderen Pietisten nach Pennsylvania.

72 Vgl. *Lißmann*: Schreiben im Netzwerk, S. 25–50.

73 *Scharschmidt*: Hochwichtiges Werck, S. 9. Sie ordnet solche Erfahrungen der zweiten von insgesamt zwölf Stufen zu und damit der Anfangsphase auf dem Weg zur Unio mystica.

74 *Scharschmidt*: Hochwichtiges Werck, S. 9.

„Offenbahrungen / Einsprechungen / Prophetische Gesichte und Paradiesische Freuden“ einstellen, die aber ebenfalls nur eine weitere Stufe des Heilsweges bilden. Dieser endet in der Unio mystica, der geistlichen Ehe mit Christus, die alle menschlichen Analogien übersteigt.[75]

Aufgrund des andauernden Rückzugs einer beachtlichen Gruppe von Quedlinburgern vom Gottesdienstbesuch und von den Abendmahlfeiern sowie wegen der zunehmenden überregionalen Beachtung der Konflikte unternahm die Äbtissin des Stifts am 31. Juli 1700 mit dem sog. Antiseparatismusedikt den Versuch, die in ihren Augen bedrohte Ordnung wiederherzustellen. Ab September begann sie damit, die per Edikt angedrohten Strafen durchzusetzen, kam indes nicht weit, denn dem Stiftshauptmann von Stammer gelang es, die kurfürstliche Unterstützung gegen die Maßnahmen der Äbtissin einzuholen. Unter brandenburgisch-preußischer Herrschaft erlangte die pietistische Bewegung einen unangreifbaren Status, und so scheiterte die Äbtissin mit ihren letzten Versuchen, deren Aktivitäten zu unterbinden.[76] An den Schriften Arnolds und J. H. Sprögels aus dieser Zeit lässt sich gut ablesen, in welchem Ausmaß sie sich für ihre Anliegen auf den Schutz des preußischen Königs beriefen.[77] Scharschmidt hingegen spricht diese Ebene in ihren Werken nicht an, wofür es

75 *Scharschmidt*, Hochwichtiges Werk, S. 36f., 53f. *Jane Leade* ordnet Visionen ganz ähnlich ein, s. Offenbahrung der Offenbahrungen, S. 240.

76 Vgl. hierzu *Lißmann*: Schreiben im Netzwerk, S. 172–177. *Schulz*, Sprögel, S. 242, zitiert aus einem Brief des langjährigen Quedlinburger Superintendenten Kettner von 1721: „So viel Verdruß ich hier zwanzig Jahre als Oberhofprediger und Superintendent gehabt habe, nichts kränkt mich so sehr, als daß ich den hiesigen Separatisten wegen ihrer großen Gunst bei Hofe und in der Stiftshauptmannei so gar wenig Einhalt tun können“.

77 Vgl. *Arnold*: Fernere Erläuterung, S. 2, 8 u. ö.; *Sprögel*: Gründliche Beantwortung, S. 12–14, 64.

unterschiedliche Gründe geben mag: Aufgrund ihres Geschlechtes war sie von obrigkeitlichen Einschränkungen nicht in dem Maß bedroht wie ihre gleichgesinnten männlichen Freunde. Zum anderen befasste sie sich vornehmlich mit der inneren Entwicklung des Glaubens.

Die erhaltenen Quellen zeigen, in welcher Weise die Aktivitäten in Quedlinburg überregional und international wahrgenommen wurden – insbesondere die der Frauen. Im Herbst 1697 würdigten die in London von den englischen Anhängern Jakob Böhmes herausgegebenen *Theosophical Transactions* die dortigen Pietistinnen: „The Town of Quedlinburg in Saxony is greatly Bless'd by God with some chosen Spirits of a more than Ordinary Piety. And as formerly there was here a Famous Abby of Women, who were Sovereigns of this town, so also there may not be wanting there Illustrious Females in this Age, who may add a singular Lustre to that Holy Religion which they profess."[78] Da es Hinweise auf einen intensiven Austausch zwischen Quedlinburg und London sowie weiterer internationaler Knotenpunkte gibt, ist davon auszugehen, dass die Herausgeber dieser englischen Zeitschrift, die Nachrichten über Personen und Ereignisse in ganz Europa sammelten, über nähere Informationen in Bezug auf die Quedlinburger Verhältnisse verfügten. In dieses Bild passt, dass Arnold im Mai 1698 einem seiner Korrespondenzpartner zu den Kontakten, die von Quedlinburg aus gepflegt wurden, mitteilte: „Wir haben allhier immer Gelegenheit an Leaden zu schrei-

78 Theosophical Transactions by the Philadelphian Society [...]. Nr. V. London 1697, S. 294. Im gleichen Jahrgang 1697, S. 142–151, erschien ein Auszug aus dem 1696 publizierten Werk J. E. Petersens über die Johannes-Apokalypse. Ihre Ausführungen über das Neue Jerusalem (Apk 21) wurden in englischer Übersetzung wiedergegeben, s. *Albrecht*: Petersen, S. 257f.

ben".[79] Seit der Mitte der 1690er Jahre waren Schriften Leades auf dem deutschen Buchmarkt präsent.[80] Jane Leade (1624–1704) stand gemeinsam mit John Pordage (1607–1681) im Mittelpunkt einer Gruppe der englischen Böhme-Schüler, die sich insbesondere in den Jahren 1702/03 systematisch um mögliche Mitglieder für eine neue religiöse Organisation, die Philadelphische Gesellschaft, bemühten.[81] In der Liste, die hierfür erstellt wurde, dem *Catalogus amicorum in Germania*, finden sich auch etliche bekannte Namen deutscher Pietisten. Für Quedlinburg werden einige der herausragenden Akteure des dortigen Netzwerkes als ansprechbar für die in London entworfene Idee einer alternativen überkonfessionellen Kirche genannt: die Ehepaare Scharschmidt und Sprögel, Frau von Stam-

---

79 Brief an Johann Heinrich May vom 23.05.1698, zit. nach *Büchsel*: Arnolds Weg, S. 194. Arnolds Werk über die göttliche Weisheit Sophia ist im Kontext der von Johann Georg Gichtel, Jane Leade und John Pordage etwa zeitgleich entwickelten Sophienmystik zu sehen, s. *Arnold*: Sophia. Der Bibliothekskatalog Arnolds, der nach seinem Tod erstellt wurde, weist einige Werke Leades auf, s. *Breymeyer*: Bibliothek Arnolds, S. 68f.; Catalogus, S. 380.

80 Auch der Briefwechsel, den J. E. und J. W. Petersen mit Johann Georg Gichtel führten, belegt, dass über Jane Leade und ihr Werk in den Jahren um 1695 intensiv diskutiert wurde, s. *Albrecht*: Briefwechsel, S. 348–359; *Burkhard Dohm*: Böhme-Rezeption in England und deren Rückwirkung auf den frühen deutschen Pietismus. Jane Lead und das Ehepaar Petersen, in: Offenbarung und Episteme, S. 219–235; *Martin*: God's Strange Providence. *Markus Matthias*: „Preußisches" Beamtentum mit radikalpietistischer „Privatreligion": Dodo II. von Innhausen und Knyphausen (1641–1698), in: Radikaler Pietismus, S. 200f., nimmt an, dass Knyphausen bereits seit den späten 1680er Jahren in Kontakt mit Leade stand und die Kenntnis ihrer Werke im deutschen Sprachraum entscheidend förderte.

81 Zur Bedeutung der englischen Böhme-Anhänger für den deutschen Pietismus s. Geschlechtlichkeit, S. 71–96, 242–250; *Ariel Hessayon*: Jane Lead (1624–1704) und die Philadelphian Society, in: Pietismus Handbuch, S. 146–151; *Ariel Hessayon*: Jane Lead and the Philadelphians, in: Early Modern Prophecies in Transnational, National und Regional Contexts, Bd. 3, hg. von Lionel Laborie und Ariel Hessayon, Leiden 2020, S. 31–157; vgl. ferner den Sammelband Jane Lead.

mer, der Arzt Dr. Schmidt, der Theologiestudent Pfeiffer sowie G. Arnold.[82]

Spuren der überregionalen Wahrnehmung der Quedlinburger pietistischen Aktivitäten finden sich ebenfalls in frühneuzeitlichen studentischen Stammbüchern. Daniel Falckner (1666–1744) hinterließ ein Stammbuch mit Eintragungen, die seine Verbindungen im pietistischen Milieu Mitteldeutschlands belegen. Er hatte in Erfurt Theologie studiert, Kontakt zu den regionalen und überregionalen pietistischen Netzwerken aufgenommen und wanderte Mitte der 1690er Jahre nach Pennsylvania aus. Mehrere Einträge aus den Jahren 1694 bis 1696 lassen sich Quedlinburg zuordnen. Unter diesen zehn Personen findet sich auch C. F. Scharschmidt, aber nicht A. C. Scharschmidt.[83] Das Stammbuch des Hallenser Studenten Petrus Mahler (†1728) vom Beginn der 1690er Jahre enthält ebenfalls einige der Personen, die in den hier erwähnten Quellen als die wichtigsten Akteure und Akteurinnen des Quedlinburger Pietismus vorkommen. Neben Einträgen von Martha Margarethe von Schönberg und Gottfried Arnold finden sich solche der Ehepaare Sprögel und

82 FLB Chart A 297, 6; Abdruck bei *Thune*: Behmenists, S. 125f. Vgl. *Hans-Jürgen Schrader*: Terminologische und historische Eingrenzungen: Pietismus – Radikalpietismus – philadelphische Bewegung, in: ders.: Literatur und Sprache, S. 19–62, hier 47–50. Arnold ist im Londoner Katalog noch unter Quedlinburg aufgelistet, allerdings mit dem Vermerk, dass er jetzt Hofprediger in Allstedt sei.

83 Die Unschuldigen Nachrichten 1747, S. 885–893, veröffentlichten Auszüge aus seinem Stammbuch. Hier begegnen neben dem Ehepaar Sprögel auch deren Tochter Anna Sophia, zwei Mitglieder der Familie Homberg, M. A. Zeitz sowie drei Frauen mit dem Nachnamen Bode, ebd., S. 887f., 891f.; zu Mitgliedern einer Familie Bode in Quedlinburg s. *Wauer*: Häuserbuch B, S. 52. Vgl. ferner *Rosalind J. Beiler*: Migration and the Loss of Spiritual Community. The Case of Daniel Falckner and Anna Maria Schuchart, in: Enduring Loss in Early Modern Germany. Cross Disciplinary Perspectives, hg. von Lynne Tatlock, Leiden und Boston 2010, S. 369–395

Scharschmidt.[84] Die Einträge beider Scharschmidts wurden in Quedlinburg vorgenommen. C. F. Scharschmidt trägt sich am 31. März 1700 mit einem Bibelvers ein, dem Zitat aus 1Joh 4,16. Zu seinem Namen ergänzt er lediglich die Formel: „Zum hertzl. Memorial".[85] Anna Catharina Scharschmidts Eintrag vom 30. März 1700 beginnt mit dem gleichen Satz aus dem 1. Johannesbrief: „Gott ist die Liebe". Sie ergänzt dieses Votum jedoch mit ihren eigenen Worten, in denen sie diese Liebe näher qualifiziert. Auch ihre Unterschrift wird nicht einfach durch eine Formel eingeleitet, sondern ebenfalls durch eine persönliche Widmung erweitert, in der sie Mahler als „bruder" anspricht.[86]

Eine weitere wichtige Verbindung mehrerer Quedlinburger weist nach Amsterdam. Der Sophia-Theologe und Mystiker Johann Georg Gichtel pflegte eine ausgedehnte Korrespondenz, u. a. auch mit Gottfried Arnold und weiteren Quedlinburger Pietisten.[87] Aus den Jahren 1696 sind seine Schreiben an Susanna Margaretha Sprögel erhalten, in denen er sich gut informiert über die Vorgänge in Quedlinburg zeigt. Sprögels Briefe hingegen sind nicht überliefert. Nachdem Gichtel zunächst den Ehemann und weitere Familienmitglieder hatte grüßen lassen, nahm er zunehmend „alle liebe Mitglieder dorten" in den Blick.[88] 1699 gab er seiner Überzeugung einer engen Verbindung zwischen Amsterdam und Quedlinburg Ausdruck: „Wir

84 AFSt/H C 836: 67. Mahler studierte 1697 Theologie in Halle.
85 AFSt/H C 836: 67. Die Bibelstelle wird nicht angegeben.
86 AFSt/H C 836: 67.
87 Vgl. hierzu *Gertraud Zaepernick*: Johann Georg Gichtels und seiner Nachfolger Briefwechsel mit den Hallischen Pietisten, besonders mit A. M. Francke, in: PuN 8, 1982, S. 74–118; zur Korrespondenz des Ehepaares Petersen mit Gichtel und dem Verhältnis zu Leade s. *Albrecht*: Briefwechsel; *Martin*: God's Strange Providence.
88 *Gichtel*: Theosophia Practica Bd. 2, ep. 100, 17. 10. 1699, S. 2938.

grüssen euch liebe Hertzen, und küssen euch im Geiste brüderlich, alle die JEsum lieben."[89] In seinem Brief vom Dezember 1699 an Susanna Margaretha Sprögel formulierte Gichtel ein außerordentliches Lob im Blick auf die Quedlinburger Pietisten: „Ihr liebsten Q. habt uns hier die Crone von unserm Haupt genommen; dafür wir dem höchsten Geber alles Guten hertzlich danken, und bitten, daß Er euch in Gnaden 1000. mal reicher machen wolle an guten Werken, daß ihr vor GOtt und allen Auserwehlten, diese Ehren=Cron und Titul, als die besten Christen in Wahrheit tragen möget!"[90] Worauf genau sich Gichtel hier bezieht, geht aus seinem Schreiben nicht hervor und lässt sich durch andere Quellen nicht ganz genau bestimmen; allerdings ist zu bedenken, dass sich um die Jahreswende 1699/1700 die Konflikte um den Separatismus in Quedlinburg massiv zuspitzten. Der ebenfalls mit Gichtel und Leade verbundene Johann Wilhelm Petersen sah sich in seiner Lebensbilanz mehreren Quedlinburger Frauen gegenüber zu Dank verpflichtet: „So hat mir auch die Frau Stiffts=Hauptmannin, Fr. von Stammerin, die eine köstliche Seele war, über deren Hintritt ich ein Denckmahl der Nachwelt aufgerichtet,[91] die Frau Sprögelin, die eine grosse Betherin, und mächtig in geistlichen Schrifften, ingleichen die Fr. Hof=Räthin Schaarschmied, sammt ihrem Herrn, die beyde dem HErrn angehören, sehr viel Gutes gethan".[92]

89 *Gichtel:* Theosophia Practica Bd. 2, ep. 101, 01. 12. 1699, S. 2940; vgl. ep. 124, 10. 06. 1697, S. 1276; ep. 127, 12. 08. 1698, S. 1293; ep. 129, 24. 03. 1699, S. 1305; ep. 130, 16. 03. 1700, S. 1309.

90 *Gichtel:* Theosophia Practica Bd. 4, ep. 101, 01. 12. 1699, S. 2939f.

91 Ein Nachruf J. W. Petersens auf S. M. von Stammer ließ sich bisher nicht nachweisen.

92 *Johann Wilhelm Petersen:* Das Leben Jo. Wilhelmi Petersen [...], o. O. 1717, S. 236.

Person und Werk Anna Catharina Scharschmidts

Zur Biographie

Bisher gibt es nur wenige Veröffentlichungen zu Scharschmidt;[93] ihr Lebenslauf kann noch immer lediglich in groben Umrissen rekonstruiert werden. Anna Catharina Heidfeld entstammte einer angesehenen Quedlinburger Familie, die im 16. und 17. Jahrhundert etliche Stadträte stellte.[94] Getauft wurde sie am 28. Juli 1658 in der Quedlinburger Kirche St. Benedikti. Ihre Taufpaten waren der Student Andreas Michael Hieronymus Heidfeld, Andreas Wiebel und Anna Margaretha Steuerwald.[95] Ihre Mutter Elisabeth Heidfeld, eine Tochter des Kämmerers Heinrich Grashoff, wurde am 1. Oktober 1650 in der St. Benediktikirche mit Christian Gerhard Heidfeld (1620–1678) getraut.[96] Dieser war als Ratskämmerer und Stadtvogt ein wohlhabender und einflussreicher Bürger, was auch der repräsentative Neubau des familiären Wohnhauses von 1665 in der Breiten Straße 15 unterstreicht.[97] Die Familie wohnte damit im Gebiet der Kirche St. Benedikti, die im Zentrum der Altstadt in der Nähe des Marktes und des Rathauses liegt. Soweit aus den Kirchenbüchern

93 Als weitere Namensformen begegnen Scharschmied und Schaarschmid.

94 Neben ihrem Vater waren weitere Familienmitglieder regierende Altstädter Bürgermeister: Johann Andreas in den Jahren 1664 und 1707 sowie Timotheus Heidfeld im Jahr 1691, s. *Lißmann*: Schreiben im Netzwerk, S. 109. Zu Ehren der Familie wurde 1878 die ehemalige Neue Straße in Heidfeldstraße umbenannt, vgl. *Wauer*: Häuserbuch A, S. 218.

95 Landeskirchenarchiv Magdeburg, Kirchenbücher aus Quedlinburg, Taufregister von St. Benedikti.

96 Kirchenbücher (wie Anm. 95), Kopulationsregister von St. Benedikti, 1650, Nr. 13.

97 Vgl. *Wauer*: Häuserbuch A, S. 100. Wauer führt die Familie Heidfeld bzw. Christian Gerhard Heidfeld ab 1660 und bis mindestens 1701 als Eigentümer des Hauses. C. G. Heidfeld wurde am 07. 02. 1678 im Riemerschen Begräbnis beigesetzt, s. Kirchenbücher (wie Anm. 95), Beerdigungsregister.

ersichtlich, hatte Anna Catharina Heidfeld zwei Brüder: Johann Heinrich (1652–1702) und Ferdinand (1656).[98] Der Ältere, Johann Heinrich Heidfeld, wurde Kämmerer der Stadt Quedlinburg und war in dieser Funktion beteiligt an einem Verhör von Anna Eva Jacobs, die Anfang 1693 wegen ihrer Ekstasen vernommen wurde. Ganz offensichtlich gehörte er zu den Gegnern des Pietismus und förderte bei der Befragung auch Details über das Verhalten seiner Schwester zutage.[99] Am 4. März 1679 heiratete Anna Catharina Heidfeld in der Kirche St. Benedikti den Juristen Christian Friedrich Scharschmidt (1658–1721),[100] der ebenfalls einer alteingesessenen Quedlinburger Familie entstammte. Scharschmidt war beinahe drei Jahrzehnte lang nebenberuflich als Sekretär für die Verwaltung des Stifts in der sog. Stiftshauptmannei tätig. Sein direkter Vorgesetzter von Stammer und er legten ein beachtliches Engagement für die Aktivitäten des lokalen pietistischen Netzwerks an den Tag. Der Vater Christian Friedrich Scharschmidts, Hofdiakon der Stiftskirche und später Pfarrer zu St. Aegidii, hatte vor allem durch seine Einheirat in die Neustädter Ratsfamilie Salzenberger einen ansehnlichen Immobilienbesitz erlangt.[101] Einer der Brüder von C. F. Scharschmidt, Jo-

98 Kirchenbücher (wie Anm. 95), Taufregister von St. Benedikti. Ferdinand wurde am 17. 02. 1656 getauft.

99 Vgl. *Lißmann*: Schreiben im Netzwerk, S. 154. Beigesetzt wurde er am 14. 04. 1702, Kirchenbücher (wie Anm. 95), Beerdigungsregister.

100 Kirchenbücher (wie Anm. 95), getauft wurde er am 21. 04. 1658, kirchlich beerdigt am 15. 06. 1721, Beerdigungsregister St. Nikolai, 1721, Nr. 92; Kopulationsregister St. Benedikti, 1679, Nr. 5. Zu Christian Friedrich Scharschmidt s. ferner Scharschmied (Christian Friedrich), in: Zedler 34, 1742, Sp. 951.

101 Wauer gibt an, dass das Haus Blasiistraße 5/6 1654 an Christian Scharschmidt verkauft worden sei; des Weiteren sei 1656 ein Anteil des Hauses und Grundstücks Hohe Straße 19 an ihn gegangen. 1692 taucht „Pastor Christian Scharschmits“ in der Breiten Straße 20 auf. Dieser Besitz hatte die Braugerechtigkeit inne, ferner gehörten eine Wiese und

hann Samuel (1664–1727), wurde ein wichtiger Mitarbeiter A. H. Franckes und der erste Gesandte der Hallenser Stiftungen in Russland.[102] Vom väterlichen Erbe erhielt Christian Friedrich Scharschmidt als ältester Sohn 1681 den Brauhof im Steinweg 81, direkt neben dem Neustädter Rathaus gelegen.[103] Dieses Haus bewohnte das Ehepaar Scharschmidt vermutlich zeitlebens, denn noch kurz nach C. F. Scharschmidts Tod am 12. Juni 1721 wird in den Akten der Stiftshauptmannei der Steinweg als Wohnhaus der Familie Scharschmidt angegeben.[104] An der St. Nikolaikirche, zu der das Ehepaar Scharschmidt gehörte, hatte für etwa zehn Jahre der berühmte Theologe Johann Arndt (1555–1621) gewirkt.[105] Obzwar sich durchaus Anklänge an Arndt in den Werken A. C. Scharschmidts finden, gibt es keine Hinweise darauf, dass sie sich eingehender mit ihm befasst hat. Über die Witwenjahre Anna Catharina Scharschmidts ist so gut wie nichts bekannt. Am 14. Juni 1721 teilte sie A. H. Francke den Tod ihres Ehe-

---

ein Wohnhaus in der Weberstraße dazu, außerdem zwei „Kleinhäuser am Nobben" mit zwei Hufen Ackerland, vgl. *Wauer*: Häuserbuch A, S. 32, 244, 105; vgl. *Wauer*: Häuserbuch B, S. 52f. Zu Christian Scharschmidt s. Scharschmied (Christian), in: Zedler 34, 1742, Sp. 951.

102 Vgl. *Günter Rosenfeld*: August Hermann Franckes erster Sendbote in Rußland – Johann Samuel Scharschmidt, in: Europa in der Frühen Neuzeit. FS Günter Mühlpfort. Bd. 5, hg. von Erich Donnert, Weimar u. a. 1997, S. 1–25. Seit Ende der 1680er Jahre stand J. S. Scharschmidt in Kontakt mit A. H. Francke und Spener. Ende 1695 entstand die Idee, ihn nach Moskau zu entsenden, s. *Spener*: Briefwechsel mit Francke, S. 414, 425, 439 u. ö.

103 Vgl. *Wauer*: Häuserbuch B, S. 429. Für das Jahr 1693 führt er Christian Friedrich Scharschmidt außerdem als Besitzer des Wohnhauses mit Braugerechtigkeit in der Schmalen Straße 14, vgl. *Wauer*: Häuserbuch A, S. 544.

104 Vgl. Landesarchiv Sachsen-Anhalt, Magdeburg (LASA), A 22, 82; 14. 06. 1721. Vgl. *Wauer*: Häuserbuch B, S. 51. Hier ist für das Jahr 1720 „Rat Christian Friedrich Scharschmidts Witwe" als Besitzerin vermerkt. Zum Tod C. F. Scharschmidts vgl. auch LASA, A 22, 82; 13. 06. 1721.

105 Arndt wirkte hier von 1590 bis 1599, s. *Illg*: Arndt.

gatten mit. Zwei Jahre später bat sie Francke um Vermittlung in einem Erbschaftsstreit mit ihrem Schwager Justus Samuel Scharschmidt und dessen Ehefrau Regina, geb. Busch.[106] Die Trauerfeier für Anna Catharina Scharschmidt fand am 2. Februar 1730 in der Quedlinburger St. Nikolaikirche statt. Nach den Angaben des dortigen Kirchenbuches wurde sie feierlich beigesetzt mit vollem Geläut und begleitet von den „Schul=Collegen", die vor der Leiche herzogen.[107]

Allem Anschein nach hatten Anna Catharina und Christian Friedrich Scharschmidt keine Nachfahren, die die Eltern überlebten: Außer der 1680 geborenen und bereits 1681 verstorbenen Tochter mit Namen Catharina Elisabetha sind in den Taufregistern der Quedlinburger Kirchen keine weiteren Kinder aufgeführt.[108] Von daher muss offen bleiben, für welche Aufgaben die Anstellung des Theologiestudenten Julius Franz Pfeiffer seit Februar 1694 erfolgte.[109] Pfeiffer, ein Neffe des Lübecker Superintendenten August Pfeiffer (1640–1698),[110] hatte sich 1691 für einige Zeit

---

106 Beide Briefe sind in dieser Edition abgedruckt, S. 152–156. J. S. Scharschmidt hatte 1707 geheiratet und war 1717 aus Moskau nach Halle zurückgekehrt, wo er in den folgenden Jahren eine Pfarrstelle übernahm. Über den Ausgang dieser Auseinandersetzungen ist nichts bekannt.

107 Wir danken Herrn Pfarrer Christoph Schröter aus Quedlinburg für die Mitteilung dieses Datums, Schreiben vom 13. 01. 2020; Kirchenbücher (wie Anm. 95), Beerdigungsregister St. Nikolai, 1730, Nr. 13.

108 Das Mädchen wurde am 12.03.1680 getauft und am 06. 12. 1681 bestattet, wie den Kirchenbüchern von St. Nikolai zu entnehmen ist. Wir danken C. Schröter für diese Information, Brief vom 13. 01. 2020. Die Taufpaten waren Christian Scharschmidt, Johann Heinrich Heidfeld und Catharina Hock, Ehefrau von Thomas Hock. Nach eigenen Recherchen in den Unterlagen des Magdeburger Kirchenarchivs vom 28. 02. 2023 sind in den Quedlinburger Kirchenbüchern der Jahre 1681 bis 1688 auch keine Totgeburten für das Ehepaar Scharschmidt verzeichnet.

109 Vgl. *Mori*: Begeisterung und Ernüchterung, S. 263–284. Allem Anschein nach vermittelte A. H. Francke ihn zu Scharschmidts, ebd., S. 276f.

110 Pfeiffer zählt zu den entschiedenen Gegnern des Pietismus, s. *Johannes Wallmann*: Pfeiffer, August, in: RGG^4 6, 2003, Sp. 1231.

in Lüneburg bei dem Ehepaar Petersen aufgehalten und war dort in Kontakt mit v. Asseburg gekommen.[111] Mit diesem jungen Mann hatten die Scharschmidts einen Studenten aufgenommen, der zu Beginn der 1690er Jahre über vielfältige Verbindungen zu Pietistinnen und Pietisten verfügte.[112]

Anna Catharina Scharschmidts schriftstellerisches Oeuvre

Drei Traktate lassen sich nach dem bisherigen Kenntnisstand der Quedlinburger Schriftstellerin zuweisen: 1702 erschien ihr erstes Buch *Hochwichtiges Werck der Wiedergebuhrt* ohne Nennung ihres Namens, eines Druckortes oder eines Verlags.[113] Zur Intention dieser Publikation schreibt die Autorin: „Was den eigentlichen Zweck / warum oder worzu dieses kleine Tractätlein oder Zeugniß eröffnet worden / anlanget / so ist zu wissen / daß die Liebe und Weißheit GOttes die Seele / welche es geschrieben / so kräfftig gedrungen hat / von der Bekehrung / Wiedergeburth und völligen Heiligung zu zeigen / weil in dieser letzten Zeit die wahren Wiedergebohrnen sehr rahr sind / und Wenige in solchem Stande nach dem Grunde ihrer Seelen stehen / wie GOTT in seinem Wort erfodert und unser Heiland

111 Zur Lebensphase des Ehepaares Petersen in Lüneburg s. *Matthias*: Petersen, S. 198–340. Pfeiffer gehörte einer kleinen Reisegruppe an, die sich mit den Petersens und von Asseburg im Sommer 1691 nach Lübeck begab und dort u. a. Adelheid Sybilla Schwartz traf. Schwartz zählt ebenfalls zu den Visionärinnen im Umfeld des Pietismus, s. *Matthias*: Petersen, S. 268, 272–278. Zu v. Asseburg s. Begeisterte Mägde, S. 34–86.

112 Zu dessen familiärem Umfeld s. *Claudia Tanck*: Der Lauenburger Pietistenkreis um die Familie Pfeiffer im 17. und 18. Jahrhundert, in: Lauenburgische Heimat. Zeitschrift des Heimatbund und Geschichtsvereins Herzogtum Lauenburg, NF Heft 121, Ratzeburg November 2021, S. 66–71.

113 1703 verwies sie auf dieses Buch und bezeichnete sich als dessen Autorin, *Scharschmidt*: Einfältiges Zeugnis, S. 44.

selbst ein Vorbild worden ist / ob vielleicht einige möchten gereitzet und dadurch erwecket werden sich mehr üm diesen Weg / als bißher geschehen / zu bekümmern."[114] Scharschmidt greift hier die Frage nach dem Verhältnis von Taufe und Wiedergeburt auf, bei dessen Bestimmung es erhebliche Unterschiede in den pietistischen Positionen gab. Das Hauptaugenmerk lag allerdings auf der Betonung der fortdauernden Notwendigkeit einer Umkehr bis zur endgültigen neuen Geburt.[115] Die Quedlinburger Autorin formuliert ihr Verständnis von Wiedergeburt folgendermaßen: „Die Meisten meynen / es sey die Wiedergebuhrt und Erneuerung allbereit in ihrer Kindheit vorgegangen / nemlich durch die Heil. Tauffe; Und man kan doch nicht das allergeringste davon an ihnen sehen".[116] Große Übereinstimmungen zeigen sich mit der Auffassung Gottfried Arnolds, der etwa 1701 zum engen Konnex von Neuer Kreatur und Wiedergeburt formuliert: Es gehe darum, „die neue Creatur in sich durch wahres ablegen des sündlichen leibes" zu befördern, auf diese Weise gelange man zu dem „inwendigen reiche GOttes". Aus diesen Elementen besteht das „haupt=werck der wiedergeburt".[117] Dieses Hauptthema ihres Traktats entfaltet Scharschmidt anhand eines Bekehrungs- und Aufstiegswegs, den sie in zwölf Stufen unterteilt. In ihren Ausführungen zeigt sich eine breite Kenntnis mystischer Topoi, die sich je-

---

114 *Scharschmidt*: Hochwichtiges Werck, S. 63f. Zu ersten Ansätzen einer Analyse dieses Werks s. *Albrecht* u. *Lißmann*: Mit Freude; *Albrecht* u. *Lißmann*: Undoing Gender.

115 Vgl. *Schmidt*: Wiedergeburt und Neuer Mensch; *Matthias*: Bekehrung und Wiedergeburt, S. 52; *Strom*: Bekehrung.

116 *Scharschmidt*: Hochwichtiges Werck, S. 64.

117 *Arnold*: Fernere Erläuterung, S. 65; vgl. hierzu *Jürgen Büchsel*: Gottfried Arnold. Sein Verständnis von Kirche und Wiedergeburt, Witten 1970 (AGP 8).

doch nicht einzelnen Autoren oder Quellen zuordnen lassen.

Bereits ein Jahr später brachte Scharschmidt das nächste Buch unter dem Kryptonym A. C. S. G. H. – Anna Catharina Scharschmidt geb. Heidfeld – zum Druck: *Einfältiges Zeugniß von dem wahren Dienste des Geistes im Neuen Bunde*, das hier erstmals in einer kommentierten Ausgabe vorgelegt wird. Der Zusammenhang dieser beiden Schriften zeigt sich u. a. darin, dass die Verfasserin auch hier kurz den Weg zum Heil als Abfolge von Stufen bzw. Graden skizziert. Eine weitere Ähnlichkeit zwischen beiden Büchern besteht darin, dass diese jeweils aus unterschiedlichen in sich selbständigen Teilen zusammengesetzt sind. Zwar lassen sich verbindende Argumentationslinien erkennen, aber es gibt keine durchgehende Kompositionsidee. Eventuell stellte die Autorin für ihre beiden Bücher 1702 und 1703 bereits vorhandene Textstücke zusammen bzw. verband jeweils neu konzipierte mit bereits vorliegenden Aufzeichnungen. Diese Art der literarischen Konzeption verbindet ihre Schriften in gewisser Weise mit dem Werk Susanna Margaretha Sprögels, deren Buch allerdings noch weniger klare Strukturen erkennen lässt. Sprögels literarische Vorgehensweise kann als aphoristisch bezeichnet werden, da sie ihre Gedanken in kurzen, in sich abgeschlossenen Abschnitten darlegt.[118]

In Scharschmidts zweitem Buch sind folgende Teile zu erkennen: Auf den Abdruck von Lutherzitaten folgt die Vorrede eines bisher nicht identifizierten pietistischen Autors. Der Zusammenhang der unterschied-

118 Ihr Buch harrt noch einer genaueren Analyse; bei *Lucinda Martin* liegen nur allererste Ansätze vor: Göttliche Sophia, S. 241–257, 252–256. Eine kritische zeitgenössische Rezension zu dem Werk S. M. Sprögels erschien in den Unschuldigen Nachrichten, 1704, S. 601–617.

lichen Teile des *Einfältigen Zeugnißes* wird dadurch unterstrichen, dass eine durchgehende Paragraphenzählung von 1 bis 109 alle folgenden Abschnitte strukturiert. An die Vorrede schließt sich ein erster argumentativer Block an zur Schöpfungsgeschichte unter Aufnahme einer von Böhme inspirierten Terminologie (§ 1–23). Danach folgt eine pietistisch inspirierte Kirchenkritik, die den Verfall des gegenwärtigen Christentums anprangert. Diejenigen, die sich zu Unrecht als Christen verstehen, unterteilt die Verfasserin in drei Gruppen (§ 24–46). Dem stellt sie Konturen der wahren Nachfolge und Gotteskindschaft gegenüber (§ 47–74). Diese Darlegungen münden in einen Teil mit zwölf Unterpunkten, in denen Charakteristika des königlichen Priestertums beschrieben werden (§ 75–86). Die an Jane Leades Auffassung des Geistlichen Priestertums gemahnenden Ideen[119] werden mit näheren Erläuterungen zur praktischen Umsetzung der priesterlichen Berufung abgeschlossen. Leade allerdings konzipiert das Geistliche bzw. Königliche Priestertum als Orden, der sich auf Melchisedek bezieht (Gen 14,17–20; Ps 110,4; Hebr 5,6; 7,1–17). Die Mitglieder der Philadelphischen Gesellschaft setzt sie mit den geistlichen Priestern gleich und fordert diese in einem 1698 gedruckten Traktat auf, sich von Christus zu „wahren Königen / Priestern und Propheten des himmlischen Ordens“ machen zu lassen und als „Pfleg=Väter und Pfleg=Mütter seiner Kirche“ tätig zu werden.[120]

119 Vgl. *Leade*: Glorie Sarons, S. 31–35.
120 *Leade*: Der Himmlische Bottschaffter, S. 36. Diese Darstellung korrespondiert mit Leades Idee, dass ausgewählte Personen als eine Art von Elite die Führungsaufgaben in der herannahenden eschatologischen Epoche übernehmen werden, s. *Ruth Albrecht:* Konzepte einer elitären geistlichen Priesterschaft im Umfeld des Pietismus unter Berufung auf Melchisedek, in: Überliefern – Erforschen – Weitergeben. FS Hans Otte, hg. von Inge Mager, JGNKG 113, 2015, S. 157–167.

Die von ihr beschriebenen 16 Kennzeichen „eines rechtschaffenen Philadelphiers“ orientieren sich an 1Kor 13,4–8.[121] Bezeichnend an Leades Verwendung von Gender Kategorien ist, dass sie zum einen meist von Priestern spricht und damit augenscheinlich auch Frauen avisiert. Gleichzeitig spielt in ihren Entwürfen die vor- und endzeitliche Aufhebung der Geschlechterdichotomie in einem einzigen Wesen, dem mit der göttlichen Weisheit vereinigten androgynen Adam, eine wichtige Rolle. Daneben bringt sie aber auch betont Frauen zur Sprache. Damit zeichnet sich eine ähnliche wechselhafte Handhabung der Geschlechterkonnotation ab wie in Quedlinburg.[122] In Scharschmidts zweitem Buch bündeln die letzten beiden großen Abschnitte (§ 87–97; 98–109) in einer etwas losen inhaltlichen Anordnung weitere Aufrufe zur Bekehrung und geistliche Ermahnungen, wobei die Autorin zunehmend in eine direkte Anrede der Leser übergeht. In den letzten Abschnitten wird zudem deutlich, dass sie auf konkrete Vorgänge und Personen in Quedlinburg anspielt.

Das dritte, 1704 erschienene Buch Scharschmidts, der *Nützlicher Auszug aus Joh. Angeli Silesii Cherubinischen Wandersmann,*[123] stellt eine kommentierte Auswahlausgabe der berühmten mystischen Spruchsammlung des Angelus Silesius bzw. Johannes Scheffler

121 *Leade*: Der Himmlische Bottschaffter, S. 3, vgl. 37–48.

122 Am ausführlichsten legt *Leade* ihre Vorstellung des Geistlichen Priestertums in ihrem Werk Offenbahrung der Offenbahrungen dar, S. 198–262. Vgl. ferner *Thune*: Behmenists, S. 68–151; *Brian J. Gibbons*: Gender in Mystical and Occult Thought. Behmenism and its Development in England, Cambridge 1996, S. 143–162.

123 1657 erschien die erste Ausgabe mit fünf Büchern, 1675 erfolgte die erweiterte mit sechs Büchern, s. *Silesius*: Cherubinischer Wandersmann, Nachwort, S. 355–364. Zur französischen Rezeption Schefflers s. *Jacques Le Brun*: Dieu, un pur rien. Angelus Silesius. Poésie, métaphysique et mystique, Paris 2019.

(1624–1677) dar. Als vermutlich entscheidend für dieses Werk Scharschmidts muss die Editionsarbeit Gottfried Arnolds betrachtet werden, denn dieser hatte im Jahr 1701 Schefflers Buch neu herausgebracht.[124] Dieses zeitliche Zusammentreffen unterstreicht die Gemeinsamkeit der Quedlinburger. Während Arnold die Edition des *Wandersmanns* von 1675 vollständig abdruckte und lediglich mit einer ausführlichen Einleitung versah,[125] nimmt Scharschmidt eine Auswahl vor. Das besondere Merkmal ihrer Ausgabe liegt darin, dass sie jedes der Schefflerschen Epigramme mit ein bis zwei Bibelversen kombiniert und so eine theologische Vertiefung anbietet. Arnold erläutert, warum evangelische Christen mit Gewinn die Verse eines katholischen Mystikers lesen können – Scharschmidt führt praktisch vor, wie eine pietistische Rezeption dieses mystischen Werkes aussehen kann.[126] Dem Aufbau der Vorlage folgend werden im *Nützlichen Auszug* aus allen sechs Kapiteln Epigramme des *Cherubinischen Wandersmanns* abgedruckt.[127] Scharschmidts Auswahl orientiert sich relativ eng an der Vorlage, indem sie die Zählung der Epigramme beibehält. Während der *Cherubinische Wandersmann* in seinen sechs Büchern insgesamt 1675 Verse enthält, reduziert diese Autorin die Anzahl auf 814.

---

124 *Arnold*: Cherubinischer Wandersmann.

125 Der Bibliothekskatalog Arnolds weist lediglich seine eigene Ausgabe auf, jedoch keine frühere Edition des Wandersmanns, s. Catalogus, S. 400. Der Katalog enthält keine Titel Scharschmidts, wobei allerdings zu beachten ist, dass der Bestand von 1714 dokumentiert wird, ebd., S. 339–410.

126 Vgl. hierzu *Albrecht*: Lay Appropriations.

127 Als Anhang sind Auszüge aus den Geistlichen Hirtenliedern desselben Autors abgedruckt, jedoch ohne Hinzufügungen der Herausgeberin. Eventuell war diese Publikationsentscheidung damit begründet, dass Arnold die Lieder nicht in seiner Ausgabe abdruckte. Zu diesen Liedern s. *Silesius*: Cherubinischer Wandersmann, Nachwort, S. 381.

Auf das Epigramm folgt in weitaus größeren und damit hervorgehobenen Buchstaben der Bibeltext. Scharschmidt lässt keine Präferenz für eines der Bücher des *Cherubinischen Wandersmanns* erkennen, wohl aber inhaltliche Schwerpunktsetzungen. So fügt sie z. B. Erklärungen ein, die auf ein nicht akademisches Lesepublikum abzielen und zur praktischen Frömmigkeit anleiten. In diese Richtung weist auch ihr Vorgehen, wenn sie schwer verständliche Worte der Arnoldschen Edition nicht übernimmt: Nr. 182 trägt bei ihr die Überschrift „Der um Lohn dient / ist nicht Sohn", bei Arnold heißt es: „Der Löhner ist nicht Sohn." Das Wort „gebrist" erläutert sie mit dem Verbform „gebricht" (Nr. 287). Ein Epigramm über das Paradies trägt bei ihr die Überschrift: „Es muß zuvor in dir seyn", während dieses bei Arnold lautet: „Es muss in dir vor seyn" (Nr. 295). Während Arnold ein „entmilchtes Kind" erwähnt, spricht die Autorin vom entwöhnten Kind (Nr. 67). Bei dem Epigramm Nr. 41 verändert sie die Überschrift von „GOtt weiß ihm selbst kein Ende" in „GOtt ist ohne Ende". Diese Wortwahl unterstreicht das Bemühen der Verfasserin um Vereinfachung und Verdeutlichung.

Mit ihrem dritten Buch unterstreicht Scharschmidt, welch großer Stellenwert der Rezeption mystischer Literatur bei der Gestaltung einer spezifischen Spiritualität zukam, wie sie in Quedlinburg und an anderen Orten gepflegt wurde. Hierbei ist insbesondere zu beachten, dass gleichzeitig mit der Beschäftigung mit Schefflers Werk auch eine weitere Aufnahme der Ideen Jakob Böhmes stattfand, denn die Verse des *Cherubinischen Wandersmanns* bezeugen dessen Einfluss.[128] Ge-

128 Vgl. hierzu *Lehel Sata*: Paradox und mystische Sinnlichkeit – Angelus Silesius' Cherubinischer Wandersmann im Lichte der Theosophie und Sprachphilosophie Jakob Böhmes, Hamburg 2016; *Ferdinand van Ingen*:

nau wie Scheffler in seinen Epigrammen den Namen Böhmes nicht ausdrücklich erwähnt, so konnten sich die Quedlinburger Pietisten durch ihre Beschäftigung mit den Texten des schlesischen Mystikers indirekt auch mit Böhme befassen, ohne ihn zu nennen. Darüber hinaus kann vermutet werden, dass Scharschmidts Ausgabe als ein Ergebnis des in Quedlinburg ausgebildeten Frömmigkeitsprofils betrachtet werden kann.

Während diese drei selbstständigen Texte bereits seit ihrer Publikation Anna Catharina Scharschmidt als Autorin zugewiesen werden, wurde der in Sprögels Werk *Gründliche Beantwortung* von 1703 abgedruckte Brief bisher nicht beachtet, obwohl sie hier mit ihrem vollen Namen genannt wird.[129] Allerdings erscheint Scharschmidt nicht als Mitautorin auf dem Titelblatt, sondern erst in dem eingebundenen Anhang wird sie als Verfasserin der folgenden Seiten genannt. Ihr Brief steht im Kontext einer Auseinandersetzung, in der sich der Quedlinburger Superintendent Gerhard Meyer, Johann Heinrich Sprögel und Scharschmidt zu Wort meldeten, um jeweils ihre Sicht der Dinge darzulegen. Meyer hatte ihr vorgehalten, dass sie bei einer zufälligen Begegnung im Haus ihres Bruders ein kontroverses Gespräch mit ihm suchte, obwohl ihre Schwägerin im Sterben lag. Zudem habe sie ihm am darauffolgenden Tag ungefragt eine gerade erschienene Veröffentlichung Gottfried Arnolds zukommen lassen, da sie darin ihre eigene Position beschrieben sah. In dem hier abgedruckten Auszug aus Meyers Werk von 1702 geht es zunächst um seine Sicht auf die pietisti-

Jakob Böhme und die schlesischen Dichter Daniel von Czepko, Johannes Scheffler und Quirinus Kuhlmann, in: Heterodoxie in der Frühen Neuzeit, hg. von Hartmut Laufhütte und Michael Titzmann, Tübingen 2006 (Frühe Neuzeit, 117), S. 243–265.

129 *Scharschmidt*: Antwort.

schen Unruhestifter, die er, nach seiner Darstellung, wieder für die kirchliche Gemeinschaft zu gewinnen versuchte. A. C. Scharschmidt wird ins Spiel gebracht, weil sie nach Auffassung des Superintendenten in prominenter Weise zu den unbotmäßigen Pietisten zu zählen ist, die die Kirchengemeinden in seinem Bezirk in große Unruhe versetzten. Die in mehreren Veröffentlichungen von 1701 und 1703 insbesondere zwischen Meyer und Sprögel ausgetauschten Vorwürfe enden mit der *Gründlichen Beantwortung* Sprögels, in der Scharschmidt zu Wort kommt.[130] Weitere Äußerungen der Hauptkontrahenten zu dieser Kontroverse sind nicht bekannt. In ihrem nur in der gedruckten Version überlieferten Schreiben bedient sich Scharschmidt der Gepflogenheiten des akademischen Diskurses, unberechtigte Angriffe nicht unkommentiert stehen zu lassen.[131] Nach bisherigem Kenntnisstand äußerte sich außer ihr keine weitere Quedlinburger Pietistin direkt öffentlich zu den infrage stehenden spirituellen Praktiken und deren Deutungen. Indirekt kann jedoch auch das Werk S. M. Sprögels als Stellungnahme zu den aktuellen Auseinandersetzungen gelesen werden. Sie lieferte in ihren *Consilia und Responsa* ausführliche theologische Begründungen für die Separation.[132] Anders als Scharschmidt ging sie je-

---

130 Ein anonymer Autor stellte sich mit einer kurzen Publikation auf die Seite Sprögels und attackierte Meyer scharf. Mit einer gewissen Häme notierte er, dass Letzterer sich an etlichen Stellen auf die Aussagen von Frauen beziehe, obwohl diese „doch nach seiner eigenen Geständnis in der Gemeine schweigen sollen“, Eine Weitere Entdeckung Des Verkehrten Eiffers, o. O. 1703, B1v.

131 Vgl. *Martin Gierl*: Pietismus und Aufklärung. Theologische Polemik und die Kommunikationsreform der Wissenschaft am Ende des 17. Jahrhunderts, Göttingen 1997 (VMPIG, 129).

132 In der diesem Werk beigefügten Auswahl von Briefen wird in einem Schreiben ein apologetischer Ton angeschlagen. Da die Empfänger anonymisiert sind, lassen sich diese Briefe nicht näher zuordnen; es könnte

doch nicht direkt auf Angriffe ein, sondern ihr Ehemann nahm sie in öffentlichen Erklärungen in Schutz. In seinem Traktat *Gründliche Beantwortung* von 1703, in dem J. H. Sprögel sich gegen die von Meyer gegen ihn erhobenen Vorwürfe verteidigt, nimmt er auch Stellung zum Verhalten seiner Ehefrau, die der Superintendent in seine Beschuldigungen einbezogen hatte. S. M. Sprögel sei – anders als Meyer behaupte – „öffters öffentlich in der kirchen gewesen", habe aber „ihren gewöhnlichen Kirchen=Stuel wegen Leibes=Ungelegenheit nicht betreten können / welches mit noch lebendigen Zeugen / so sie in der Kirchen gesehen / zu beweisen ist". Das Abendmahl habe sie jedoch oftmals „wegen ihrer Schwachheit zu Hause gebrauchet".[133] In diesem Traktat verteidigt J. H. Sprögel seine Frau und seine Tochter,[134] indem er misogyne Stereotypen verwendet, aber die beiden Genannten ausdrücklich von dem insgesamt negativ konnotierten weiblichen Geschlecht abhebt. Er lobt an seiner Frau, „daß sie in ihren Reden so unbedachtsam und vielweniger unbesonnen nicht sey / wie sonsten die jenigen Weiber zu seyn pflegen / die in lustigen Conversationen mit jungen Burschen / oder in Charten=Spiel / Spaziergehn / Zuspruch der Frau Nachbarin und lustigen Gesprächen / ihre Ergötzligkeit und Zeit Vertreib suchen".[135]

Aus der Feder Anna Catharina Scharschmidts sind ferner acht Briefe überliefert, von denen sich sieben

---

sich jedoch gut um einen der Geistlichen Quedlinburgs handeln, s. *Sprögel*: Consilia und Responsa, ep. 30, S. 662–664.

133 *Sprögel*: Gründliche Beantwortung, S. 53.

134 Von den vier Töchtern des Ehepaares Sprögel kommen die drei jüngsten Anna Elisabeth (geb. 1686), Anna Maria (geb. 1681) und Anna Sophia (geb. 1677) infrage, da sie gegen Ende der 1690er Jahre allem Anschein nach noch in Quedlinburg lebten. Die Älteste, Salome Margaretha (geb. 1675), hatte 1692 Johann Julius Zeisich geheiratet.

135 *Sprögel*: Gründliche Beantwortung, S. 65.

an August Hermann Francke in Halle richten.[136] Bei diesen Quellen muss beachtet werden, dass sie nicht für die Öffentlichkeit konzipiert waren. Von daher unterscheiden sie sich im Stil deutlich von den für den Druck bearbeiteten Schriften Scharschmidts. So kommen nur in ihnen mundartliche Eigenheiten zum Ausdruck. Die ersten beiden Schreiben stammen aus der Hochphase der apokalyptischen Erwartung, die sich kurz vor dem Beginn des neuen Jahrhunderts im überregionalen pietistischen Netzwerk im Zusammenhang mit den gehäuften ekstatischen Vorkommnissen ausgebreitet hatte. Allerdings nimmt Scharschmidt keinen direkten Bezug auf diese Ereignisse, obwohl Francke und sie darin verwickelt waren. Die zwei erhaltenen Schreiben aus dem Jahr 1693 dokumentieren Besuche in Halle, auf die sie dankbar zurückblickt.[137] Diese ersten vier Briefe spiegeln eine enthusiastische Stimmung wider, bei der Andeutungen über die innere Verfassung zu genügen scheinen, um eine Verständigung mit dem Korrespondenzpartner herzustellen. Die Verfasserin reiht eine Bibelstelle an die andere, verbunden mit ein paar Sätzen über ihre eigenen Erfahrungen. Die Briefe an Francke beleuchten insgesamt unterschiedliche Phasen der Beziehung zwischen beiden: Während es sich zunächst um eine erste briefliche Annäherung handelt, bei der gemeinsame Glaubensüberzeugungen beschrieben werden, verändert sich der Tonfall der Korrespondenz hin zu einer größeren Nähe. Die Bruder-Anrede für Francke bleibt, hinzu kommt

---

136 Von ihrem Ehemann sind 27 Briefe aus den Jahren 1694 bis 1719 in Halle erhalten: AFSt/H C 296. Im Briefwechsel zwischen Spener und Francke kommt C. F. Scharschmidt 1694 zum ersten Mal vor: Francke an Spener, 04. 02. 1694, ep. 88, in: *Spener*: Briefwechsel mit Francke, S. 330.

137 Zu Besuchen des Ehepaares Scharschmidt in Halle bzw. Glaucha s. *Lißmann*: Schreiben im Netzwerk, S. 136.

jedoch die Bezeichnung des Briefpartners als Vater. 1711 wendet sich Scharschmidt mit einer Publikationsanfrage nach Halle: Sie habe einen weiteren Text verfasst und bittet Francke um sein Urteil zu der Frage, ob dieser dort gedruckt werden könne. Zum Inhalt teilt sie mit, dass es um die Bekehrung und den Weg des Menschen zur Erlösung gehe. Demnach handelte es sich ebenfalls um eine Erbauungsschrift. Eine weitere Publikationstätigkeit Scharschmidts nach 1704 lässt sich nicht belegen, sodass davon auszugehen ist, dass das erwähnte Manuskript nicht in den Druck gelangte. Diese Lücke ist umso bedauerlicher, da kaum etwas über das Quedlinburger pietistische Netzwerk bekannt ist, nachdem die Ehepaare Sprögel und Arnold den Ort verlassen hatten. Das Ehepaar von Stammer verblieb zwar vor Ort, aber durch den Tod der beiden in den Jahren 1703 und 1705 war auch diese entscheidende Unterstützung entfallen. Für die Phase zwischen 1711 und 1721 liegen lediglich die hier edierten Briefe vor. Die zwei letzten Schreiben Scharschmidts an Francke wirken sehr viel förmlicher: Im Juni 1721 wird zwei Tage nach dem Tod ihres Ehegatten ein Brief nach Halle abgeschickt, bei dem nur die Unterschrift von ihrer eigenen Hand stammt. Zwei Jahre später bittet die Witwe – nun wieder mit der unverkennbaren Handschrift und mit typischen Formulierungen – um Unterstützung bei der Klärung von Erbschaftsangelegenheiten. Da auch auf dieses Schreiben keine Antwort Franckes vorliegt, lässt sich nicht verfolgen, ob überhaupt eine Reaktion auf die Bitten der ehemaligen Weggefährtin erfolgte. Aus dem Jahr 1710 ist ferner ein kurzes Schreiben an eine der Mitarbeiterinnen des Waisenhauses überliefert, in dem es um die Übersendung von Leinen nach Halle geht.

Die Quedlinburger Autorin stellt ihr gesamtes Schreiben in den Dienst einer eindringlichen Aufforderung zu einem engagierten christlichen Leben, das sich im Rahmen einer Gemeinschaft von Gleichgesinnten entfaltet. Dabei spielen gemäß den von ihr skizzierten Ideen Geschlechtsunterschiede keine Rolle. Die erhaltenen Quellen über die um 1700 in Quedlinburg aktive Gruppe deuten darauf hin, dass sich in der Tat Frauen und Männer auf etlichen Feldern gemeinsam für eine Einbeziehung beider Geschlechter einsetzten. Gleichwohl blieben auch diese Personen den Geschlechterordnungen ihrer Zeit unterworfen. Diese Mixtur schlägt sich in Scharschmidts Texten nieder, wenn sie ihre Person und ihr Geschlecht thematisiert. In ihrem ersten Buch, dem *Hochwichtigen Werck der Wiedergebuhrt*, artikuliert sich eine selbstbewusste Verfasserin, die sich ihres Sendungsauftrags gewiss ist: „Und was der Geist der Wahrheit mir im Geist gezeiget und zu erkennen gegeben / will ich in gehorsamer Liebe davon melden / zu meiner und anderer Mitglieder Erweckung.“[138] Im Textcorpus des *Einfältigen Zeugnißes* spricht die Autorin durchaus als ein Ich mit eigener Stimme, vor allem in den Passagen, in denen sie ihre pietistische Orientierung verteidigt und die Kirche sowie die Geistlichen massiv angreift. Sie sieht sich dazu aufgerufen, den Irrenden „zu zeigen / wie ich von GOtt bißher gelehret / geführet und in der Heiligung mit andern Gläubigen gestanden bin“.[139] 1703 sprach Scharschmidt in dem hier veröffentlichten Brief explizit ihre Geschlechtszugehörigkeit an, nachdem ihr vom Superintendenten Meyer vorgeworfen worden war, dass sie die Grenzen des ihr zustehenden Verhaltensspielraums als Frau überschritten habe. Sie sei zwar,

---

138 *Scharschmidt*: Hochwichtiges Werck, S. 53.

139 *Scharschmidt*: Einfältiges Zeugniß, in dieser Edition S. 109 f. Zur Ähnlichkeit mit Passagen aus der Autobiographie J. E. Petersens s. ebendort.

so betont sie, „dem Geschlechte nach ein Weibes=Bild", aber durch sie spreche die „Männliche Krafft" des Geistes Jesu.[140] Mit dieser Charakterisierung ihrer Person bestätigt Scharschmidt auf der einen Seite die frühneuzeitlichen Genderzuschreibungen, nutzt aber gleichzeitig die in der biblischen Tradition vorhandenen Elemente, um ihre Position aufzuwerten. Damit reiht sie sich ein in die in Quedlinburg verbreiteten Ansätze, geschlechtliche Zuordnungen variabel zu handhaben.[141]

Im *Nützlichen Auszug* von 1704 gibt es keine Vorrede und keine Kommentare, die auf das Profil der Verfasserin hinweisen. Allerdings schreibt die Autorin gelegentlich durchaus einen in der Vorlage nicht vorkommenden Hinweis auf Frauen in ihre Ausgabe ein. Das Epigramm Nr. 192 des zweiten Buches trägt die Überschrift „Rechtschaffen muß man seyn". In den Scheffler-Text, den Arnold wortgetreu wiedergibt, trägt Scharschmidt das Stichwort „Schwester" ein: „Ach Bruder / Schwester werde doch: Was bleibst du in Dunst und Schein? Wir müssen wesentlich ein neues worden seyn."[142] Die Termini Bruder und Schwester sind durch eine Klammer hervorgehoben und direkt untereinander gesetzt, sodass diese Stelle ganz deutlich die Frauen einbezieht.[143] Im Epigramm zum Thema des Hörens auf Gottes Wort (Buch 1, Nr. 85) wird von Angelus Silesius ein „du" angesprochen. Scharschmidt kommentiert hier mit Joh 8,47 und Ps 45,11: „Höre / Tochter / schaue drauff / und neige deine Ohren" – ein

140 *Scharschmidt*: Antwort, S. 91f., abgedruckt in: *Sprögel*: Gründliche Beantwortung.
141 Vgl. hierzu *Albrecht* u. *Lißmann*: Undoing Gender; *Albrecht*: Männliche Jungfrauen.
142 *Scharschmidt*: Einfältiges Zeugniß, S. 54.
143 Als Bibelstelle zieht Scharschmidt Eph 4,15 heran und greift damit das Stichwort des Rechtschaffen-Seins auf.

Teil eines Brautliedes zur Hochzeit des Königs. Auch hiermit unterstreicht sie, dass ihr Buch in sehr viel deutlicherem Maß als die Arnoldsche Edition des Schefflerschen Textes mit Frauen als Leserinnen rechnet. Wenn der *Nützliche Auszug* als Beispiel der in Quedlinburg ausgeübten Lesepraktiken gewertet werden kann, dann schlägt sich in der betonten Einbeziehung von Frauen die dortige Praxis nieder.

Die drei Traktate Scharschmidts nennen weder einen Verleger noch einen Ort, an dem sie gedruckt wurden, was durchaus der pietistischen Praxis einer Umgehung der Zensur entspricht.[144] Auch für den gedruckten Brief im Werk J. H. Sprögels sind Verlag und Erscheinungsort nicht bekannt. Die in ihrem Brief von 1711 an Francke gerichtete Anfrage nach der möglichen Publikation eines weiteren Werkes in Halle lässt sich in zwei Richtungen deuten: Die eine Möglichkeit besteht darin, dass auch ihre Schriften von 1702, 1703 und 1704 dort gedruckt wurden, ohne diesen Ort zu nennen. Eventuell befand sie sich jedoch im Jahr 1711 in einer anderen Ausgangslage, da in Quedlinburg keine prominenten pietistischen Autoren mehr aktiv waren. Aufgrund dieser Situation könnte sie sich erstmals mit einem solchen Anliegen an Francke gewandt haben. Anhand des bisher bekannten Quellenmaterials lässt sich nicht beantworten, was mit ihrem Manuskript geschah.

144 Vgl. hierzu *Hans-Jürgen Schrader*: Literaturproduktion und Büchermarkt des radikalen Pietismus. Johann Heinrich Reitz' „Historie Der Wiedergebohrnen" und ihr geschichtlicher Kontext, Göttingen 1989 (Palaestra, 283).

Zur Rezeption der Werke Scharschmidts

Die Publikationstätigkeit Anna Catharina Scharschmidts erfuhr im 18. Jahrhundert durchaus Aufmerksamkeit, in der Regel jedoch eine negativ konnotierte. So schrieb der bereits erwähnte Quedlinburger Superintendent Friedrich Ernst Kettner ihren Werken eine immense Bedeutung für die Entwicklung des Separatismus in Quedlinburg zu. Seine *Christliche Vermahnung* von 1709 thematisiert insbesondere die Frage des Abendmahls und bemüht sich darum, die Kritiker zum Besuch der gemeinsamen Gottesdienste in der Stadt zu bewegen. Kettner nennt im Vorwort seiner Abhandlung drei Buchtitel, die er für ausgesprochen einflussreich für den Rückzug von der Teilnahme am Abendmahl hält: die Schrift „von wahren GOttes=Dienst Neues Testaments", „Luthero ante-Lutheranismum" und „von der Wieder=Geburth und Vollkommenheit".[145] Der 1702 anonym veröffentlichte Text über Luther wird Bernhard Peter Karl (1672–1723) zugeschrieben, einem in Ostfriesland wirkenden pietistischen lutherischen Theologen.[146] An einer anderen Stelle spricht Kettner von einer Mitarbeit Gottfried Arnolds an diesem Werk.[147] Die anderen beiden Titel

145 *Kettner*: Christliche Vermahnung, S. 5.

146 In seinem Traktat Copia Eines Send=Schreibens [...], o. O. 1702, in dem *Karl* seinen Rückzug vom Pfarramt an der Osnabrücker Katharinen-Kirche begründet, verweist er u. a. auf ein von Gottfried Arnold herausgebrachtes Werk. Es handelt sich dabei um die Verteidigung des Bischofs Gregor von Nazianz, der kurz nach seiner Berufung vom Bischofsamt zurücktrat. Auszüge daraus brachte *Arnold* in seinem Werk Ein Denckmahl des Alten Christenthums [...], Goslar 1699, Teil 2, S. 304ff., zit. bei *Karl*: Copia, S. 11–22. 1702 korrespondierte Karl auch mit August Hermann Francke, AFSt/H C 794: 21, 30. 04. 1702. Vgl. ferner: *Matthias*: Petersen, S. 149.

147 *Kettner*: Christliche Vermahnung, S. 33, unter Hinweis auf die Unschuldigen Nachrichten. 1707 druckten die Unschuldigen Nachrichten, S. 570–575, eine Rezension zum anonymen „schädlichen" Werk Lutherus ante

lassen sich als Werke Scharschmidts identifizieren, auch wenn ihr Name nicht genannt wird: *Einfältiges Zeugniß Von dem Wahren Dienste des Geistes im Neuen Bunde* und *Hochwichtiges Werck der Wiedergebuhrt* [...] *Von der Vollkommenheit unserer Heiligung*. Daneben erwähnt Kettner führende Quäker, ohne einzelne Schriften aufzuführen. Es kann als bezeichnend festgehalten werden, dass ausgerechnet Anna Catharina Scharschmidts Bücher aus Kettners Sicht solche Wirkungen erzielten. Der Superintendent geht in seiner Schrift von 1709 weder auf das Ehepaar Sprögel noch auf Gottfried Arnold ein, die im gleichen Zeitraum literarisch tätig waren und ihre pietistischen Positionen darlegten.

Kettner ordnet darüber hinaus die Schriften Scharschmidts in einen zusammenhängenden Geschehnisablauf ein: Er beginnt seinen Rückblick auf die Entstehung des Separatismus mit dem Jahr 1691, in dem die Berichte über enthusiastische Geschehnisse auftauchten, gefolgt von den Ereignissen um Kratzenstein im Jahr darauf.[148] 1693 fand eine gerichtliche Untersuchung statt, 1695 kam Gottfried Arnold zunächst als Hauslehrer nach Quedlinburg, um dann hier bald seine *Kirchen= und Ketzer=Historie* zu verfassen.[149]

Lutheranismum ab, ohne einen Autor zu identifizieren. Im selben Band erscheint der Auszug einer Befragung Karls, bei der er zu diesem Buch angibt, dessen „Auctor" sei Arnold, ebd., S. 539. Zu Arnolds Luther-Kritik, die mit der Karls große Übereinstimmung aufweist, s. *Patrick Bahl*: Meister der Heterotopie? Interkonfessionell gespiegelte Argumentationsfiguren bei Gottfried Arnold (1666–1714), in: PuN 45, 2021, S. 181–199, hier 190–192. *Reinhard Breymayer*: Bibliothek Arnolds, S. 106, bezeichnet Karl als „Schüler und Freund" Arnolds und weist auf die zeitweise enge literarische Zusammenarbeit der beiden hin, S. 106–134. Er macht ferner auf einen Besuch Karls in Quedlinburg aufmerksam, der vermutlich im Spätsommer 1701 stattfand, S. 117.

148 *Kettner*: Kirchen= und Reformations=Historie, S. 276–278.

149 *Büchsel*: Arnolds Weg, S. 35–49, geht von einem ähnlichen Verlauf aus,

Gemäß der Rekonstruktion Kettners folgte als nächster wichtiger Schritt das Edikt der Äbtissin vom 1. August 1700 gegen die Pietisten. 1701 „edirte das hiesige Ministerium eine Schrifft wieder Herr Arnoldi Erklärung von Kirch und Abendmahl, darinnen bewiesen wird, daß diejenigen, so sich die stillen im Lande nennen, nicht ruhig allhier wären, sondern vielmehr die Ruhe der Kirche zerstöreten“.[150] Obzwar Kettner keine weiteren Schriften Arnolds in dieser Auflistung erwähnt, so kann doch dessen 1700 veröffentlichte *Erklärung Vom gemeinen Secten=wesen, Kirchen= und Abendmahl= gehen* als mitauslösender Faktor für die hier beschriebene Phalanx betrachtet werden. Daraufhin sorgte Gerhard Meyer für eine Gegendarstellung, die dem Titelblatt nach vom „Ordentlichen Predigt= Ampt“ der Stadt verfasst wurde und eindeutig seine Handschrift trägt: die *Wahre Nothwendigkeit*. In seiner Aufzählung schreitet Kettner fort mit der Nennung der *Ferneren Erklärung* Arnolds von 1701 und Sprögels *Ernstliche Entdeckung Des Verkehrten Eyffers* aus demselben Jahr. Darauf habe Meyer, inzwischen nach Bremen berufen, mit seinen *Unverwerfflichen Zeugnissen* reagiert. Sprögel replizierte noch einmal mit seiner

---

in dem er allerdings Arnold nach der Veröffentlichung der Erklärung von 1700 im Zentrum des Geschehens sieht: „Arnold lieferte die theologische Begründung für den Separatismus und machte sich hierdurch zu seinem Sprecher.“ Ebd., S. 35. Büchsel ordnet weitere Schriften in diesen Ablauf ein, u. a. Arnolds Predigtband von 1700: Der richtigste Weg Durch Christum zu Gott, ebd., S. 39–43.

150 *Kettner*: Kirchen= und Reformations=Historie, S. 277. Obzwar das Titelblatt vorgibt, dass die Gemeinschaft der Pastoren Quedlinburgs den Text verantworte, gingen die Zeitgenossen einhellig davon aus, dass der Superintendent Meyer der Verfasser sei, s. *Arnold*: Fernere Erläuterung, Vorbericht, c. 2. Zum Topos der Stillen im Lande s. *Arnold*: Erklärung vom gemeinen Secten=wesen, S. 12; *Hanspeter Marti*: Der Seelenfrieden der Stillen im Lande. Quietistische Mystik und radikaler Pietismus, in: Gottfried Arnold. Radikaler Pietist und Gelehrter, hg. von Antje Mißfeldt, Köln 2011, S. 130–143.

Gründlichen Beantwortung von 1703, woraufhin Meyer seinen *Gründlichen Beweiß* folgen ließ.[151]

In diese Abfolge hinein platziert Kettner die Schriften A. C. Scharschmidts: „In einen Anno 1702.[152] edirten Buche von den wahren GOttes=Dienst Neues Testaments lehret eine gewisse Weibes Person, A. C. S. G. H. welche sich viele Jahr von H. Abendmahl enthalten [...].[153] Es müße in der wahren Freyheit bleiben, man möchte zu Hauß oder in der Kirche beten, ein Christ bedürffe vor GOTT nichts äuserliches, zum wahren GOttes=Dienst gehöre weder Tempel, Altar noch Predigt=Stuhl, jeder Christ wäre ein Gesalbter des HErrn, sie dürfften allenthalben lehren, auch in Versammlung NB.[154] das Brod des Lebens für sich nehmen, wie die Priester A. Testaments die Schau=Brodt[155] [...], es werde bald herfür brechen die Mutter=Stadt GOttes[156] / da keiner würde den anderen lehren, der Chiliasmus[157] [...], der an Stunden gebundene Gottes=Dienst helffe nichts. In den Tractat von der Wiedergeburth und Vollkommenheit[158] lehret

151 *Kettner*: Kirchen= und Reformations=Historie, S. 277.

152 Das Werk erschien 1703, eine frühere Ausgabe ist bisher nicht nachweisbar.

153 In diesem Zitat werden lediglich die Seitenzahlen, die sich auf Scharschmidts Werk beziehen, nicht abgedruckt.

154 Nota bene: Merke wohl.

155 Ex 25,23–30; Lev 24,5f.

156 Vgl. Gal 4,26. Zur Verwendung von Mutter-Metaphern im Umfeld des Pietismus s. *Barbara Becker-Cantarino*: „Die mütterliche Krafft unsrer neuen Gebuhrt“. Theologische Ideen und religiöse Wirksamkeit von Jane Lead (1623/24–1704) und Johanna Eleonora Petersen (1644–1724), in: Glaube und Geschlecht, S. 235–252.

157 Mit den Anklängen an die endzeitlichen Verheißungen in Jer 31,31, die in Hebr 8,11 wieder aufgenommen werden, erfährt die Erwartung des tausendjährigen Reiches eine inhaltliche Erläuterung. Zur chiliastischen Hoffnung im Pietismus s. *Manfred Jakubowski-Tiessen*: Apocalypse now – Endzeitvorstellungen im Pietismus, in: Apokalyptik und kein Ende?, hg. von Bernd U. Schipper und Georg Plasger, Göttingen 2007, S. 93–116; *Breul*: Zukunftserwartung.

158 Hiermit ist Scharschmidts erstes Werk von 1702 gemeint.

sie […] Entzückungen, Göttl. Gesicht, […] der äuserliche Gottes=Dienst könne die Seele nicht weiter bringen als zur Buß=Ubung, die perfection wird getheilt in 12. gradus, wer zum dritten grad kömmt, dürffe das Kirchen gehen nicht mehr achten."[159] An einer anderen Stelle seiner Kirchengeschichte Quedlinburgs kommt Kettner auf Scharschmidt zurück – auch hier wieder ohne direkte Nennung ihres Namens –, indem er sie in den Kontext der Böhme-Rezeption einordnet: Es habe in Quedlinburg „unterschiedliche Liebhaber des Jacob Böhmens" gegeben, die sich mündlich und schriftlich äußerten: „in einen hiesigen Buche von den wahren GOttes=Dienst Neues Testaments wird […] diese Lehre des Bohmens von der Fr. Autorin vertheidiget, daß Adam zweyerley Geschlecht vor dem Fall gewesen, Adam sey aus 2. Tincturen bestanden, er sey Männlein und Fräulein zugleich […]. Eva sey aus einer Tinctur gebohren […]. Adam habe vor den Fall einen Englischen,[160] nach den Fall einen fleischlichen Cörper aus den Elementen gehabt."[161] Kettner war bestens mit den Quedlinburger Verhältnissen und Personen vertraut, da er seit 1701 die Stelle des Oberhofpredigers am Stift wahrnahm und 1703 auf die Stelle des Superintendenten wechselte. Es ist bezeichnend, dass er Scharschmidts Namen nicht nennt, sondern lediglich von einer gewissen „Weibes Person" bzw. der „Fr. Autorin" spricht. Diese Strategie trug dazu bei, dass die Beteiligung der Frauen an der frühen pietistischen Bewegung nicht weiter tradiert wurde. Die Erinnerung an diese Autorinnen verschwand auf diese Weise auf längere Sicht.[162]

---

159 *Kettner*: Kirchen= und Reformations=Historie, S. 277f.

160 Engelsgleichen.

161 *Kettner*: Kirchen= und Reformations=Historie, S. 279f. Die Auslassungen beziehen sich nur auf die Seitenangaben in Scharschmidts Buch.

162 Zu ähnlichen Beobachtungen anhand der Person J. E. Petersens s. *Ruth*

Im Laufe des 18. Jahrhunderts wurden an vielen Stellen die frühen Beurteilungen über das Werk Scharschmidts nur wiederholt, ohne dass eine eingehendere Beschäftigung mit ihrer Person und ihren Positionen stattfand. Obwohl gebildete Frauen insgesamt – vor allem in Lexika, die von einem breiten Begriff der Gelehrsamkeit ausgingen – eine positive Resonanz erfuhren, wirkte sich das nicht auf die Rezeption der schriftstellerischen Leistung Scharschmidts aus.[163] 1705 erschien in den *Unschuldigen Nachrichten*, der wichtigsten theologischen Zeitschrift dieser Zeit, eine Rezension zu Scharschmidts erstem Werk aus dem Jahr 1702. Über die Verfasserin heißt es hier: „Sie nennet sich Anna Catharina Scharschmiedin / gebohrne Heidfeldin / ist eines Raths und Secretarii Eheliebste zu Qvedlinburg / und hat schon einige Schrifften mit Vorsetzung ihres Nahmens ediret / unter andern den Tractat vom wahren Gottesdienst im Neuen Testament / wovon zu andrer Zeit. Sie hat viele Jahre her sich des öffentlichen Gottesdiensts und Gebrauchs des heil. Abendmahls enthalten / und in allerhand fanatische Dinge sich verwickeln lassen." Das *Hochwichtige Werck der Wiedergeburt* stellt aus Sicht des Rezensen-

---

Albrecht: Vom Verschwinden der Theologie zugunsten der Biographie. Zur Rezeption Johanna Eleonora Petersens, in: Gendering Tradition. Erinnerungskultur und Geschlecht im Pietismus, hg. von Ulrike Gleixner und Erika Hebeisen, Korb 2007, S. 123–148.

163 Scharschmidt kommt nicht vor in den Lexika von Feustking und Eberti, obwohl andere Pietistinnen wie Johanna Eleonora Petersen bei beiden genannt werden. Eventuell waren ihre Publikationen diesen Autoren bei Fertigstellung ihrer Werke nicht bekannt, s. *Johann Heinrich Feustking*: Gynaeceum Haeretico Fanaticum […], Frankfurt und Leipzig 1704; *Johann Caspar Eberti*: Eröffnetes Cabinet Deß Gelehrten Frauen=Zimmers […], Frankfurt und Leipzig 1706. Zu diesen Lexika s. *Karin Schmidt-Kohberg*: „Manche Weibspersonen haben offtmals viel subtilere Ingenia, als die Manspersonen". Weibliche Gelehrsamkeit am Beispiel von frühneuzeitlichen Frauenzimmerlexika und Katalogen, Sulzbach a. Taunus 2014.

ten „einen Auszug der Theologiae Mysticae vor / und zwar aus denen verderbtesten Auctoribus derselben".[164] Die Rezension geht auf den von Scharschmidt skizzierten Aufstiegsweg mit zwölf Stufen ein und greift einzelne Formulierungen als besonders schädlich heraus. Zu dem von der Autorin skizzierten Prozess der Wiedergeburt lautet der Kommentar: „welches nach G. Arnolds stylo in diesem Tractat getrieben wird".[165] Die kritische Sicht auf Scharschmidts Veröffentlichungen entspricht dem Tenor der Zeitschrift, die alle pietistischen Bestrebungen mit Missbilligung betrachtete.[166] Der Vorlage der *Unschuldigen Nachrichten* schlossen sich weitere frühneuzeitliche Publikationen an, wie etwa die 1740 publizierte *Bibliotheca Anonymorum*, erstellt von Johann Christoph Mylius (1710–1757),[167] oder das Zedlersche Lexikon mit seinem Artikel aus dem Jahr 1742: Scharschmidt „lebte zu Quedlinburg, allwo sie an einen Secretarium verheyrathet war. Sie hatte sich in die Mystische Theologie vertiefft, und schrieb verschiedene Bücher, davon die bekanntesten sind 1) Das hochwichtige Werck der Wiedergeburth, 1702 in 8,[168] 2) Vom wahren Gottesdienste

164 Unschuldige Nachrichten 1705, S. 749.

165 Unschuldige Nachrichten, S. 750.

166 Zum Herausgeber der Unschuldigen Nachrichten, Valentin Ernst Löscher (1673–1749), s. *Martin Greschat*: Zwischen Tradition und neuem Anfang. Valentin Ernst Löscher und der Ausgang der lutherischen Orthodoxie, Witten 1971. Im Jahr 1702 drucken die Unschuldigen Nachrichten, S. 275–277, einen Brief aus Quedlinburg ab, der Vorgänge im Jahr 1646 beschreibt. Die Redaktion der Zeitschrift kommentiert: „Aus diesem Brieff des sel. Qvedlinburgischen Theologi Hoferi lernen wir / daß es schon ehemals in dem guten Qvedlinburg solche Unruhe / wie zu unsrer Zeit / gegeben / und ein unruhiger Geist der falschen Reformation daselbst regiret habe."

167 *Christoph Mylius*: Bibliotheca anonymorum et pseudonymorum [...], Hamburg 1740, S. 304, Nr. 2406, unter ausdrücklichem Verweis auf die Unschuldigen Nachrichten.

168 Die Ziffer bezeichnet das Oktavformat.

im neuen Testamente".[169] Die weite Verbreitung des Lexikons von Johann Heinrich Zedler (1706–1751) führte dazu, dass diese Angaben mehr oder weniger wörtlich des Öfteren nachgedruckt wurden.

In der inhaltlichen Beurteilung gleicht die Darstellung von Johann Georg Walch (1693–1775) denen der genannten Werke; der Jenaer Theologe ging jedoch ausführlicher auf die theologischen Positionen Scharschmidts ein, da es erklärtes Ziel seiner umfangreichen Veröffentlichungen war, Abweichungen von der lutherischen Lehre zu kennzeichnen. Die Quedlinburger Autorin gehört aus seiner Sicht zu den „Personen, welche mit Indifferentistischen und Fanatischen Principien eingenommen waren und selbige auch in Schrifften auszubreiten und bekannt zumachen suchten".[170] Über das *Hochwichtige Werk der Wiedergeburt* schreibt Walch: Es „faßte einen Auszug der unreinen mystischen Theologie in sich, darinnen man weisen will, wie man nach zwölf unterschiedenen Stuffen in diesem Leben zur Vollkommenheit kommen könne, daß wer selbige nicht erlange, der könne von seiner vollkommenen Wiedergeburth und Seeligkeit nicht versichert seyn". Die zwölf Stufen werden kurz benannt und am Schluss betont, dass nach den Aussagen dieses Werkes die Wiedergeburt nicht durch die Kindertaufe erfolge. Als Verfasserin wird „Anna Catharina Scharschmidin, gebohrne Heidfeldin zu Qvedlinburg" bezeichnet. Sie habe „etliche andere Schrifften unter ihrem Nahmen" publiziert, u. a. einen Traktat über den „wahren Gottesdienst

169 Art. Scharschmiedin (Anna Cathar.), in: Zedler 34, 1742, Sp. 951; fast wortgleich: *Christian Gottlieb Jöcher*: Allgemeines Gelehrten=Lexikon [...], Teil 4, Leipzig 1751, Sp. 226.

170 *Johann Georg Walch*: Historische und Theologische Einleitung in die Religions-Streitigkeiten der Evangelisch-Lutherischen Kirche [...], Bd. II, Jena 1733, Nachdruck Stuttgart-Bad Cannstatt 1972, S. 767.

im neuen Testament".[171] Weitere Bücher der Quedlinburger Autorin scheinen Walch nicht bekannt gewesen zu sein. Obwohl Peter Paul Finauer (1733–1788) in seinem 1761 veröffentlichten Lexikon, das in der Tradition von frühneuzeitlichen Wissenssammlungen[172] steht, insgesamt zurückhaltender urteilte, bezog auch er Stellung gegen Schriftstellerinnen, die er als Häretikerinnen, Schwärmerinnen oder Fanatikerinnen einordnete. Nach der Nennung ihres Namens und des Familienstandes heißt es über die Quedlinburgerin: „Sie lebte zu Ende des XVIIten Jahrhundertes, hatte sich in die mystische Theologie vertieft, und schrieb unter anderen das hochwichtige Werk der Wiedergeburt; vom wahren Gottesdienst des neuen Testaments &."[173]

Die hier genannten Werke des 18. Jahrhunderts belegen, dass Anna Catharina Scharschmidt als eine der schreibenden Frauen der Zeit um 1700 wahrgenommen wurde, wenn auch meist mit einer negativen Wertung versehen wegen ihrer pietistischen bzw. mystischen Orientierung. Mit der verblassenden Bedeutung des Pietismus und damit auch seiner literarischen Bekämpfung trat das Interesse an den beteiligten Akteurinnen und Akteuren zurück. Erst durch die historischen Recherchen der Frauenforschung geriet Scharschmidt wieder als Autorin in den Fokus der Forschung: Jean

171 *Walch*: Einleitung, S. 768.

172 Vgl. hierzu *Martin Gierl*: Kompilation und die Produktion von Wissen im 18. Jahrhundert, in: Die Praktiken der Gelehrsamkeit in der Frühen Neuzeit, hg. von Helmut Zedelmaier und Martin Mulsow, Tübingen 2001, S. 63–94.

173 *Peter Paul Finauer*: Allgemeines Historisches Verzeichniß gelehrter Frauenzimmer, München 1761, Bd. 1, S. 188. Als Quelle für diese Informationen wird das Allgemeine Historische Lexikon genannt, allerdings ohne nähere Spezifizierung. Bei *Johann Franz Buddeus*: Allgemeines Historisches Lexikon […], 4 Bde, Leipzig 1709–1714, findet sich kein Eintrag zu Scharschmidt.

M. Woods und Maria Fürstenwald gehören zu den ersten, die sie 1987 in ihrem *Lexikon* als eine der frühneuzeitlichen Schriftstellerinnen erwähnten.[174] Die biografischen Angaben beschränken sich auf die zeitliche Einordnung um 1702 sowie die Nennung ihres Geburtsnamens und die berufliche Tätigkeit ihres Ehegatten als Sekretär in Quedlinburg. Das *Hochwichtige Werk* und die Schrift *Vom wahren Gottesdienste im neuen Testamente* werden ihr zugewiesen. 1995 befasste sich Jeannine Blackwell mit Scharschmidt in ihren Überlegungen zu autobiografischen Schriften von Pietistinnen. Hier wird die Quedlinburger Autorin zum ersten Mal in den Kontext der Aktivitäten von Frauen im Pietismus eingeordnet.[175]

Zum theologischen Profil Scharschmidts

Betrachtet man die erhaltenen Quellen, so ergibt sich ein Zeitraum von etwa dreißig Jahren, in dem sich literarische Spuren von Anna Catharina Scharschmidt verfolgen lassen. Während sie zunächst als prominente Akteurin des pietistischen Quedlinburger Netzwerks in den Schriften der Gegner des Pietismus auftaucht, ist ihr eigenes theologisches Profil erst seit der Wende zum 18. Jahrhundert fassbar. Es kann davon ausge-

174 *Jean M. Woods* und *Maria Fürstenwald*: Schriftstellerinnen, Künstlerinnen und gelehrte Frauen des deutschen Barock. Ein Lexikon, Stuttgart 1984, S. 107. Sie beziehen sich u. a. auf eine Dissertation von 1943, die Scharschmidt aufführt, jedoch diesbezüglich keine weite Rezeption erfuhr: *Lotte Traeger*: Das Frauenschrifttum in Deutschland von 1500–1650, Diss. Prag 1943, Anhang 40.

175 *Jeannine Black*well: Gedoppelter Lebenslauf der Pietistinnen. Autobiographische Schriften der Wiedergeburt, in: Geschriebenes Leben. Autobiographik von Frauen, hg. von Michaela Holdenried, Berlin 1995, S. 49–60, hier 56f. Blackwell verwendet den Begriff der autobiografischen Schriften nicht in einem strengen Sinn, sondern versteht alle von ihr herangezogenen Texte als Aussagen der Frauen über Erlebtes. Vgl. auch *Albrecht*: Literaturproduktion, S. 225–228.

gangen werden, dass ihre Briefe nicht über einen kleinen Kreis hinaus bekannt wurden; in der zeitgenössischen Polemik wird nirgends auf eine Nähe zwischen ihr und August Hermann Francke angespielt. Die Übereinstimmung ihrer Positionen mit denen Gottfried Arnolds hingegen wurde ihr vorgehalten. Drei Themenkreise stechen in Scharschmidts Werken hervor: pietistische Kirchenkritik, Mystik-Rezeption sowie eine Bezugnahme auf Jakob Böhme.

Scharschmidts schriftliche Äußerungen stehen im Kontext der bereits erfolgten Segregation einer pietistischen Gruppe. Sie trug sowohl durch ihr praktisches Engagement als auch durch ihr literarisches Werk zur Ausformung der für das Quedlinburger Netzwerk bezeichnenden Frömmigkeitspraktiken und den diesen zugrunde liegenden theologischen Überzeugungen bei. Die von ihr formulierte Kirchenkritik zeichnet sich durch das eindeutige Plädoyer für eine Separation der engagierten Frommen aus.

Die zeitgenössische Rezeption nimmt diese Schriftstellerin zu Recht als Verfechterin einer mystischen Theologie wahr – wobei diese Einordnung zu Beginn des 18. Jahrhunderts in der Regel als negatives Signum gemeint war. Zwei ihrer drei Traktate widmen sich vollständig bzw. größtenteils Fragestellungen, in deren Kern es um die größtmögliche Annäherung der Seele an das göttliche Gegenüber geht. Der in ihrem ersten Buch dargelegte Aufstiegsweg des Menschen hin zur Neuen Geburt und der Unio Mystica bildet auch eines der wiederkehrenden Motive in ihrem zweiten Traktat von 1703. Neben der typischen pietistischen Verwebung der eigenen Aussage mit biblischen Texten begegnen Prätexte der mystischen Tradition als der Bibel zu- bzw. teilweise übergeordnet. Scharschmidt skizziert mit den von ihr aufgegriffenen Elementen die Nachfolge Christi und als Ziel die Vereinigung mit ihm als individuellen Freiheits- und Bildungsweg, der ohne jede Einschränkung beiden Geschlechtern die gleichen Möglichkeiten einräumt.

Mit dem Aufgreifen einiger Elemente aus dem Denksystem Jakob Böhmes reiht sich Scharschmidt ein in den Adaptationsprozess, der im frühen Pietismus an mehreren Stellen zu beobachten ist. Während die englischen Böhme-Anhänger und auch Johann Georg Gichtel Böhmes Ideenwelt weiterentwickelten, lässt sich bei den Quedlinburger Pietisten insgesamt nur von einer begrenzten Nähe zu dessen Denken sprechen. Scharschmidt verwendet eine an dem mystischen Denker orientierte Begrifflichkeit lediglich in den Teilen ihrer Schriften, in denen es um eine Konstruktion der Schöpfungs- und Erlösungslehre geht, bei der die Menschen ursprünglich aus einem androgynen Wesen bestanden und zu einem solchen zurückkehren werden. Die Gestalt der göttlichen Jungfrau Sophia, die etwa bei Gichtel und Leade das gesamte Denken bestimmt, erscheint in Scharschmidts Traktaten nur im Zusammenhang der Entfaltung ihrer Vorstellung einer ur- und endzeitlichen Eingeschlechtlichkeit des Menschen.[176]

Im ersten Teil ihres Buches *Einfältiges Zeugniß* zeigt sich am deutlichsten der Rückgriff auf Böhme. Auch wenn einige Termini aus dessen grundlegender Schöpfungsrekonstruktion *Mysterium Magnum* entlehnt zu sein scheinen, zeigt die Quedlinburger Autorin kein Interesse an Böhmes Kosmogonie sowie an der alchemistischen Einbettung dieser Auffassung.[177] Begriffe

176 Ähnliches gilt für das Hochwichtige Werck der Wiedergebuhrt, in dem die Weisheit ebenfalls nicht als eigenständige göttliche Gestalt erscheint.

177 Vgl. *Douglas H. Shantz*: Pietismus und Alchemie, in: Pietismus Handbuch, S. 64–68; *Christine Maillard*: Eine Wissensform unter Heterodoxieverdacht. Die spekulative Alchemie nach 1600, in: Heterodoxie,

wie Tinktur, Prinzipium oder Schall, die sich auf Böhme zurückführen lassen, bilden keinen integralen oder systematischen Bestandteil von Scharschmidts theologischem Denkansatz, sondern kommen nur im hier edierten Werk von 1703 vor.[178] Scharschmidt entwickelt ihre Argumentation für eine Gleichheit der Geschlechter, die sie als Legitimation für ihr Handeln und Denken heranzieht, anhand einer unter dieser Perspektive reduzierten Böhme-Rezeption. Bei anderen Quedlinburgern lässt sich eine etwas umfangreichere Bezugnahme auf diesen Denker feststellen, jedoch auch jeweils nur ausschnitthaft. Bei Susanna Margaretha Sprögel bildet die Sophia ein durchgehendes Motiv ihres Denkens, verbunden mit Elementen der Brautmystik.[179] Gottfried Arnold legte in seinem 1700 publizierten Buch *Das Geheimniß Der Göttlichen SOPHIA* dar, welche umfassende Bedeutung der weiblichen göttlichen Gestalt für die Schöpfung und Erlösung des Menschen, insbesondere im Hinblick auf den individuellen Heilsweg, zukommt.[180] Sein Entwurf zeichnet sich vor allem durch die weit gefächerte Heranziehung kirchenhistorischer Quellen

---

S. 267–289; *Burkhard Dohm*: Poetische Alchemie. Öffnung zur Sinnlichkeit in der Hohelied- und Bibeldichtung von der protestantischen Barockmystik bis zum Pietismus, Tübingen 2000.

178 In ihrem Buch Hochwichtiges Werck der Wiedergebuhrt finden sich keine Anklänge an eine Böhme-Rezeption. Allenfalls lassen sich Topoi wie die Rede von dem „reinen jungfräulichen Wesen des Geistes JEsu und seiner Weißheit“ (S. 1), oder der Begriff der „Essentien“ (S. 17, vgl. 29, 32) oder „verderbte Eigenheit“ (S. 70) als Hinweise auf eine gewisse Kenntnis der Ideen Böhmes lesen.

179 *Lucinda Martin*: Göttliche Sophia, S. 241–257, analysiert die Bedeutung des Bezugs auf die Sophia „für das Schreiben der Frauen“, S. 250. Im Blick auf S. M. Sprögel kommt sie dabei zu weitreichenden Konsequenzen, die noch differenzierter kontextualisiert werden müssten, vgl. S. 256.

180 Vgl. hierzu *Steffen Arndal*: Mystik und Dichtung bei Gottfried Arnold, in: Gottfried Arnold, S. 5–19, bes. 16–19. In den Unschuldigen Nachrichten 1706, S. 545–548, wird vor der von Arnold, Pordage und J. W. Petersen vertretenen Sophia-Lehre gewarnt. Die Besprechung endet mit dem Satz: „Solte nicht iederman vor solcher frechen Vergehung grauen?“

aus, angesichts derer eine Anknüpfung an die Sophienmystik Böhmes nur ein Element seiner gesamten Darlegung bildet.[181] Obwohl Arnold – im Gegensatz zu Gichtel – von der Voraussetzung sexueller Enthaltsamkeit für die Begegnung mit der Sophia teilweise wieder abrückt, spielt die Vereinigung des Menschen mit der göttlichen Weisheit auch in seinen späteren Schriften eine Rolle.[182] Scharschmidt hingegen entwickelt ihre Vorstellung der Umkehr des Menschen bis hin zur Neuen Geburt und der Verschmelzung mit dem göttlichen Gegenüber, das als mann-weiblich akzentuiert wird, nicht zu einem grundlegenden Moment ihres Denkens. Die meisten ihrer Ausführungen zum individuellen Heilsweg kommen ohne die ständige Einwirkung der Sophia aus. Sie verfolgte mit allem Nachdruck die Idee der Verwandlung des Menschen hin zu einem sündlosen gottähnlichen Wesen, kommt dabei jedoch ohne die Entfaltung eines umfassenden philosophischen oder alchemistischen Bezugsrahmens aus. Wie Böhme geht es ihr um den Weg der Seele zu Christus; bei allen Anleihen, die sie bei dessen Ideen sowie denen anderer mystischer Denker macht, richtet sie den Fokus auf eine pragmatische Ausrichtung, um ihre Leserinnen und Leser auf dem Weg der Nachfolge anleiten zu können.

Als Resümee lässt sich festhalten, dass Anna Catharina Scharschmidt mit ihrem Werk zur Profilierung der in Quedlinburg entwickelten und von hier aus verbreiteten pietistischen Ideen beitrug. Frauen und Männer unterschiedlicher Stände schufen in einem lutheri-

181 Vgl. *Lothar Vogel*: Beobachtungen zur Böhmerezeption in Gottfried Arnolds Sophienschrift, in: Radikaler Pietismus, S. 271–292.

182 Vgl. Geschlechtlichkeit, S. 108–150; *Aira Vösa*: Johann Georg Gichtels Verhältnis zum anderen Geschlecht in Leben und Lehre, in: Radikaler Pietismus, S. 361–368.

schen Kirchenwesen Freiräume für neue Frömmigkeitspraktiken. Während die einen auf der politischen Ebene für eine Akzeptanz der als pietistisch konnotierten Auffassungen und Verhaltensweisen kämpften, entfalteten andere die theologische Begründung ihrer abweichenden Positionen. Scharschmidt gehört zu denen, die für etliche Aspekte der pietistischen Praxis pietatis die Verankerung in der biblischen Tradition aufzeigten. Ihre umfangreichen Kenntnisse der biblischen Texte verwebte sie mit ihren eigenen Überzeugungen zu einem Idealbild einer undogmatischen, am frühen Christentum orientierten kirchlichen Gemeinschaft. Der Zurückweisung äußerer Verpflichtungen, die mit der Zugehörigkeit zur lutherischen Kirche verbunden waren, steht der Entwurf einer inneren Herzens- und Gewissensbildung gegenüber. Die Betonung der inneren Glaubensentwicklung ist gleichwohl verbunden mit dem Blick auf Notwendigkeit des Austausches mit Gleichgesinnten, den Brüdern und Schwestern. Scharschmidt plädiert nicht für eine individualistische Seelenfrömmigkeit, sondern für eine geistlich begründete Gemeinschaft, die auch Ausdruck in der Verantwortung füreinander findet.

Ihre Zugehörigkeit zum gehobenen Bürgertum durch Herkunft und Eheschließung, die – offensichtlich vorhandene – Kinderlosigkeit und die Einbindung in ein aktives Netzwerk machten ihr schriftstellerisches Werk möglich. Die These, die Eva Kormann in Bezug auf das Schreiben der Frankfurter Pietistin Susanna Katharina von Klettenberg (1723–1774) als Movens des literarischen Arbeitens herausstellt, indem sie von „Netzwerkpolitik" im Gegensatz zu einer „Werkpolitik" spricht,[183] lässt sich in gewisser Weise auch auf Anna

183 *Eva Kormann*: Schreiben als Netzwerk-, nicht als Werkpolitik: Zu Su-

Catharina Scharschmidt anwenden. Die Quedlinburger Pietistin verfasste ihre Werke im Austausch mit den Personen des Netzwerks, in dessen Rahmen sie ihr Wirken entfaltete. Obwohl ihre Vertrautheit mit pietistischen Strömungen wie sie Spener und Francke vertraten, deutlich wird, spricht aus ihren Texten auch durch die Auseinandersetzung insbesondere mit Böhme, Gichtel, Leade und Arnold eine andere Spielart des Pietismus. Das Zusammenwirken von Netzwerkpolitik, Beharren auf der im Inneren sich vollziehenden Verwandlung zum Neuen Menschen mit der Folge innerer und äußerer Unabhängigkeit, sowie die kreative Übernahme biblischer und mystischer Traditionen bilden die zukünftig noch weiter zu beachtenden Beiträge des Quedlinburger Pietismus, wie ihn Anna Catharina Scharschmidt bezeugt.

---

sanna Katharina von Klettenbergs religiösen Schriften, in: Pietismus und Adel. Genderhistorische Analysen, hg. von Ruth Albrecht u. a., Halle 2018 (HaFo 49), S. 227–243, hier 243.

Quellen und Literatur

Die Abkürzungen folgen den Richtlinien von: IATG³. Internationales Abkürzungsverzeichnis für Theologie und Grenzgebiete, hg. von Siegfried M. Schwertner, Berlin und Boston 2014.

Gedruckte Werke Anna Catharina Scharschmidts

Das Hochwichtige Werck Der Wiedergebuhrt / Aus Christlichem Hertzen geflossen / Und Nebst einem nothwendigen Anhang Von Der Vollkommenheit unserer Heiligung / Oder Reinigung von aller Befleckung des Fleisches und Geistes / Nach 1. Cor. 7 / v. 1. Heraus gegeben Im Jahr 1702.

Einfältiges Zeugniß / Von dem Wahren Dienste des Geistes im Neuen Bunde / Wie Derselbe von einem rechtschaffenen Christen geführet werden soll; Wobey zugleich auch gewiesen wird / woher Der Alte Dienst des Buchstabens entsprungen / Wie er sich unter dem Schein des Evangelii eingedrungen / und wie weit er reiche und nicht reiche; Aus reiner Liebe Zu GOTT und dem Nechsten abgeleget Von A. C. S. G. H. Und nebst einem nothwendigen Vorbericht eines bißhero getreuen Zeugens der Wahrheit heraus gegeben. Im Jahr 1703.
AFSt 48 G1[1]

Nützlicher Auszug Aus JOH. ANGELI, Silesii, Cherubinischen Wandersmann / Fast durchgehends Mit Sprüchen Heil. Göttlicher Schrifft bekräfftiget; Und nebst einem Kurtzen Auszug Derer Geistlichen Hirten=Lieder Gedachten Autoris, Denen einfältigen Liebhabern der Göttlichen Warheiten zu mehrerer Erbauung und geistlicher Ergötzlichkeit In Druck gegeben Von Anna Catharina Scharschmiedin / gebohrner Heidfeldin. Im Jahr Christi 1704.

Anhang. Frauen Annen Catharinen Scharschmiedin gebohrnen HeydFeldin. Antwort. Auff die unwarhaffte Erzehlung / so Herr D. Meyer von derselben alsbald im anfange seiner Schrifft vorge-

bracht Wie solche von derselben selbst eigenhändig auff gesetztet / und hierbey zu fügen übergeben worden.
abgedruckt in: Sprögel, Gründliche Beantwortung, S. 84–92.

Handschriftliche Briefe Anna Catharina Scharschmidts

1) A. C. Scharschmidt an August Hermann Francke, 16. 04. 1692
AFSt/H C 296:134
2) A. C. Scharschmidt an August Hermann Francke, 16. 06. 1692
AFSt/H C 296:135
3) A. C. Scharschmidt an August Hermann Francke, 29. 04. 1693
AFSt/H C 296:136
4) A. C. Scharschmidt an August Hermann Francke, 17. 06. 1693
AFSt/H C 296:137
5) A. C. Scharschmidt an August Hermann Francke, 21. 05. 1711
AFSt/H C 296:138
6) A. C. Scharschmidt an August Hermann Francke, 14. 06. 1721
AFSt/H C 296:139
7) A. C. Scharschmidt an August Hermann Francke, 28. 10. 1723
AFSt/H C 296:140
8) A. C. Scharschmidt an Frl. Hoysen, 19. 08. 1710
AFSt/H C 830:45

Weitere in der vorliegenden Edition auszugsweise abgedruckte Quellen

Meyer, Unverwerffliche Zeugnisse
Meyer, Gerhard: Unverwerffliche Zeugnisse 1. Aus Berlin / 2. Aus Quedlinburg / 3. Der Sachen selbst / Daß Der zum andern mahl nach eingeholtem Urtheil und Recht suspendirte Quedlinburgische Praebendat, HERR JOH. HENRICUS Sprögel / Mehr als dreyßig Unwarheiten [...] ausgestossen habe [...], Bremen: Philip Gottfried Saurmann, 1702.
SBB PK Dm 9333, VD 18 10230505

Sprögel, Gründliche Beantwortung
Sprögel, Johann Heinrich: Gründliche Beantwortung Derer so genanten Unverwerfflichen Zeugnüße und eingemischten neuen Beschuldigungen / Welche H. D. Gerhard Meyer [...] Wieder die ernstliche Entdeckung des verkehrten Eifers

etlicher Prediger zu Quedlinb. Zum Druck befordern wollen […], 1703.
SBB PK Dm 9334, VD 18 10500073

Weitere Quellen

Arnold, Cherubinischer Wandersmann
Gottfried Arnold: Johannis Angeli Siliesii, Cherubinischer Wanders=Mann Oder Geistreiche Sinn= und Schluß=Reime / zur Göttlichen Beschauligkeit anleitende […], Frankfurt am Main: Joh. David Zunner, 1701.
Arnold, Erklärung vom gemeinen Secten=wesen
Arnold, Gottfried: Erklärung vom gemeinen Secten=wesen / Kirchen= und Abendmahl=gehen; Wie auch Vom recht=Evangelischen Lehr=Amt […], Leipzig: Thomas Fritsch, 1700.
Arnold, Erste Liebe
Arnold, Gottfried: Die Erste Liebe, hg. von Hans Schneider, Leipzig 2002 (KTP 5).
Arnold, Fernere Erläuterung
Arnold, Gottfried: Fernere Erläuterung seines sinnes und verhaltens beym Kirchen= und Abendmalgehen […], Frankfurt am Main: Thomas Fritsch, 1701.
Arnold, Geistliche Gestalt
Arnold, Gottfried: Die geistliche Gestalt eines Evangelischen Lehrers […], Halle: Waisenhaus, 1704.
Arnold, Sophia
Arnold, Gottfried: Das Geheimniß der Göttlichen Sophia oder Weißheit, Leipzig: Thomas Fritsch, 1700; Nachdruck: Stuttgart-Bad Cannstatt 1963.
Arnold, Verklärung
Arnold, Gottfried: Die Verklärung JESu Christi in der Seele […], Frankfurt 1704.
Böhme, Menschwerdung Jesu Christi
Böhme, Jakob: Von der Menschwerdung Jesu Christi, hg. und kommentiert von Gerhard Wehr, Freiburg i. Br. 1978.
Böhme, Mysterium Magnum
Böhme, Jacob: MYSTERIUM MAGNUM, Oder Erklärung über das Erste Buch Mosis / Von der Offenbahrung Göttlichen Worts durch die drey Principia Göttliches Wesens […], Amsterdam 1682.

Carpzov, Beschreibung des Unfugs
[Carpzov, Johann Benedict:] Außführliche Beschreibung des Unfugs / welchen die Pietisten […] gestifftet, 1693.
Francke, Predigten 1
Francke, August Hermann: Schriften und Predigten Bd. 9. Predigten 1, hg. von Erhard Peschke, Berlin 1987 (TGP).
Gichtel, Theosophia Practica
Gichtel, Johann Georg: Theosophia Practica Halten und Kämpfen ob dem H. Glauben […], Bd. 1–6, Leiden 1722.
[Karl], Lutherus ante Lutheranismum
Karl, Bernhard Peter: Lutherus ante Lutheranismum, Oder Die Uhrälteste Evangelische Wahrheit Aus D. Mart. Lutheri Schrifften […], Köln: Philiadelphus [1702].
Kettner, Christliche Vermahnung
Kettner, Friedrich Ernst: Christliche Vermahnung / Sich vor der Qväker und Böhmisten, Separatismo, Absonderung und Verachtung des Heil. Abendmahls fleißig zu hüten […], Qvedlinburg: Johann Georg Sievert, 1709.
Kettner, Kirchen= und Reformations=Historie
Kettner, Friedrich Ernst: Kirchen= und Reformations=Historie / Des Käyserl. Freyen Weltlichen Stiffts Qvedlinburg / Oder von dessen Fundation, Abbatissen / Pröbstinnen / Decanissen / Canonissen / Clöstern […] Qvedlinburg: Theodorus Jeremias Schwan, 1710.
Leade, Der Himmlische Bottschaffter
Leade, Jane: Der Himmlische Bottschaffter eines Allgemeinen Friedens: oder Eine dritte Bottschafft an die Philadelphische Gemeine […], Amsterdam: Heinrich Wetstein, 1698.
Leade, Glorie Sarons
Leade, Jane: DIE Glorie oder Herrlichkeit SARONS: IN Der Erneuerung der Natur; Wordurch Eingeführet wird das gesegnete und seelige REICH CHRISTI […], Amsterdam 1700.
Leade, Offenbahrung der Offenbahrungen
Leade, Jane: Offenbahrung der Offenbahrungen. Vornemlich Als ein Muster und Probe zur Entsiegelung / Offenbahrung und Erklärung der Sieben Siegel […], Amsterdam: Henrich Wetstein, 1695.
Meyer, Wahre Nothwendigkeit
[Meyer, Gerhard:] Wahre Nothwendigkeit Des Kirchen= u. Abendmal-Gehens […] Uber einige Capitel / Der sogenannten

Erklärung Hrn. M. Gottfried Arnolds / Vom Kirchen= und Abendmahl=Gehen […] Von Dem Ordentlichen Predigt=Ampt daselbst, Quedlinburg: Theodor Phil. Calvisius, 1701.

Silesius, Cherubinischer Wandersmann
Angelus Silesius (Johannes Scheffler). Cherubinischer Wandersmann. Kritische Ausgabe, hg. von Louise Gnädinger, Stuttgart 2019 (Reclam 8006).

Spener, Briefwechsel mit Francke
Spener, Philipp Jakob: Briefwechsel mit August Hermann Francke 1689–1704, hg. von Johannes Wallmann und Udo Sträter, Tübingen 2006.

Sprögel, Ernstliche Entdeckung
Sprögel, Johann Heinrich: Ernstliche Entdeckung Des Verkehrten Eyffers / In Beantwortung Der Von etlichen Predigern zu Quedlinburg auffgebrachten ungegründeten Beschuldigungen […], Frankfurt am Main: Johann David Zunner, 1701.

Sprögel, Consilia und Responsa
[Sprögel, Susanna Margaretha:] Consilia und Responsa Theologica; oder Gottsgelehrte Rathschläge […], hg. von Gottfried Arnold, Frankfurt am Main: Thomas Fritsch, 1705.

Unschuldige Nachrichten
Unschuldige Nachrichten Von Alten und Neuen Theologischen Sachen […], Leipzig 1701–1761

Zedler
Zedler, Johann Heinrich: Großes Vollständiges Universal-Lexikon Aller Wissenschafften und Künste […], Leipzig und Halle 1732–1754

Sekundärliteratur

Albrecht, Briefwechsel
Albrecht, Ruth: Zum Briefwechsel Johann Georg Gichtels mit Johanna Eleonora Petersen, in: Radikaler Pietismus, S. 327–359.

Albrecht, Konzepte
Albrecht, Ruth: Konzepte einer elitären geistlichen Priesterschaft im Umfeld des Pietismus unter Berufung auf Melchisedek, in: Überliefern – Erforschen – Weitergeben. FS Hans Otte, hg. von Inge Mager, JGNKG 113, 2015, S. 16–39.

Albrecht, Lay Appropriations
Albrecht, Ruth: Lay appropriations and female interpretations of the Bible in German Pietism, in: The Bible in Early Transatlantic Pietism and Evangelicalism, hg. von Ryan P. Hoselton u. a., Pennsylvania 2022, S. 148–165.

Albrecht, Literaturproduktion
Albrecht, Ruth: Literaturproduktion, Gender und Pietismus. Das Quedlinburger Netzwerk, in: Glaube und Geschlecht, S. 217–234.

Albrecht, Männliche Jungfrauen
Albrecht, Ruth: Männliche Jungfrauen und Jesus-Sophia. Theologische Genderkonstruktionen im frühen Pietismus, in: Menschenbilder und Gottesbilder. Geschlecht in theologischer Reflexion, hg. von Laura-Kristin Krannich, Hanna Reichel und Dirk Evers, Leipzig 2019, S. 137–163.

Albrecht, Petersen
Albrecht, Ruth: Johanna Eleonora Petersen. Theologische Schriftstellerin des frühen Pietismus, Göttingen 2005 (AGP 45).

Albrecht u. Lißmann, Mit Freude
Albrecht, Ruth und Katja Lißmann: Mit Freude, Angst und Qual auf dem Weg zur Wiederherstellung der Androgynität. Anna Catharina Scharschmidts Hochwichtiges Werck der Wiedergebuhrt (1702), in: Gefühl und Norm. Religion und Gefühlskulturen im 18. Jahrhundert. Beiträge zum V. Internationalen Kongress für Pietismusforschung 2018, Bd. 2, hg. von Daniel Cyranka u. a., Halle 2021 (HaFo 61,2), S. 623–636.

Albrecht u. Lißmann, Undoing Gender
Albrecht, Ruth und Katja Lißmann: Undoing Gender. Bibelinterpretationen im Quedlinburger pietistischen Netzwerk, in: Renaissance und Querelle des femmes, hg. von Angela Munoz Fernandez und Xenia von Tippelskirch (im Druck).

Alles in allem. Die Gedankenwelt des mystischen Philosophen Jacob Böhme. Denken. Kontext. Wirkung, hg. von Claudia Brink und Lucinda Martin, Dresden 2017.

Begeisterte Mägde
Träume, Visionen und Offenbarungen von Frauen des frühen Pietismus, hg. von Ruth Albrecht, Leipzig 2018 (EPT 10).

Breul, Zukunftserwartung
Breul, Wolfgang: Zukunftserwartung, in: Pietismus Handbuch, S. 399–409.

Büchsel, Arnolds Weg
Büchsel, Jürgen: Gottfried Arnolds Weg von 1696 bis 1705. Sein Briefwechsel mit Tobias Pfanner und weitere Quellentexte, Halle 2011.
Breymayer, Bibliothek Arnolds
Breymayer, Reinhard: Der wiederentdeckte Katalog zur Bibliothek Gottfried Arnolds, in: Gottfried Arnold, S. 55–144.
Catalogus
Catalogus bibliothecae b. Godofredi Arnoldi, in: Gottfried Arnold, S. 337–410.
Deppermann, Schütz
Deppermann, Andreas: Johann Jakob Schütz und die Anfänge des Pietismus, Tübingen 2002 (BHTh 119).
Gender im Pietismus
Gender im Pietismus. Netzwerke und Geschlechterkonstruktionen, hg. von Pia Schmid, Halle 2015 (HaFo 40).
Geschlechtlichkeit
Geschlechtlichkeit und Ehe im Pietismus, hg. von Wolfgang Breul und Stefania Salvadori, Leipzig 2014 (EPT 5).
Gierl, Pietismus und Aufklärung
Gierl, Martin: Pietismus und Aufklärung. Theologische Polemik und die Kommunikationsreform der Wissenschaft am Ende des 17. Jahrhunderts, Göttingen 1997.
Glaube und Geschlecht
Glaube und Geschlecht. Fromme Frauen – Spirtuelle Erfahrungen – Religiöse Traditionen, hg. von Ruth Albrecht, Annette Bühler-Dietrich und Florentine Strzelcyk, Köln u. a. 2008.
Gottes Wort
„Aus Gottes Wort und eigener Erfahrung gezeiget“. Erfahrung Glauben, Erkennen und Gestalten im Pietismus. Beiträge zum III. Internationalen Kongress für Pietismusforschung 2009, hg. von Christian Soboth u. a., Halle 2012 (HaFo 33,1–2)
Gottfried Arnold
Gottfried Arnold (1666–1714). Mit einer Bibliographie der Arnold-Literatur ab 1714, hg. von Dietrich Blaufuß und Friedrich Niewöhner, Wiesbaden 1995.
Grimm, Deutsches Wörterbuch
Jacob und Wilhelm Grimm: Deutsches Wörterbuch, Bd. I–XVI, Nachdruck der Ausgabe von 1854–1971, München 1984.
Grund und Ungrund
Grund und Ungrund. Des Kosmos des mystischen Philosophen

Jacob Böhme, hg. von Claudia Brink und Lucinda Martin, Dresden 2017.

Hannak, Licht
Hannak, Kristine: Licht. Zur Entfaltung des zweiten Prinzips der Trinität in den Ebenen des Seins bei Jacob Böhme, in: Grund und Ungrund, S. 184–199.

Hessayon, Lead
Hessayon, Ariel: Jane Lead (1624–1704) und die Philadelphian Society, in: Pietismus Handbuch, S. 146–151.

Heterodoxie
Heterodoxie in der Frühen Neuzeit, hg. von Hartmut Laufhütte und Michael Titzmann, Tübingen 2006.

Illg, Arndt
Illg, Thomas: Pietismus und Johann Arndt, in: Pietismus Handbuch, S. 55–64.

Jane Lead
Jane Lead and her transnational Legacy (Christianities in the Trans-Atlantic World, 1500–1800), hg. von Ariel Hessayon, London 2016.

Kayserlich, frey, weltlich
Kayserlich – frey – weltlich. Das Reichsstift Quedlinburg im Spätmittelalter und in der Frühen Neuzeit, hg. von Clemens Bley, Halle 2009.

Keding, Theologia experimentalis
Volker Keding: Theologia experimentalis. Die Erfahrungstheologie beim späten Gottfried Arnold, Münster 2001.

Küppers-Braun, Prosopographie
Küppers-Braun, Ute: Prosopographie des Quedlinburger Kapitels in nachreformatorischer Zeit, in: Kayserlich, frei, weltlich, S. 45–104.

Langen, Wortschatz
Langen, August: Der Wortschatz des deutschen Pietismus, Tübingen ^{2}1968.

Liebe, Ehe und Sexualität
Liebe, Ehe und Sexualität im Pietismus, hg. von Wolfgang Breul und Christian Soboth, Halle 2011 (HaFo 30).

Light in Darkness
Light in Darkness. The Mystical Philosophy of Jacob Böhme, hg. von Claudia Brink, Lucinda Martin und Cecilia Muratori, Dresden 2019.

Lißmann, Schreiben im Netzwerk
Lißmann, Katja: Schreiben im Netzwerk. Briefe von Frauen als Praktiken frommer Selbst-Bildung im frühen Quedlinburger Pietismus, Halle 2019 (HaFo 50).
Martin, God's Strange Providence
Martin, Lucinda: ‚God's Strange Providence'. Jane Lead in the Correspondence of Johann Georg Gichtel, in: Jane Lead, S. 187–212.
Martin, Göttliche Sophia
Martin, Lucinda: Jakob Böhmes „göttliche Sophia" und Emanzipationsansätze bei pietistischen Autorinnen, in: Offenbarung und Episteme, S. 241–257.
Martin, Imagination
Martin, Lucinda: Imagination, in: Light in Darkness, S. 105–112.
Martin, Schöpfung
Martin, Lucinda: Schöpfung bei Jacob Böhme, in: Grund und Ungrund, S. 82–102.
Matthias, Bekehrung und Wiedergeburt
Matthias, Markus: Bekehrung und Wiedergeburt, in: Geschichte des Pietismus Bd. 4, hg. von Hartmut Lehmann, Glaubenswelt und Lebenswelten, Göttingen 2004, S. 49–79.
Matthias, Geist auf den Mägden
Matthias, Markus: Der Geist auf den Mägden. Zum Zusammenhang von Enthusiasmus und Geschichtsauffassung im mitteldeutschen Pietismus, in: PuN 43, 2017, S. 71–99.
Matthias, Geistliche Liebestöne
Matthias, Markus: Geistliche Liebestöne. Beobachtungen zur Lyrik Gottfried Arnolds (1666–1714), in: Medizin- und kulturgeschichtliche Konnexe des Pietismus. Heilkunst und Ethik, arkane Traditionen, Musik, Literatur und Sprache, hg. von Irmtraud Sahmland und Hans-Jürgen Schrader, Göttingen 2016 (AGP 61), S. 255–277.
Matthias, Petersen
Matthias, Markus: Johann Wilhelm und Johanna Eleonora Petersen. Eine Biographie bis zur Amtsenthebung Petersens im Jahre 1692, Göttingen 1993 (AGP 30).
Matthias, Rechtfertigung und Heiligung
Matthias, Markus: Rechtfertigung und Heiligung, in: Pietismus Handbuch, S. 359–368.
Mori, Begeisterung und Ernüchterung
Mori, Ryoko: Begeisterung und Ernüchterung in christlicher

Vollkommenheit. Pietistische Selbst- und Weltwahrnehmungen im ausgehenden 17. Jahrhundert, Tübingen 2004.
Muratori, Fall
Muratori, Cecilia: Fall, in: Light in Darkness, S. 85–90.
Offenbarung und Episteme
Offenbarung und Episteme. Zur europäischen Wirkung Jakob Böhmes im 17. und 18. Jahrhundert, hg. von Wilhelm Kühlmann und Friedrich Vollhardt, Berlin und Boston 2012.
Pietismus Handbuch
Pietismus Handbuch, hg. von Wolfgang Breul in Zusammenarbeit mit Thomas Hahn-Bruckart, Tübingen 2021.
Pfarrerbuch
Pfarrerbuch der Kirchenprovinz Sachsen, Bd. 1–10, hg. von Veronika Albrecht-Birkner u. a., Leipzig 2003–2009.
Radikaler Pietismus
Der radikale Pietismus. Perspektiven der Forschung, hg. von Wolfgang Breul u. a., Göttingen 2010 (AGP 55).
Rohls, Gnadenwahl
Rohls, Jan: Gnadenwahl und Freiheit, in: Grund und Ungrund, S. 50–65.
Rusterholz, Finsternis
Rusterholz, Sybille: Finsternis. Jacob Böhmes Metaphysik des Bösen im Horizont seiner Lehre vom freien Willen des Menschen, in: Grund und Ungrund, S. 172–181.
Salvadori, Geschlechterrollen
Salvadori, Stefania: Geschlechterrollen, Ehe und Sexualität, in: Pietismus Handbuch, S. 502–513.
Salvadori, Pietismus und Böhme
Salvadori, Stefania: Pietismus und Jacob Böhme, in: Pietismus Handbuch, S. 68–75.
Schmidt, Wiedergeburt und neuer Mensch
Schmidt, Martin: Wiedergeburt und neuer Mensch. Gesammelte Studien zur Geschichte des Pietismus Bd. 1, hg. von Kurt Aland, Witten 1969 (AGP 2).
Schmidt-Biggemann, Ewiges Werden
Schmidt-Biggemann, Wilhelm: Ewiges Werden und Vollendung. Böhmes Qualitätenlehre im Rahmen der christlichen Heilsgeschichte, in: Grund und Ungrund, S. 142–170.
Schrader, Literatur und Sprache
Schrader, Hans-Jürgen: Literatur und Sprache des Pietismus.

Ausgewählte Studien, hg. von Markus Matthias und Ulf-Michael Schneider, Göttingen 2019 (APG 63).

Schulz, Sprögel
Schulz, Martin: Johann Heinrich Sprögel und die pietistische Bewegung Quedlinburgs, Diss. masch. Halle 1974.

Strom, Bekehrung
Strom, Jonathan: Bekehrung, in: Pietismus Handbuch, S. 368–378.

Tietz, Winckler
Tietz, Claudia: Johann Winckler (1642–1705). Anfänge eines lutherischen Pietisten, Göttingen 2008 (AGP 50).

Thune, Behmenists
Thune, Nils: The Behmenists and the Philadelphians. A Contribution to the Study of English Mysticism in the 17th and 18th Centuries, Uppsala 1948.

Vogel, Arnold
Vogel, Lothar: Gottfried Arnold (1666–1714), in: Pietismus Handbuch, S. 137–146.

Vom Orde, Kontakte
Vom Orde, Klaus: Die ersten Kontakte Johann Heinrich Sprögels und Anna Dorotheas von Sachsen, Stiftsäbtissin in Quedlinburg, mit Philipp Jakob Spener, in: PuN 42, 2016, S. 65–86.

Wauer, Häuserbuch
Wauer, Karlheinz: Häuserbuch der Stadt Quedlinburg von der Mitte des 16. Jahrhunderts bis zum Jahre 1950. Bd. A bis C, Marburg a. d. Lahn 2014.

Weeks, Böhmes Welt
Weeks, Andrew: Böhmes Welt des sichtbaren Worten in den „Drey Principien Göttliches Wesens“, in: Grund und Ungrund, S. 26–34.

Witt, Bekehrung
Witt, Ulrike: Bekehrung, Bildung und Biographie. Frauen im Umkreis des Halleschen Pietismus, Tübingen 1996 (HaFo 2).

Wustmann, Mägde
Wustmann, Claudia: Die „begeisterten Mägde“. Mitteldeutsche Prophetinnen im Radikalpietismus am Ende des 17. Jahrhunderts, Leipzig und Berlin 2008.

Zuber, Theosophische Spekulation
Zuber, Mike. A.: Theosophische Spekulation und erbauliche Frömmigkeit. Jacob Böhme, die neue Wiedergeburt und ihre Alchemisierung, in: Grund und Ungrund, S. 114–127.

Register

Bibelstellen

Apostelgeschichte

Römerbrief

1. Korintherbrief

2. Korintherbrief

Galaterbrief

Epheserbrief

Philipperbrief

Kolosserbrief

Personen